Nina Vale

Ahura Mazva y el Orden Divino
La Antigua Sabiduría del Zoroastrismo

Derechos de autor
Título Original: Ahura Mazda and the Divine Order

Copyright © 2023, publicado en 2024 por Luiz Antonio dos Santos

Este libro explora los fundamentos y prácticas del Zoroastrismo, profundizando en su historia, filosofía y contribución cultural. Su objetivo es inspirar el autoconocimiento y ofrecer una guía sobre esta tradición espiritual, pero no sustituye la orientación médica, psicológica o terapéutica.

Ahura Mazda y el Orden Divino
2.ª edición

Equipo de Producción de la Primera Edición
Autor: Santiago Navarro
Revisión: Mariana Fernández
Diseño Gráfico y Maquetación: Andrés Vallejo
Cubierta: Estudio Sol Naciente
Traducción: Pedro Martínez
Edição: Luiz Santos

Publicación e Identificación
Ahura Mazda y el Orden Divino / Por Santiago Navarro
Ahzuria Publishing, 2024
Categorías: Religión / Zoroastrismo
DDC: 299.92 - CDU: 28-92

Copyright
Todos los derechos reservados a:
Ahzuria Publishing

Tabla de Contenidos

Prólogo 5
Capítulo 1 Zoroastrismo.. 7
Capítulo 2 Los textos sagrados - El Avesta 14
Capítulo 3 Cosmología.. 21
Capítulo 4 Ahura Mazda - La Deidad Suprema...................... 29
Capítulo 5 Angra Mainyu y las Fuerzas del Mal 37
Capítulo 6 La creación del mundo 44
Capítulo 7 Asha y Druj - Orden y Caos................................... 53
Capítulo 8 Fuego 61
Capítulo 9 Ética 69
Capítulo 10 Mujeres 78
Capítulo 11 Rituales de purificación.. 87
Capítulo 12 Festivales y celebraciones 96
Capítulo 13 La vida después de la muerte 105
Capítulo 14 Los Amesha Spentas 114
Capítulo 15 Luz y oscuridad 123
Capítulo 16 Influencia en otras religiones 131
Capítulo 17 Templos del Fuego 141
Capítulo 18 Sacerdotes... 150
Capítulo 19 Zaratustra en las tradiciones orales y las leyendas 159
Capítulo 20 El fin de los tiempos... 168
Capítulo 21 Cantos rituales 177
Capítulo 22 La diáspora 185
Capítulo 23 La conquista islámica de Persia 195

Capítulo 24 La filosofía del libre albedrío 203
Capítulo 25 Influencia en la cultura persa 211
Capítulo 26 Ética medioambiental 219
Capítulo 27 Verdad y honestidad 228
Capítulo 28 El futuro del zoroastrismo 237
Capítulo 29 Reglas y prácticas cotidianas 246
Capítulo 30 Simbolismo 255
Capítulo 31 Conexión con la Ciencia y la Filosofía 264
Capítulo 32 Zoroastrianos famosos 272
Epílogo 280

Prólogo

En las arenas de la antigua Persia, donde los cielos abrazan la tierra y el calor del fuego sagrado danza con los vientos del desierto, yace un secreto, esperando a ser redescubierto. Tú, que ahora sostienes estas páginas, estás invitado a cruzar el umbral de un tiempo donde lo visible y lo invisible se entrelazan en una danza eterna. Aquí, las voces del pasado murmuran historias de un profeta, Zaratustra, cuya mirada penetró más allá de las ilusiones del mundo, alcanzando el corazón de una verdad que trasciende el tiempo.

Es un mundo en el que Ahura Mazda, la Sabiduría Suprema, lucha contra las sombras de Angra Mainyu, el espíritu de la destrucción y la mentira. Pero esta batalla no tiene lugar sólo entre las estrellas o en las profundidades de los mitos; se despliega en cada pensamiento, palabra y gesto. El universo revelado por Zaratustra no es lejano. Palpita en cada elección que haces, en cada camino que decides seguir.

Aquí, el fuego sagrado no es sólo una llama, sino la esencia misma de la luz que guía los pasos de la humanidad en medio de la oscuridad. Y la oscuridad, nacida de las profundidades de Angra Mainyu, susurra dudas, tentaciones y deseos que pueden extraviar incluso al alma más pura. Su lucha es silenciosa pero implacable, resonando en las incertidumbres que habitan en el corazón de la humanidad.

Al adentrarte en este universo, comprenderás que el destino del cosmos depende de la voluntad de quienes habitan la tierra. Cada gesto, cada palabra pronunciada, contribuye a un delicado equilibrio, sosteniendo la eterna lucha entre Asha, el orden divino, y Druj, el desorden que pretende subvertir la creación. Es a través de tus acciones que la luz de Ahura Mazda puede triunfar, así como cada desviación contribuye a la oscuridad que intenta engullir al mundo.

Pero no te equivoques: ésta no es una narración de certezas ni de finales fáciles. Es un viaje que cuestiona, desafía y transforma. El paso por los misterios del zoroastrismo es una invitación a mirar más allá de lo visible, a enfrentarse a lo más profundo del alma humana y del tejido del universo. ¿Estás preparado para abrir los ojos y enfrentarte a las fuerzas que conforman tu destino y el de todo lo que te rodea? Entonces avanza, sabiendo que cada línea aquí escrita habla directamente a tu ser, como un eco de la antigua voz que susurraba al profeta en sus visiones.

Capítulo 1
Zoroastrismo

En un pasado lejano, entre las arenas movedizas y los fértiles valles de la antigua Persia -el actual Irán- comenzó a desarrollarse un profundo despertar espiritual. Era una época en la que el mundo estaba entretejido por historias de dioses y espíritus, cada uno de los cuales encarnaba las fuerzas brutas de la naturaleza. Era una tierra donde el fuego, el agua y la tierra tenían un profundo significado, donde los templos dedicados a diversas deidades salpicaban el paisaje y los rituales sagrados unían a las comunidades. En este vibrante tapiz de creencias surgió el zoroastrismo, que trajo consigo una visión del universo que cambiaría el curso de la historia.

En el centro de esta transformación se encontraba Zaratustra, una figura cuya vida oscilaba entre el mito y la realidad. Conocido en Occidente como Zoroastro, su presencia se cierne sobre el nacimiento de una nueva tradición espiritual. Nacido en una sociedad que veneraba un panteón de dioses -cada uno con su propio dominio y poder-, Zaratustra se encontró en desacuerdo con las normas religiosas imperantes. Los antiguos persas adoraban a deidades como Mitra, protector de la verdad, y Anahita, diosa del agua y la fertilidad. Estas creencias se habían transmitido de generación en generación y daban estructura y sentido a su mundo. Sin embargo, el corazón de Zaratustra anhelaba una comprensión más profunda, una verdad singular que pudiera trascender la multiplicidad de dioses.

El viaje de Zaratustra comenzó en este mundo de antiguas creencias. Creció entre las tribus pastoriles de la región, donde el pastoreo y las migraciones estacionales definían los ritmos de la vida. Desde muy joven mostró una curiosidad insaciable por la naturaleza de la existencia. Pero fue en torno a los treinta años cuando su vida dio un giro radical. Según la tradición zoroástrica, se retiró a la soledad en busca de claridad, lejos de las distracciones de la vida cotidiana. Fue durante este periodo de aislamiento cuando experimentó una serie de visiones divinas, la más significativa de las cuales fue un encuentro directo con Ahura Mazda, el Señor Sabio.

En este encuentro, Ahura Mazda reveló una verdad cósmica que hizo añicos las viejas formas de pensar. No era una deidad entre muchas, sino el creador supremo y omnisciente, encarnación de la luz, la sabiduría y la bondad. Zaratustra se enteró de la lucha cósmica entre Ahura Mazda y Angra Mainyu, el espíritu de la oscuridad y el caos. No se trataba de una rivalidad ordinaria entre dioses; era una batalla universal entre Asha -la verdad y el orden- y Druj -la falsedad y el caos-. El mundo, comprendió Zaratustra, era un campo de batalla en el que cada ser humano tenía un papel en la lucha eterna, y sus elecciones contribuían a la victoria de la luz o de la oscuridad.

Las enseñanzas de Zaratustra hacían hincapié en un cambio radical de perspectiva: se pasaba de apaciguar a múltiples deidades a abrazar un camino singular de rectitud. Habló de un orden divino que gobernaba toda la creación, instando a sus seguidores a vivir según los principios de Asha: buenos pensamientos, buenas palabras y buenas acciones. Esta tríada moral se convertiría en la piedra angular de la práctica zoroástrica, guiando a los creyentes hacia una vida en armonía con lo divino. Era una llamada a una vida ética, en la que cada acción tenía consecuencias que repercutían tanto en el reino material como en el espiritual.

Sin embargo, los primeros años de predicación del profeta estuvieron marcados por la lucha y el rechazo. Los sacerdotes y jefes de la época veían en su mensaje una amenaza a sus tradiciones y autoridad. Zaratustra se enfrentó al ridículo y a la persecución, pero se mantuvo firme, impulsado por la convicción de que sus revelaciones contenían la clave de una verdad superior. Viajó de aldea en aldea, compartiendo su visión de un universo en el que las fuerzas de la luz y la oscuridad se disputaban la supremacía, y en el que cada alma desempeñaba un papel en el gran diseño.

A pesar de estas penurias, un pequeño grupo de seguidores comenzó a reunirse a su alrededor, personas atraídas por la claridad de su mensaje y la promesa de un mundo gobernado por la justicia y la sabiduría divina. Entre estos primeros conversos había quienes se habían cansado de la violencia y las incertidumbres que caracterizaban su época. Encontraron esperanza en las palabras de Zaratustra, que hablaban de un propósito cósmico que trascendía las luchas pasajeras de la vida terrenal.

El mensaje de Zaratustra también contenía una promesa de renovación, no sólo para los individuos, sino para la sociedad en su conjunto. Imaginaba un mundo en el que los humanos, a través de sus elecciones, podían alinearse con el plan divino de Ahura Mazda, contribuyendo al triunfo final de la luz sobre la oscuridad. Esta visión ofrecía a los fieles un sentido de agencia, haciendo hincapié en que sus acciones cotidianas podían inclinar la balanza de las fuerzas cósmicas.

Con el paso del tiempo, sus seguidores se convirtieron en el núcleo de lo que se convertiría en una tradición religiosa de gran alcance. Sus reuniones y debates sobre las enseñanzas de Ahura Mazda sentaron las bases de una fe que influiría en el paisaje espiritual de Persia durante siglos. Las palabras del profeta, susurradas inicialmente en los valles recónditos y entre humildes pastores, comenzaron a difundirse, llevadas por quienes creían en la promesa de un nuevo orden.

Sin embargo, el viaje no había hecho más que empezar. La lucha de Zaratustra por encontrar aceptación en un mundo reacio al cambio puso de manifiesto los retos inherentes al nacimiento de cualquier nueva fe. Los antiguos dioses no cedían fácilmente, y el sacerdocio, ligado a las tradiciones de sacrificios y rituales, veía en el monoteísmo de Zaratustra un desafío a su autoridad. Pero, gracias a su persistencia, la voz del profeta acabaría encontrando un oído más receptivo, sentando las bases para la transformación de las antiguas creencias persas y el establecimiento del zoroastrismo como una fuerza espiritual de primer orden.

Cuando el amanecer del zoroastrismo apareció en el horizonte de la antigua Persia, sus enseñanzas contenían una promesa de unidad y propósito que inspiraría a las generaciones venideras y dejaría una huella duradera en la historia espiritual de la región. La historia de este despertar, enraizado en las cuestiones intemporales de la existencia y la naturaleza del bien y del mal, no había hecho más que empezar.

La vida de Zaratustra, desde el momento de su visión mística, se convirtió en una búsqueda para iluminar el camino trazado por Ahura Mazda. Sus revelaciones no eran meras elucubraciones filosóficas, sino percepciones directas de la naturaleza de la existencia, el funcionamiento del cosmos y las responsabilidades morales de la humanidad. Esta nueva visión suponía una ruptura radical con las normas religiosas de su época. Proponía un orden singular y universal regido por una deidad suprema, Ahura Mazda, y desafiaba las tradiciones politeístas que durante tanto tiempo habían conformado la sociedad persa.

El camino de Zaratustra como profeta no fue fácil. Tras su encuentro inicial con Ahura Mazda, regresó a su pueblo con un fervor que inquietó a muchos. Comenzó a predicar sobre la existencia de dos espíritus primigenios: Spenta Mainyu, el espíritu del bien, la creación y la verdad, y Angra Mainyu, el espíritu destructor de la falsedad y el caos. Este dualismo no era una lucha igualitaria entre fuerzas opuestas, sino más bien un orden cósmico en el que el bien encerraba la promesa de un triunfo final a través de la acción humana. La voz de Zaratustra transmitía la convicción de que cada individuo tenía un papel en esta gran batalla cósmica, en la que las elecciones entre Asha (verdad) y Druj (engaño) determinaban no sólo su destino personal, sino el destino del mundo mismo.

A pesar de la claridad y profundidad de su mensaje, Zaratustra se enfrentó a una inmensa resistencia. Los sacerdotes del antiguo orden, los que presidían los sacrificios a los antiguos dioses, veían en él una amenaza a su poder e influencia. Para ellos, su llamamiento a rechazar los rituales que no se alineaban con el culto a Ahura Mazda era un sacrilegio. Se burlaron de él como hereje, y los jefes tribales, que dependían de las bendiciones de sus dioses para mantener el control sobre sus tierras y su pueblo, le rechazaron. La lucha por convertir a una sociedad tan arraigada en sus antiguas costumbres puso a prueba la determinación de Zaratustra. Sus enseñanzas, que hacían hincapié en la pureza interior del pensamiento, la palabra y la acción, contrastaban fuertemente con el enfoque externo y material de los sacrificios tradicionales.

En medio de esta lucha, se produjo un punto de inflexión cuando Zaratustra encontró un mecenas en el rey Vishtaspa, un gobernante regional que vio el potencial transformador de su mensaje. Las historias de su encuentro están entretejidas de mitos y reverencias. Se dice que Zaratustra, a través de sus enseñanzas y quizás de actos milagrosos, convenció a Vishtaspa de la verdad del mensaje de Ahura Mazda. Este respaldo real proporcionó a Zaratustra el apoyo que necesitaba para difundir más ampliamente su doctrina, y su fe empezó a echar raíces más allá de los humildes comienzos de unos pocos fieles seguidores.

Con la conversión de Vishtaspa, el zoroastrismo comenzó a extenderse por la corte y las tierras bajo la influencia del rey. Las enseñanzas del profeta ofrecían una nueva visión del gobierno, según la cual los gobernantes tenían el deber divino de defender la justicia y Asha, fomentando una sociedad alineada con los principios de la verdad. Esta alianza entre profeta y rey fue decisiva para que el zoroastrismo dejara de percibirse como una doctrina subversiva y se convirtiera en una filosofía rectora del liderazgo y la gobernanza. Transformó el modo en que se administraba la justicia y sentó el precedente de un código moral que anteponía el bienestar de la comunidad a los caprichos del poder individual.

Las ideas de justicia social de Zaratustra se extendieron más allá de la corte. Sus enseñanzas pedían la protección de los débiles y el respeto de todos los seres vivos como parte de la creación divina. En una sociedad que solía dar prioridad a la fuerza y la conquista, este énfasis en la compasión y la integridad moral era revolucionario. Se dirigía a quienes habían sido marginados por el orden social existente, ofreciéndoles un sentido de dignidad y propósito dentro del marco cósmico. Su mensaje llegó a agricultores, artesanos y pastores, personas cuyo trabajo estaba infravalorado pero que encontraron, en la visión de Zaratustra, un lugar de honor en la lucha por Asha.

En el centro de las enseñanzas de Zaratustra estaba la idea de que los seres humanos, a través de sus pensamientos, palabras y actos, podían influir en la lucha cósmica entre el bien y el mal. Este principio del libre albedrío era el núcleo de la ética zoroástrica. Zaratustra predicaba que cada individuo tenía el poder de elegir su camino y que sus elecciones resonarían en todo el cosmos, ayudando a la creación de Ahura Mazda o sucumbiendo a las fuerzas destructivas de Angra Mainyu. Esta creencia imbuía a la vida de un profundo sentido de la responsabilidad, ya que cada decisión podía mantener o alterar el orden divino.

La corte de Vishtaspa se convirtió en un centro de estudio y difusión de las ideas zoroástricas. Fue aquí donde se formalizaron las enseñanzas de Zaratustra, adoptando una estructura que acabaría convirtiéndose en la base del Avesta, las escrituras sagradas del zoroastrismo. Aunque estas enseñanzas se transmitieron inicialmente de forma oral, el apoyo real contribuyó a asegurar su conservación, dándoles un punto de apoyo que resistiría el flujo y reflujo de la historia. Eruditos, sacerdotes y seguidores se reunían para aprender las nuevas doctrinas, memorizando los himnos y oraciones que ensalzaban la creación de Ahura Mazda y los caminos morales que debían seguir los humanos.

Sin embargo, el viaje del profeta no terminó con la conversión de Vishtaspa. Continuó viajando y enseñando, y sus seguidores crecían en número e influencia. Su mensaje se extendió por todas las tierras, encontrando eco entre tribus y comunidades que se sentían atraídas por la promesa de un mundo justo gobernado por los principios de Asha. A través del diálogo, el debate y una fe inquebrantable, Zaratustra abrió un nuevo camino en el antiguo paisaje cultural de Persia.

La muerte de Zaratustra, al igual que su vida, está envuelta en el misterio. Algunos relatos sugieren que fue asesinado mientras rezaba, mártir de su fe inquebrantable. Otros apuntan a una muerte pacífica, rodeado de aquellos que continuarían sus enseñanzas en el futuro. Sea cual fuere su final, su legado perduró. Las semillas que plantó arraigaron en los corazones de sus seguidores y crecieron hasta convertirse en una fe que perduraría durante milenios, sobreviviendo a invasiones, conquistas y cambios culturales.

El zoroastrismo, nacido de las visiones solitarias de Zaratustra y difundido gracias al apoyo de un rey converso, se convirtió en una religión que hablaba de las profundidades de la condición humana. Abordaba las eternas cuestiones del bien y el mal, la naturaleza de la justicia divina y el papel de la humanidad en un mundo plagado de desafíos morales. Y comenzó con la revelación de un hombre: la visión de un mundo en el que la verdad podía brillar a través de la oscuridad, guiando a la humanidad hacia una existencia mejor y más armoniosa. La historia de los primeros días del zoroastrismo es, por tanto, una historia de lucha y triunfo, de un profeta que, contra todo pronóstico, iluminó un camino hacia la iluminación espiritual que resonaría a través de los siglos.

Capítulo 2
Los textos sagrados - El Avesta

En el corazón de la tradición zoroástrica se encuentra el Avesta, la colección sagrada de himnos, oraciones y rituales que encarna las enseñanzas fundamentales de Zaratustra. Esta antigua escritura es la guía espiritual de los seguidores de Ahura Mazda, depositaria de la sabiduría divina, las verdades cósmicas y los principios morales que conforman la vida zoroástrica. El Avesta es más que un texto; es un recipiente a través del cual las palabras de Zaratustra se han conservado y transmitido a través de siglos de cambio, agitación y resistencia. Es en el Avesta donde los misterios de la creación, la naturaleza del bien y del mal y el camino hacia la rectitud están escritos en versos que resuenan con la voz de un pasado lejano.

El Avesta está dividido en varias secciones, cada una de las cuales cumple una función distinta dentro del marco religioso. Entre sus partes más importantes está el Yasna, un texto litúrgico utilizado en ceremonias religiosas, que incluye los Gathas, los himnos que se cree que fueron compuestos por el propio Zaratustra. Los Gathas son la parte más antigua del Avesta y sus versos están impregnados del lenguaje poético de la antigua Persia. A través de estos himnos, Zaratustra comunica sus experiencias directas con lo divino, sus visiones de Ahura Mazda y sus reflexiones sobre la lucha entre Asha y Druj. Los Gathas no son meras plegarias; son diálogos con lo divino, en los que el profeta se enfrenta a los misterios de la existencia y la naturaleza del universo.

Otro componente clave del Avesta son los Yashts, una colección de himnos dedicados a diversos seres divinos y aspectos del mundo natural. Estos textos son ricos en detalles mitológicos e invocan a los espíritus y deidades que habitan la cosmología zoroástrica. A través de los Yashts, los seguidores buscan las bendiciones de entidades poderosas como Mitra, el dios de la alianza y la verdad, y Anahita, la diosa de las aguas y la fertilidad. Los Yashts celebran la interconexión de la naturaleza y lo divino, subrayando la reverencia zoroástrica por la creación. Estos himnos, llenos de vívidas imágenes de ríos, montañas y cuerpos celestes, reflejan una visión del mundo en la que cada elemento de la naturaleza está imbuido de un significado sagrado.

La Vendidad, otra parte fundamental del Avesta, tiene un propósito diferente. A diferencia del tono poético y devocional de los Gathas y los Yashts, la Vendidad es un texto legal y ritual en el que se describen las reglas para mantener la pureza y alejar las influencias malignas. Proporciona instrucciones detalladas sobre los ritos de purificación, el tratamiento de elementos sagrados como el fuego y el agua, y la conducta adecuada para tratar con la muerte y el más allá. La Vendidad es una guía práctica para los fieles zoroastrianos, que ofrece un camino para mantener la limpieza espiritual y física en un mundo en el que las fuerzas de Angra Mainyu están siempre presentes. Destaca la importancia del ritual en la vida cotidiana, donde las acciones deben alinearse con el orden divino para garantizar la prosperidad de la comunidad.

La estructura del Avesta refleja la compleja naturaleza del culto zoroástrico, equilibrando lo místico con lo práctico, lo poético con lo prescriptivo. Sus versos se recitan durante ceremonias dirigidas por sacerdotes, conocidos como Mobeds, entrenados en el arte de entonar estas antiguas palabras. La recitación del Avesta no es una mera lectura, sino un acto ritual que tiende un puente entre lo terrenal y lo divino, creando un espacio donde los fieles pueden conectar con Ahura Mazda y los reinos espirituales. Se considera que el ritmo y la entonación de los cantos poseen poder, un medio para invocar la presencia divina y reforzar el orden cósmico de Asha.

A lo largo de la historia, la conservación del Avesta ha sido una historia de supervivencia contra las fuerzas del tiempo y la conquista. Gran parte del Avesta original se perdió durante los periodos de invasión y destrucción, especialmente tras la caída del Imperio sasánida y la posterior conquista islámica de Persia. Lo que hoy queda del Avesta es una fracción de su extenso corpus, pero tiene el peso de milenios. Los sacerdotes zoroastrianos conservaron minuciosamente los textos que han sobrevivido, salvaguardándolos mediante la tradición oral y su posterior transcripción. La resistencia de estos textos habla de la dedicación de la comunidad zoroástrica, que consideraba la conservación del Avesta esencial para mantener su conexión con las antiguas verdades reveladas por Zaratustra.

La importancia del Avesta va más allá de su papel en los rituales; es también una brújula espiritual para el individuo. Ofrece orientación sobre cómo vivir una vida acorde con los principios de verdad, pureza y reverencia a la creación. Sus versos animan a los fieles a contemplar la naturaleza del alma, las responsabilidades del libre albedrío y las consecuencias eternas de los actos. A través de las enseñanzas del Avesta, se recuerda a los zoroastrianos que sus elecciones contribuyen a la lucha cósmica entre el bien y el mal, y que la búsqueda de Asha es un esfuerzo diario que determina tanto su destino como el del mundo.

En su totalidad, el Avesta es más que un libro: es un testimonio vivo del espíritu perdurable del zoroastrismo. Sus palabras se recitan en templos de fuego donde arde la llama sagrada como símbolo de la luz y la sabiduría de Ahura Mazda. El Avesta sigue siendo una fuente de fortaleza para una comunidad que ha soportado desplazamientos y diásporas, un recuerdo de una herencia que se remonta a los albores de la civilización. Para los fieles zoroastrianos, es un vínculo con sus antepasados, con la visión de Zaratustra y con la eterna lucha por un mundo regido por la justicia y la verdad. A través del Avesta, las antiguas voces de Persia siguen hablando, guiando a quienes buscan comprender los misterios de la existencia y el camino hacia la iluminación espiritual.

En los versos del Avesta, la historia de la creación, la naturaleza de lo divino y las responsabilidades de la vida humana se unen en una armoniosa sinfonía, una narración que ha dado forma al viaje espiritual de innumerables almas. Este texto sagrado, con su mezcla de visión cósmica y orientación práctica, sigue siendo una piedra angular de la identidad zoroástrica, un faro de luz que continúa brillando a través de las brumas del tiempo, ofreciendo sabiduría a quienes lo escuchan.

El Avesta, como colección de textos sagrados, no es simplemente un registro de oraciones e himnos; es un depósito de filosofía zoroástrica y una profunda exploración de las verdades cósmicas reveladas por Zaratustra. Las enseñanzas contenidas en estos antiguos versos ahondan en la naturaleza fundamental de la existencia, la eterna lucha entre el bien y el mal y las responsabilidades de la humanidad en el mantenimiento del orden divino. A medida que se profundiza en el Avesta, los textos revelan un mundo en el que cada acción, palabra y pensamiento tiene su peso en el equilibrio cósmico entre Asha y Druj, la verdad y el engaño.

Los Gathas, atribuidos directamente a Zaratustra, son fundamentales para este fundamento filosófico. Escritos en una lengua avestana arcaica, los himnos de los Gathas transmiten la esencia de las revelaciones espirituales de Zaratustra. Aquí habla de Ahura Mazda como la encarnación de la sabiduría y la luz, guiando a los fieles hacia una vida alineada con Asha. Las palabras de Zaratustra exhortan a los individuos a utilizar su libre albedrío para elegir el camino de la rectitud, participando así en la batalla cósmica contra Angra Mainyu, el espíritu de la destrucción. Estos himnos exploran temas como la creación del mundo, la naturaleza de la justicia divina y el destino del alma, lo que los convierte en el corazón de la teología zoroástrica.

En los versos de los Gathas, Zaratustra se plantea cuestiones profundas sobre la naturaleza del universo y el lugar que ocupa la humanidad en él. Contempla la naturaleza del alma, el origen de la creación y las fuerzas duales que dan forma a la realidad. Por ejemplo, describe el momento en que los dos espíritus primigenios -Spenta Mainyu, el generoso espíritu de Ahura Mazda, y Angra Mainyu, el espíritu del caos- eligen sus respectivos caminos, poniendo en marcha la lucha cósmica que define la existencia. A través de estas enseñanzas, se recuerda a los fieles que sus propias elecciones reflejan esta antigua decisión, ya que deciden continuamente entre los caminos de la luz y la oscuridad.

Más allá de los Gathas, los Yashts proporcionan una comprensión más profunda de los seres divinos que ayudan a Ahura Mazda a mantener el orden del cosmos. Cada himno está dedicado a un Yazata en particular, o entidad divina, celebrando su papel en el mantenimiento de Asha. Entre ellos, Mithra destaca como protector de la verdad y los contratos, encarnando la luz que atraviesa la oscuridad. Anahita, la diosa de las aguas, representa la pureza y el poder nutritivo de los ríos y las lluvias. Estas figuras no son deidades lejanas, sino que están íntimamente relacionadas con los elementos del mundo natural, lo que refleja el profundo respeto del zoroastrismo por la naturaleza y la interconexión de toda la vida.

Las narraciones de los Yashts son ricas en batallas alegóricas y acontecimientos cósmicos. Por ejemplo, el Tishtrya Yasht cuenta la historia de Tishtrya, la estrella que trae la lluvia, que lucha contra el espíritu demoníaco de la sequía, Apaosha. Esta lucha mitológica simboliza la eterna batalla entre las fuerzas que dan vida y las que buscan la esterilidad y la muerte. Estas historias no son meros relatos míticos, sino que sirven como lecciones espirituales, ilustrando la creencia zoroástrica de que todo acto de bondad contribuye a mantener el equilibrio cósmico.

La Vendidad, con su enfoque más práctico, proporciona una guía para la pureza moral y ritual esencial para resistir la influencia de Angra Mainyu. Describe los ritos para mantener la limpieza corporal y purificar los espacios contaminados por la muerte o las fuerzas demoníacas. Este énfasis en la pureza refleja una comprensión zoroástrica más profunda del mundo físico como una creación sagrada que debe ser protegida. Las leyes de la Vendidad afectan a todos los aspectos de la vida cotidiana: cómo cuidar la tierra, cómo tratar a los animales y cómo garantizar que el fuego, símbolo de la presencia de Ahura Mazda, permanezca puro e impoluto. De este modo, la Vendidad sirve tanto de guía espiritual como ecológica, subrayando la importancia de respetar el medio ambiente como parte del deber religioso de cada uno.

Entre los aspectos más intrigantes del Avesta están los pasajes que abordan la creación del mundo y el papel de la humanidad en él. En el mito de la creación, Ahura Mazda crea el universo como una estructura ordenada, introduciendo los elementos uno a uno: el cielo, el agua, la tierra, las plantas, los animales y, finalmente, la humanidad. Cada parte de la creación está imbuida del principio de Asha, que refleja el orden divino que sustenta la vida. Sin embargo, con la creación llegó el desafío de Angra Mainyu, que trata de corromper y destruir este orden. El Avesta enseña que los humanos, como última creación, tienen un papel único: son los administradores de este mundo, encargados de defenderlo del caos con sus acciones.

Este sentido de la responsabilidad cósmica se refuerza en las descripciones que hace el Avesta de la vida después de la muerte, en particular del viaje del alma tras la muerte. Al morir, cada alma se enfrenta a un juicio en el Puente Chinvat, donde se sopesan sus actos para determinar si cruzará a la Casa de la Canción -un reino de luz y alegría- o caerá en la oscuridad de la Casa de la Mentira. Esta visión de la vida después de la muerte es un poderoso incentivo para que los zoroastrianos vivan una vida de virtud, sabiendo que sus acciones afectan directamente a su destino espiritual. Las enseñanzas del Avesta sobre el viaje del alma subrayan la importancia de vivir según los principios de la verdad, la justicia y la reverencia a lo divino.

El rico simbolismo y las enseñanzas del Avesta no sólo se dirigen a la comunidad, sino también al viaje interior del individuo. El texto anima a reflexionar sobre la naturaleza de los propios pensamientos e intenciones, recordando a los fieles que la batalla entre Asha y Druj tiene lugar dentro de cada corazón y mente. Es en las elecciones individuales donde el gran drama cósmico encuentra su expresión más íntima, donde cada momento encierra el potencial de crecimiento o declive espiritual.

El Avesta, en su totalidad, representa un puente entre lo divino y lo terrenal, lo antiguo y lo eterno. Sus versos siguen resonando entre quienes buscan la sabiduría de las enseñanzas de Zaratustra, ofreciendo una guía a través de las complejidades de la vida y los misterios de la existencia. Para la comunidad zoroástrica, estos textos sagrados no son reliquias de un pasado lejano, sino palabras vivas que inspiran un modo de vida. A través del Avesta, la luz de Ahura Mazda sigue brillando, iluminando un camino de rectitud que se extiende más allá del tiempo, conectando el presente con un linaje de antiguos buscadores de la verdad.

Capítulo 3
Cosmología

En el vasto tapiz del zoroastrismo, el cosmos emerge como un escenario dinámico donde se desarrolla la eterna lucha entre el bien y el mal. Esta cosmovisión, modelada por las enseñanzas de Zaratustra y conservada en los versos del Avesta, presenta el universo como un campo de batalla definido por el dualismo cósmico. En su centro se encuentra Ahura Mazda, la deidad suprema que encarna la sabiduría, la luz y el orden. Frente a él está Angra Mainyu, el espíritu destructor que busca sembrar el caos y la oscuridad. Esta dualidad no es meramente simbólica: impregna todos los aspectos de la creación, desde los reinos celestiales hasta las luchas internas de las almas humanas.

Ahura Mazda, el Señor Sabio, es el creador de todo lo bueno. No está limitado por el tiempo ni el espacio, existe más allá del mundo material pero está profundamente conectado a él. Su luz divina, conocida como Hvar o el Sol, se considera una manifestación de su presencia eterna, que ilumina el universo y guía a la humanidad hacia la verdad. En la cosmología zoroástrica, Ahura Mazda está rodeado por los Amesha Spentas, o «Santos Inmortales», cada uno de los cuales representa un aspecto del orden divino que él estableció. Estas siete entidades divinas incluyen a Vohu Manah (Buena Mente), Asha Vahishta (Mejor Verdad) y Spenta Armaiti (Santa Devoción), entre otras, y sirven como guardianes de varios elementos de la creación, encarnando los principios que sostienen el equilibrio cósmico.

A este orden celestial se opone Angra Mainyu, también conocido como Ahriman, el espíritu de la destrucción y el engaño. A diferencia de Ahura Mazda, Angra Mainyu no es un creador sino un corruptor. Su propia esencia encarna a Druj, la fuerza de la mentira y el desorden que busca socavar la armonía del universo. El zoroastrismo retrata a Angra Mainyu como una fuerza malévola que se esfuerza por introducir el sufrimiento y el caos en el mundo, atacando tanto la creación física como la pureza espiritual de los seres. Esta lucha no se retrata como una batalla entre iguales, sino como un conflicto en el que la victoria final de Ahura Mazda está asegurada, pero la cronología de esta victoria depende de las decisiones que tomen los seres humanos.

La visión zoroástrica del universo está profundamente estructurada, y cada elemento de la creación desempeña un papel específico en esta lucha cósmica. La creación de Ahura Mazda se desarrolla en una serie de etapas, empezando por el mundo espiritual y siguiendo por el material. El reino espiritual, conocido como Mēnōg, representa el estado ideal de la creación, incorrupto por las influencias de Angra Mainyu. Es el reino donde residen los Amesha Spentas, que mantienen el plano del orden divino. El mundo material, o Getig, es donde las manifestaciones físicas de este orden toman forma - donde el cielo, la tierra, el agua y todas las criaturas vivientes fueron creadas por Ahura Mazda.

Sin embargo, con la creación del mundo material, comienza la corrupción de Angra Mainyu. Se infiltra en el reino físico, trayendo la enfermedad, la decadencia y la muerte, fuerzas que estaban ausentes en el dominio espiritual puro. Esta invasión marca el comienzo de la lucha que define la existencia humana: un mundo atrapado entre la pureza de la visión original de Ahura Mazda y la contaminación provocada por Angra Mainyu. La dualidad entre Mēnōg y Getig ilustra la creencia zoroástrica de que el mundo material, aunque corrompido, no está más allá de la redención. Mediante acciones rectas y la adhesión a Asha, los humanos pueden trabajar para restaurar el equilibrio y la pureza de la creación.

En este marco cósmico, los conceptos de Asha y Druj tienen una importancia fundamental. Asha, a menudo traducido como «verdad» u «orden», es el principio que rige el universo y representa la ley divina y la forma correcta de vivir. Es el camino establecido por Ahura Mazda, que guía todo, desde el movimiento de las estrellas hasta las elecciones morales de los seres humanos. Asha no es simplemente un ideal filosófico; es la fuerza que sustenta la vida, la salud y la prosperidad. Gobierna los ciclos de la naturaleza y la armonía de las estaciones, asegurando que el orden cósmico permanezca intacto. En cada acto de honradez, caridad o justicia, los zoroastrianos creen que están reforzando el poder de Asha.

Por el contrario, Druj representa la falsedad, el caos y la decadencia. Es la fuerza que se opone a Asha en todo momento, manifestándose tanto en dolencias físicas como en corrupción moral. Las enfermedades, el hambre y los conflictos son manifestaciones de la influencia de Druj sobre el mundo material. El reto para la humanidad, según las enseñanzas zoroástricas, consiste en reconocer la presencia de Druj y elegir combatirlo a través de sus pensamientos, palabras y acciones. Al hacerlo, se alinean con la lucha cósmica y contribuyen a garantizar que el equilibrio del universo se incline hacia el lado de la luz y el orden.

Esta cosmología dualista se extiende a la propia estructura del tiempo. El zoroastrismo concibe el tiempo dividido en tres grandes épocas: la creación, el actual periodo de conflicto y la renovación final del mundo. El tiempo presente se caracteriza por la lucha entre Asha y Druj, donde cada acción humana tiene el potencial de inclinar la balanza hacia la luz o la oscuridad. Es un periodo de pruebas, en el que los fieles deben permanecer vigilantes contra los engaños de Angra Mainyu. Sin embargo, el resultado final de esta batalla cósmica no está en duda. La sabiduría divina de Ahura Mazda asegura que las fuerzas del bien finalmente triunfarán, conduciendo al Frashokereti, o la renovación del mundo.

En esta era futura, según la creencia zoroástrica, el mundo será purificado de toda corrupción. Angra Mainyu y sus fuerzas demoníacas serán vencidos, y Asha será completamente restaurada. Todas las almas se reunirán con sus formas perfeccionadas y los reinos material y espiritual se unificarán. El universo volverá a su estado original de pureza, libre de la influencia del caos y el mal. Esta visión del futuro proporciona a los zoroastrianos un sentido de esperanza y propósito, ya que sus acciones cotidianas contribuyen al cumplimiento de este destino cósmico.

La cosmología zoroástrica es, pues, una profunda narración de luz y oscuridad, de sabiduría divina que guía el cosmos y de seres humanos que tienen el poder de elegir su papel en este gran drama. Es una visión del mundo que hace hincapié en la interconexión de toda la vida y en la importancia de mantener el orden natural. A través de su respeto por los elementos -fuego, agua, tierra- y su compromiso con la verdad y la justicia, los zoroastrianos se ven a sí mismos como partícipes de una misión cósmica para preservar el equilibrio de la creación. Esta concepción del universo conforma todos los aspectos de su práctica religiosa, desde las oraciones recitadas ante una llama sagrada hasta las decisiones éticas tomadas en la vida cotidiana.

En esta gran visión del cosmos, la luz de Ahura Mazda sigue brillando como un faro de esperanza, guiando a las almas a través de la oscuridad y recordándoles la promesa de un mundo redimido. A través de los principios de Asha, cada acto de bondad e integridad contribuye a la lenta pero segura victoria sobre el caos, resonando en la eterna lucha entre el orden y la entropía. Es dentro de esta narrativa cósmica donde los fieles encuentran su propósito, un propósito que trasciende el tiempo y los vincula a la lucha eterna por un mundo en el que la luz prevalezca sobre la sombra y la verdad disipe la falsedad que pretende consumirlo.

La cosmología del zoroastrismo no sólo existe a una escala grandiosa y universal, sino que se extiende profundamente a las vidas y prácticas cotidianas de sus seguidores. Es una visión del mundo que configura la forma en que los zoroastrianos perciben su entorno, sus relaciones y su papel en el intrincado tapiz de la creación. Cada elemento de su fe está vinculado a la batalla cósmica entre Asha (orden) y Druj (caos), lo que influye en la forma en que los zoroastrianos se comportan ante los desafíos morales y existenciales. Esta cosmovisión no se limita a los templos o las escrituras, sino que resuena en todos los aspectos de la vida zoroástrica, ofreciendo un marco a través del cual los fieles navegan por su existencia.

Uno de los aspectos más significativos de la cosmología zoroástrica es el concepto de Asha, un principio que encarna la verdad, el orden y la ley divina establecida por Ahura Mazda. Asha no es una mera idea abstracta; es una fuerza rectora que da forma a la estructura del universo y a la conducta ética que se espera de todo zoroastriano. Los fieles están llamados a alinearse con Asha en todas sus acciones, esforzándose por vivir en armonía con el mundo natural y su orden divino. Esto se extiende a las prácticas cotidianas, como mantener la limpieza, ofrecer oraciones ante la llama sagrada y tratar toda vida con respeto. Vivir según Asha es contribuir a la lucha cósmica en favor de la luz y la rectitud, oponiéndose a las fuerzas invasoras de Druj.

El concepto de Druj, por otra parte, representa el desorden, la falsedad y el caos destructivo introducido por Angra Mainyu. Druj se manifiesta no sólo en el reino metafísico como una influencia corruptora, sino también en el mundo material, a través de actos de engaño, violencia y falta de respeto por el orden natural. Para los zoroastrianos, resistirse a Druj es una batalla diaria que tiene lugar en la mente, en la palabra y en la acción. Requiere atención plena y una conciencia constante de las implicaciones morales de las propias elecciones. Los actos que dañan a los demás, engañan o no respetan la santidad de la vida se consideran alineamientos con Druj, lo que debilita la presencia de Asha en el mundo.

Los rituales y prácticas religiosas zoroastrianos están diseñados para reforzar los principios cósmicos de Asha, creando un espacio sagrado que refleja el orden divino del universo. Uno de los elementos centrales del culto zoroástrico es el fuego, que simboliza la luz de Ahura Mazda y sirve como recordatorio constante de la presencia divina en el mundo material. En los templos del fuego, los zoroastrianos se reúnen para orar ante una llama sagrada, manteniendo su pureza como gesto de devoción a Asha. El fuego se mantiene encendido continuamente, reflejando la naturaleza eterna de la luz de Ahura Mazda, y se trata con la mayor reverencia, sin permitir que se contamine con sustancias impuras.

En la vida cotidiana, los zoroastrianos llevan a cabo sencillos rituales que refuerzan su conexión con el orden cósmico. Se recitan oraciones varias veces al día, a menudo de cara a una fuente de luz, ya sea el sol naciente o una vela encendida, que simboliza un giro hacia la verdad y un alejamiento de la oscuridad de Druj. Estas oraciones se consideran actos de alineación con lo divino, momentos en los que los fieles reafirman su compromiso de vivir según Asha. Incluso en actividades mundanas como comer o trabajar, se enseña a los zoroastrianos a mantener una actitud de gratitud y respeto por las bendiciones de Ahura Mazda, asegurándose de que sus acciones permanezcan en armonía con el orden cósmico.

La importancia del libre albedrío en la cosmología zoroástrica es un tema recurrente, ya que cada individuo es visto como un participante activo en la batalla cósmica en curso. Esta creencia en el albedrío humano es fundamental para la concepción zoroástrica del bien y el mal. A diferencia de muchos sistemas de creencias antiguos en los que el destino está predeterminado por los dioses, el zoroastrismo pone el poder de elección directamente en manos de cada persona. Se anima a los seguidores a reflexionar profundamente sobre sus acciones y sus consecuencias, sabiendo que cada elección o bien fortalece a Asha o bien permite que Druj gane terreno. Este énfasis en el libre albedrío proporciona un marco moral que es a la vez empoderador y exigente, ya que pone la responsabilidad del destino del mundo en manos de sus habitantes.

Esta filosofía se extiende a la forma en que los zoroastrianos ven la naturaleza y el medio ambiente. La tierra, el agua, las plantas y los animales se consideran creaciones sagradas de Ahura Mazda, merecedoras de cuidado y respeto. Esta reverencia por la naturaleza no es simplemente ecológica, sino que está ligada a la batalla cósmica contra el caos. La contaminación, el despilfarro y la falta de respeto por los recursos naturales se consideran formas de Druj, actos que perturban la armonía divina del mundo. Para los zoroastrianos, el acto de cuidar un jardín, conservar el agua o cuidar de los animales es algo más que una buena administración: es un deber espiritual que los alinea con Asha y contribuye al restablecimiento del equilibrio cósmico.

La influencia de la cosmología zoroástrica también es evidente en la forma en que la comunidad afronta los retos y las adversidades de la vida. Las luchas de la vida cotidiana, ya sean enfermedades, pérdidas o dilemas morales, se entienden como reflejos de la lucha cósmica más amplia. Al enfrentarse a estos retos, los zoroastrianos sacan fuerzas de su creencia en la sabiduría última de Ahura Mazda y en la promesa de que, a pesar de los reveses temporales, las fuerzas del bien acabarán prevaleciendo. Esta fe en el triunfo de la luz sobre la oscuridad ofrece consuelo y resistencia, animando a los creyentes a perseverar en sus esfuerzos por vivir rectamente, incluso cuando se enfrentan a circunstancias difíciles.

Las enseñanzas del Avesta, incluidas sus vívidas descripciones de la lucha cósmica, desempeñan un papel fundamental en la configuración de esta perspectiva. Por ejemplo, pasajes de la Vendidad destacan la importancia de la pureza y la vigilancia contra la corrupción espiritual y física, reforzando la idea de que cada acto de cuidado de uno mismo y de los demás es una contribución a la fortaleza de Asha. Estas enseñanzas sirven para recordar que lo sagrado está entretejido en el tejido de la vida cotidiana, que las decisiones tomadas incluso en los momentos más pequeños tienen un significado cósmico.

En última instancia, la visión zoroástrica del cosmos ofrece una visión de interconexión, en la que cada ser, cada elemento y cada momento desempeñan un papel en una gran historia que se extiende más allá del tiempo. Este sentido del deber cósmico da un profundo sentido de finalidad a las vidas de los fieles, recordándoles que sus acciones resuenan mucho más allá del mundo inmediato. Fomenta una comunidad unida no sólo por rituales y creencias compartidos, sino también por la misión común de preservar el orden divino frente a las sombras invasoras del caos.

En esta intrincada danza entre la luz y la oscuridad, los zoroastrianos encuentran un camino que es a la vez exigente y profundamente significativo. El mundo, con toda su belleza y sus desafíos, se convierte en un escenario donde se desarrolla el drama de Asha y Druj, y donde cada individuo, a través de sus pensamientos, palabras y actos, contribuye al desarrollo de la historia del universo. Es una visión del mundo que invita a la reflexión, a la reverencia y al compromiso con una vida íntegra, ofreciendo una brújula espiritual que guía a los fieles a través de las complejidades de la existencia, siempre con la vista puesta en la gran lucha cósmica que configura el destino de toda la creación.

Capítulo 4
Ahura Mazda - La Deidad Suprema

Ahura Mazda, la deidad suprema del zoroastrismo, es la encarnación de la sabiduría, la luz y la verdad. Es el creador de todo lo que es bueno en el universo, un ser cuya esencia está entrelazada con el concepto de Asha, el orden divino que sustenta la vida y mantiene el equilibrio en el cosmos. A diferencia de las deidades caprichosas de otros panteones antiguos, la naturaleza de Ahura Mazda se centra singularmente en la promoción de la armonía, la justicia y la claridad moral. No es sólo una fuerza cósmica distante, sino un guía personal para quienes buscan comprender los misterios de la existencia y alinearse con los principios que rigen el universo.

El propio nombre de Ahura Mazda es rico en significado. Derivado del avestán, «Ahura» significa «Señor» o «Espíritu», y «Mazda» se traduce como «Sabiduría» o «Conocimiento». Juntos, el nombre transmite la sensación de una inteligencia divina que gobierna el universo con propósito y previsión. En las enseñanzas de Zaratustra, Ahura Mazda no es sólo un creador, sino la fuente misma de toda sabiduría, el arquitecto de las estrellas y del orden del mundo natural. Se le describe como una deidad que posee Haurvatat (Totalidad) y Ameretat (Inmortalidad), cualidades que significan su naturaleza eterna e inmutable. Esto lo diferencia de las deidades de la Persia prezoroástrica, cuyo poder solía estar vinculado a ámbitos específicos de la naturaleza o a roles sociales.

La cosmología zoroástrica sitúa a Ahura Mazda en el centro de la creación y lo describe como el creador de los mundos espiritual y material. Antes de que el universo material tomara forma, Ahura Mazda creó el reino espiritual, un dominio perfecto y eterno donde los principios de Asha reinaban supremos. Este acto de creación no fue un acontecimiento lejano, sino un proceso continuo, en el que la sabiduría de Ahura Mazda sigue guiando el desarrollo del cosmos. En el pensamiento zoroástrico, cada estrella que brilla en el cielo nocturno y cada ley natural que rige la vida es una manifestación de su orden divino. La belleza del mundo, desde el fluir de los ríos hasta los ciclos de las estaciones, se considera un reflejo de la voluntad creadora de Ahura Mazda.

Uno de los aspectos más profundos de la naturaleza de Ahura Mazda es su relación con la humanidad. Zaratustra enseñó que Ahura Mazda dotó a los humanos de Vohu Manah, o Buena Mente, que les permite distinguir entre el bien y el mal. Este don es lo que permite a los humanos participar en la lucha cósmica entre Asha y Druj, utilizando su libre albedrío para elegir el camino de la rectitud. A diferencia de otros dioses antiguos que exigían obediencia ciega, Ahura Mazda busca una relación consciente con sus seguidores, instándoles a comprender las dimensiones morales de sus elecciones y su responsabilidad en la preservación del mundo. A través de esta relación, los zoroastrianos son invitados a convertirse en colaboradores de Ahura Mazda en la lucha contra el caos, contribuyendo a la victoria final de la luz sobre la oscuridad.

El papel de Ahura Mazda como guía moral se refleja además en sus interacciones con los Amesha Spentas, los «Inmortales Benefactores» que sirven como aspectos de su voluntad divina. Estos seres no son dioses separados, sino facetas del poder creador de Ahura Mazda, cada uno de los cuales encarna una virtud o un elemento particular del mundo. Por ejemplo, Asha Vahishta representa la verdad más elevada y el orden cósmico, mientras que Spenta Armaiti encarna la devoción y la reverencia. Estas entidades sirven como intermediarios entre Ahura Mazda y el mundo material, guiando a los humanos hacia una vida que se alinea con los principios de Asha. Juntos, forman un consejo divino que mantiene la integridad de la creación, asegurando que la visión de Ahura Mazda de un universo justo y armonioso se haga realidad.

Esta jerarquía divina, con Ahura Mazda a la cabeza, refleja la naturaleza estructurada de la cosmovisión zoroástrica. La presencia de los Amesha Spentas subraya que la influencia de Ahura Mazda se extiende a todos los aspectos de la existencia, desde los ciclos naturales de la vida hasta los marcos éticos que guían el comportamiento humano. Cuando los zoroastrianos ofrecen oraciones a Ahura Mazda, también están invocando estas cualidades divinas, buscando armonizar sus propias vidas con las virtudes cósmicas que representan los Amesha Spentas. Las oraciones y rituales dirigidos a Ahura Mazda sirven así como actos de alineación, en los que los fieles buscan reflejar el orden divino en sus propios pensamientos, palabras y actos.

El papel central de Ahura Mazda en el zoroastrismo no es sólo como deidad de culto, sino como símbolo de la eterna lucha por la verdad y la rectitud. Su existencia como fuente última de luz y sabiduría sienta las bases para comprender el universo moral en el que viven los zoroastrianos. A través de su devoción a Ahura Mazda, los creyentes recuerdan su deber de defender a Asha frente a la invasión de Druj, de mantenerse vigilantes contra la falsedad y de esforzarse por llevar una vida que encarne la integridad y la compasión. Esta relación con lo divino es profundamente personal y ofrece a cada individuo la oportunidad de participar en el orden cósmico a través de sus propias acciones.

El concepto de Ahura Mazda también aporta una perspectiva única a la naturaleza de la propia divinidad. A diferencia de muchas otras tradiciones que describen a los dioses como falibles o movidos por deseos humanos, Ahura Mazda representa un ideal de perfección. No tiene defectos ni debilidades y encarna los ideales más elevados de sabiduría y justicia. Esta visión de una deidad pura en pensamiento, palabra y acción establece un estándar para los fieles, animándoles a aspirar a virtudes similares en sus propias vidas. A través de esta aspiración, los zoroastrianos se ven a sí mismos capaces de contribuir al orden cósmico, encarnando las cualidades divinas que Ahura Mazda representa.

En los templos zoroastrianos, Ahura Mazda no se representa en forma humana, sino que se simboliza a través del fuego sagrado, un recordatorio de su presencia eterna y de la luz de la sabiduría que otorga. El fuego, que arde continuamente en los altares, sirve de conexión tangible con lo divino, símbolo de la luz guía de Ahura Mazda que disipa la oscuridad de la ignorancia. Este simbolismo refuerza la idea de que lo divino no está distante sino siempre presente, una fuente de inspiración que ilumina el camino de Asha para aquellos que lo buscan.

La esencia de Ahura Mazda como creador y sustentador de la vida, como árbitro último de la verdad y como fuerza que impulsa el cosmos, es el núcleo de la espiritualidad zoroástrica. Sus enseñanzas a través de Zaratustra ofrecen una visión de un mundo en el que reinan el orden, la justicia y la compasión, un mundo en el que cada individuo tiene el poder de contribuir al bien mayor. A través de esta relación con Ahura Mazda, los zoroastrianos encuentran un sentido de propósito, una brújula moral que les guía a través de las complejidades de la existencia, apuntando siempre hacia la promesa de un universo donde la luz prevalece sobre la sombra y la sabiduría triunfa sobre la ignorancia.

El culto a Ahura Mazda en el zoroastrismo no es sólo una práctica de reverencia, sino una profunda expresión de devoción que entrelaza la vida cotidiana con el orden cósmico. Los zoroastrianos ven su relación con Ahura Mazda como una asociación en la lucha continua por la preservación de Asha, la verdad y el orden divinos. Esta conexión se nutre de rituales, oraciones y conducta ética, dando forma a un camino espiritual en el que la presencia de Ahura Mazda guía tanto la vida comunitaria como la individual.

Un elemento central del culto zoroástrico es la práctica de oraciones diarias, conocidas como Gāhs, que se recitan cinco veces al día, cada una de ellas alineada con fases específicas del día. Estas oraciones sirven para mantener a los fieles en constante comunión con Ahura Mazda, recordándoles su papel en la defensa de Asha en cada pensamiento, palabra y obra. Recitar estas oraciones es más que un ritual formal: es un acto de alinearse con la luz divina, reforzando los ideales de sabiduría y rectitud que Ahura Mazda encarna. Los Gāhs suelen dirigirse a elementos naturales como el fuego, el agua y la tierra, reconociéndolos como creaciones de Ahura Mazda y reafirmando la importancia de vivir en armonía con el mundo natural.

Los rituales relacionados con el fuego desempeñan un papel especialmente significativo en este culto. El fuego se considera el símbolo más puro de la esencia de Ahura Mazda y representa la llama eterna de sabiduría y luz que trae al mundo. En los templos zoroastrianos del fuego, o Atash Behrams, la llama sagrada es atendida por Mobeds (sacerdotes), que se aseguran de que se mantenga encendida continuamente. El propio fuego se convierte en un medio a través del cual los fieles conectan con Ahura Mazda, ofreciendo plegarias ante la llama y reflexionando sobre su simbolismo como faro de la verdad. El acto de cuidar el fuego -ya sea en los grandes templos o en los pequeños santuarios domésticos- encarna el esfuerzo por mantener vivo el espíritu de Asha, un recordatorio de que la presencia divina debe cultivarse con cuidado y devoción.

Las prácticas devocionales a Ahura Mazda se extienden más allá de los confines de los espacios rituales e impregnan la vida cotidiana de los fieles. Una de las expresiones fundamentales de esta devoción es la adhesión a la tríada de Humata, Hukhta y Hvarshta: buenos pensamientos, buenas palabras y buenas acciones. Esta tríada constituye el fundamento ético de la vida zoroástrica y guía la forma en que los creyentes interactúan entre sí y con el mundo. Estos principios no son ideales abstractos, sino compromisos prácticos que dan forma a las acciones cotidianas, desde la honestidad en los negocios hasta la bondad en las relaciones familiares. Al encarnar estas virtudes, los zoroastrianos se consideran partícipes de la misión cósmica de difundir la luz de Ahura Mazda y mantener el tejido moral del mundo.

El Yasna, parte central del Avesta y clave del culto zoroástrico, es un ritual que se relaciona directamente con la presencia de Ahura Mazda. Realizado por sacerdotes, incluye ofrendas de haoma, una planta sagrada, y recitaciones de himnos que alaban a Ahura Mazda y su creación. La ceremonia Yasna se considera una recreación del orden divino, una forma de alinear a la comunidad con los ritmos del cosmos. Durante la ceremonia, la recitación de los Gathas-himnos atribuidos al propio Zaratustra-invoca la sabiduría de Ahura Mazda y reitera los principios eternos que deben guiar la vida humana. Este ritual sirve como afirmación colectiva de fe, reforzando la unidad entre lo divino, la naturaleza y la comunidad.

La relación con Ahura Mazda también da forma a los festivales zoroastrianos, que marcan momentos importantes en los ciclos naturales y espirituales de la vida. Celebraciones como Nowruz (el Año Nuevo persa) y Mehragan no son sólo acontecimientos culturales, sino ocasiones espirituales para expresar gratitud por la creación de Ahura Mazda. Durante estas fechas, las comunidades se reúnen para realizar oraciones, compartir banquetes y reflexionar sobre los valores de la generosidad, la renovación y el equilibrio. Estos festivales son momentos en los que el calendario zoroástrico y los ritmos del mundo natural se unen, enfatizando la unidad de los reinos material y espiritual como parte del diseño de Ahura Mazda.

Más allá de los rituales y las oraciones, la influencia de Ahura Mazda se deja sentir en los sistemas éticos y legales que rigen las comunidades zoroastrianas. Las enseñanzas de Zaratustra, que destacan los atributos divinos de la verdad y la justicia, proporcionan un marco para resolver disputas y guiar la conducta de la comunidad. La ley zoroástrica, tal y como se describe en textos como la Vendidad, refleja la creencia de que los asuntos legales deben abordarse con equidad y respeto por la dignidad de cada individuo. Los principios de la justicia se consideran una extensión de Asha, que encarna la visión de Ahura Mazda de un mundo en el que la armonía prevalece sobre la discordia. A través de esto, se recuerda a los fieles que defender la ley es una forma de devoción, un medio de promulgar la voluntad de Ahura Mazda en sus interacciones cotidianas.

Este profundo respeto por la guía de Ahura Mazda también es evidente en el enfoque zoroástrico de las transiciones de la vida, como el nacimiento, el matrimonio y la muerte. Durante estos acontecimientos vitales, se realizan oraciones y ceremonias especiales para buscar la bendición de Ahura Mazda y asegurarse de que cada fase de la vida está alineada con Asha. La ceremonia de Naujote, un rito de iniciación para niños, simboliza la aceptación del camino de Ahura Mazda, ya que el iniciado se pone el sudreh (camisa sagrada) y el kusti (cordón sagrado), que sirven como recordatorios de su compromiso con los principios de la fe. De este modo, la conexión con Ahura Mazda se entreteje en el tejido mismo de la vida de un zoroastriano, desde los primeros pasos de la infancia hasta los últimos momentos del viaje terrenal.

La relación devocional con Ahura Mazda también da forma a la comprensión zoroástrica de la comunidad y la caridad. Los actos de caridad se consideran expresiones directas de la voluntad divina, lo que refuerza la creencia de que ayudar a los demás contribuye al mantenimiento de Asha. Los proyectos de bienestar comunitario, el apoyo a los menos afortunados y el cuidado de los templos comunales de fuego se consideran deberes sagrados, llevados a cabo con la intención de honrar las enseñanzas de Ahura Mazda. De este modo, el culto a Ahura Mazda trasciende la piedad individual y se convierte en un esfuerzo compartido por crear una sociedad que refleje el orden y la compasión divinos.

Incluso cuando los zoroastrianos se han enfrentado a desafíos a lo largo de la historia, como la persecución y la diáspora, el culto a Ahura Mazda ha seguido siendo un pilar central de su identidad. Las prácticas y los valores que giran en torno a este culto se han adaptado a nuevos contextos, permitiendo a los fieles mantener su conexión con lo divino aunque cambien sus circunstancias. Hoy, ya sea en un pequeño templo de fuego en el Irán rural o en un centro comunitario en una bulliciosa ciudad de la diáspora, los zoroastrianos siguen encontrando en Ahura Mazda una fuente de fuerza, sabiduría y esperanza.

Esta relación duradera con Ahura Mazda refleja una visión de lo divino que no se limita a los cielos, sino que está íntimamente presente en la vida de quienes buscan comprender y vivir según los principios de Asha. A través de la oración, el ritual y la búsqueda ética de una vida justa, los zoroastrianos permanecen conectados a la luz guía de Ahura Mazda, encontrando en él la sabiduría para navegar por las complejidades del mundo y la inspiración para contribuir a la lucha cósmica por una realidad gobernada por la verdad y la rectitud. Mientras arda esta llama de devoción, la presencia de Ahura Mazda seguirá iluminando el camino de quienes se esfuerzan por mantener los antiguos valores de una tradición que ha perdurado durante milenios.

Capítulo 5
Angra Mainyu y las Fuerzas del Mal

En el marco dualista del zoroastrismo, Angra Mainyu -a menudo conocido como Ahriman- se erige como la contraparte oscura de Ahura Mazda, representando la encarnación del caos, la falsedad y la destrucción. Mientras que Ahura Mazda simboliza la sabiduría, el orden y la luz que guía la creación, Angra Mainyu es la fuerza que trata de socavar y corromper esta visión divina. Su propia naturaleza se opone a Asha, el orden cósmico, y encarna a Druj, el engaño que amenaza la armonía del universo. Esta oposición entre Ahura Mazda y Angra Mainyu constituye la base de la cosmovisión zoroástrica, que presenta el cosmos como un campo de batalla en el que las fuerzas del bien y del mal se disputan la supremacía.

La historia del origen de Angra Mainyu no es la de la creación, sino la de la rebelión contra el orden natural establecido por Ahura Mazda. No es una deidad con dominio sobre un aspecto concreto de la vida, sino que representa la negación de la vida misma. Su existencia se define por un impulso eterno de propagar el caos, la decadencia y el sufrimiento, trabajando incansablemente para oponerse a todo acto de creación y armonía propiciado por Ahura Mazda. Esta oposición no es meramente filosófica, sino que se entiende como una lucha literal y continua que se manifiesta tanto en el mundo espiritual como en el material.

La naturaleza de Angra Mainyu está arraigada en el concepto de Druj, que se traduce como falsedad, desorden y corrupción. Druj es la antítesis de Asha, y el poder de Angra Mainyu reside en su capacidad para sembrar la confusión y la desviación moral. Donde Asha aporta claridad y verdad, Druj aporta engaño, apartando a los humanos del camino de la rectitud.

Este conflicto espiritual no se limita a los reinos abstractos; influye en las experiencias cotidianas de los individuos, convirtiendo cada decisión en un lugar potencial de conflicto cósmico. En la creencia zoroástrica, la presencia de la enfermedad, la muerte y los desastres naturales se consideran signos de los intentos de Angra Mainyu de deformar y perturbar la creación perfecta de Ahura Mazda.

El simbolismo de la oscuridad es fundamental para comprender el papel de Angra Mainyu en el pensamiento zoroástrico. La oscuridad representa la ignorancia, la desesperación y la ausencia de guía divina. Es el estado de existencia en el que la luz de la sabiduría de Ahura Mazda está bloqueada, permitiendo que Druj se extienda sin control. En la antigua imaginería zoroástrica, Angra Mainyu se asocia a menudo con las sombras, los peligros ocultos y las amenazas que acechan más allá de los límites del entendimiento humano. Es la encarnación del miedo y el caos, que explota las incertidumbres de la vida para alejar a las almas de la verdad.

La influencia de Angra Mainyu no se limita a los peligros externos, sino que se extiende profundamente en el ámbito moral y espiritual de los individuos. Se cree que ataca la mente y el espíritu, utilizando la tentación, la codicia y el odio para nublar el juicio y llevar a la gente por mal camino. Esta lucha interior se considera un reflejo de la batalla cósmica más amplia, en la que las elecciones de cada persona contribuyen a la fortaleza de Asha o a la propagación de Druj. En la tradición zoroástrica, sucumbir a la ira, la envidia o la deshonestidad se considera como ceder a la influencia de Angra Mainyu, permitiendo que las semillas de la corrupción arraiguen en el alma. Por lo tanto, resistirse a estos impulsos se considera un acto de guerra espiritual, alineándose con la voluntad de Ahura Mazda.

A pesar de su naturaleza destructiva, Angra Mainyu no es considerado igual a Ahura Mazda en poder o sabiduría. Las enseñanzas zoroastrianas enfatizan que, aunque Angra Mainyu puede causar inmensos sufrimientos y trastornos, su poder es fundamentalmente defectuoso porque está arraigado en la negatividad y la destrucción más que en la creación. A diferencia de Ahura Mazda, que tiene una visión clara y positiva del universo, Angra Mainyu sólo puede reaccionar ante lo que ya ha sido creado, tratando de estropearlo y distorsionarlo. Este desequilibrio es una fuente de esperanza para los zoroastrianos, ya que sugiere que el triunfo final del bien sobre el mal no sólo es posible, sino que está asegurado. La creencia de que la sabiduría de Ahura Mazda prevalecerá en última instancia es fundamental para la escatología zoroástrica, ya que ofrece una visión de un futuro en el que la oscuridad de Angra Mainyu se disipa por completo.

El papel de Angra Mainyu en la lucha cósmica también se refleja en la concepción zoroástrica de la vida después de la muerte y el destino de las almas. Tras la muerte, todas las almas se enfrentan al juicio en el Puente Chinvat, donde se pesan sus actos para determinar su alineación con Asha o Druj. Aquellos que han vivido una vida de virtud y verdad son bienvenidos a la Casa de la Canción, un reino de luz y paz bajo el dominio de Ahura Mazda. Por el contrario, los que han sucumbido a las influencias de Angra Mainyu se encuentran en la Casa de la Mentira, un reino de sufrimiento en el que domina Druj. Este concepto de ajuste de cuentas espiritual subraya el impacto duradero del engaño de Angra Mainyu, mostrando que las decisiones tomadas en la vida tienen consecuencias eternas.

Las enseñanzas de Zaratustra ofrecen una guía sobre cómo enfrentarse y resistir la influencia de Angra Mainyu. La recitación de oraciones, la realización de rituales y la adhesión a los principios de Humata, Hukhta, Hvarshta -buenos pensamientos, buenas palabras y buenas acciones- se consideran actos protectores que protegen el alma de la corrupción. Al centrarse en los aspectos positivos de la vida y esforzarse por vivir en consonancia con Asha, los zoroastrianos creen que pueden debilitar el dominio de Angra Mainyu y contribuir a la restauración final de la pureza del mundo. La pureza ritual, por tanto, no es sólo una práctica personal o comunitaria, sino un método directo de contrarrestar la oscura influencia de Angra Mainyu, manteniendo una conexión con lo divino.

Aunque la presencia de Angra Mainyu es una fuente de sufrimiento, las enseñanzas zoroástricas hacen hincapié en la importancia de afrontar esta adversidad con valor y resistencia. La lucha contra Angra Mainyu no se ve como una carga, sino como una oportunidad divina para el crecimiento espiritual. Es resistiendo a las tentaciones de Druj y eligiendo actuar con integridad como los humanos cumplen su papel en el drama cósmico. Cada acto de bondad, cada elección de decir la verdad, es una victoria para Asha y un desafío a la influencia de Angra Mainyu. Esta creencia da a los zoroastrianos un sentido de finalidad, convirtiendo incluso las decisiones más pequeñas en contribuciones significativas a la lucha más amplia por el alma del universo.

En la narrativa de la cosmología zoroástrica, Angra Mainyu sirve como recordatorio de los retos inherentes a la búsqueda de una vida recta. Es la sombra que contrasta con la luz de Ahura Mazda, la oposición que define lo que está en juego en la existencia humana. Su papel en el equilibrio cósmico ilustra la naturaleza dinámica de la visión del universo del zoroastrismo, donde la lucha y la elección conforman el destino tanto de los individuos como del propio mundo. La figura de Angra Mainyu, aunque temible, refuerza en última instancia el mensaje zoroástrico de que, mediante la vigilancia, la sabiduría y la devoción, prevalecerán las fuerzas de la verdad y la luz.

El papel de Angra Mainyu en el zoroastrismo no es sólo el de la encarnación del mal cósmico, sino el de un estratega cuyo principal objetivo es corromper y desestabilizar la creación de Ahura Mazda. Sus métodos son insidiosos y se dirigen tanto al reino físico como al espiritual para traer sufrimiento, decadencia y confusión moral. Comprender estas estrategias es crucial para los zoroastrianos, ya que les permite reconocer las formas sutiles en que Angra Mainyu intenta socavar Asha y fortalecer sus propias defensas espirituales contra su influencia.

Una de las estrategias centrales empleadas por Angra Mainyu es la siembra de la duda y la desesperación en la mente humana. A diferencia de Ahura Mazda, cuya sabiduría guía con claridad y verdad, Angra Mainyu prospera en la ambigüedad y la incertidumbre. Explota los momentos de debilidad, con el objetivo de hacer que los individuos cuestionen su propio valor, su conexión con Ahura Mazda y el camino de la rectitud. Esta guerra psicológica se ve en las tentaciones que llevan a la gente a abrazar la codicia, el odio o la envidia -emociones que nublan el juicio y debilitan la voluntad de perseguir a Asha. En el pensamiento zoroástrico, mantener una mente clara a través de la oración, la meditación y la reflexión ética se considera esencial para resistir estas influencias negativas.

La influencia de Angra Mainyu también es visible en el mundo físico a través de la introducción de enfermedades, desastres naturales y otras formas de sufrimiento. Estas perturbaciones no se consideran sucesos aleatorios, sino manifestaciones de Druj, la fuerza que se opone al orden natural. La enfermedad y la decadencia se consideran atentados contra la armonía que Ahura Mazda pretendía para el mundo material. Para combatir estas amenazas, los rituales zoroástricos suelen incluir prácticas de purificación destinadas a restablecer el equilibrio y repeler el toque corruptor de Angra Mainyu. Estos rituales sirven como escudos espirituales y físicos, reforzando la conexión de la comunidad con Asha y su resistencia contra las fuerzas del desorden.

La lucha contra Angra Mainyu se extiende al plano social y comunitario, donde su influencia puede manifestarse a través de la discordia y la injusticia. Las enseñanzas zoroastrianas advierten de que los conflictos sociales -como el liderazgo injusto, la corrupción y la ruptura de los valores comunitarios- son signos de la presencia de Angra Mainyu. En una comunidad desgarrada por el engaño y la desigualdad, Druj encuentra terreno fértil para crecer. Así, tanto los líderes como los seguidores zoroastrianos tienen la tarea de fomentar la justicia y la honestidad, asegurándose de que sus sociedades reflejen los principios de

Asha. Este enfoque en el gobierno ético y la equidad sirve de contrapeso al caos que Angra Mainyu pretende propagar, reforzando la idea de que la armonía social forma parte integral de la lucha cósmica.

Las estrategias de Angra Mainyu también incluyen ataques directos a las prácticas sagradas que sustentan la vida zoroástrica. Intenta profanar los elementos que tienen un significado espiritual, como el fuego, el agua y la tierra, fomentando actos que contaminen o falten al respeto a estas creaciones sagradas. En el zoroastrismo, estos elementos se consideran manifestaciones puras de la voluntad de Ahura Mazda, y cualquier daño que se les haga se considera un acto de alineación con Druj. Esta es la razón por la que los zoroastrianos dan tanta importancia a la pureza del entorno y por la que los rituales están diseñados para proteger la santidad de estos elementos naturales. Al preservar la pureza del fuego, mantener el agua limpia y respetar la tierra, los zoroastrianos resisten activamente los intentos de Angra Mainyu de distorsionar el mundo.

Más allá de estas estrategias físicas y sociales, la táctica más peligrosa de Angra Mainyu puede ser su intento de distorsionar la percepción moral. Trabaja para difuminar las líneas que separan el bien del mal, tentando a los individuos a racionalizar sus acciones dañinas y desviarse así del camino de Asha. Esta confusión moral es un sello distintivo de la influencia de Druj, que lleva a la gente a actuar de formas que se dañan a sí mismos y a los demás mientras creen que están justificadas. Las enseñanzas zoroástricas hacen hincapié en la importancia de mantener una mente disciplinada y una firme comprensión de los principios éticos para contrarrestar esta amenaza. A través de la guía del Avesta y la sabiduría de los Amesha Spentas, los fieles aprenden a discernir la verdadera naturaleza de sus acciones y a rechazar los sutiles engaños de Angra Mainyu.

El zoroastrismo ofrece métodos específicos para superar estas influencias, centrándose en el cultivo de la fuerza espiritual. Una de las prácticas más significativas es el ritual Kusti, en el que los creyentes recitan oraciones mientras se desatan y se vuelven a atar un cordón sagrado alrededor de la cintura. Este ritual es una reafirmación diaria del compromiso del individuo con Asha, un gesto físico que simboliza la vinculación de uno mismo a los principios de la verdad y el orden. La recitación repetida de Ashem Vohu, una oración que alaba el valor de la verdad, sirve de mantra para mantener la mente centrada en el camino de la rectitud, oponiéndose a las tentaciones que podría introducir Angra Mainyu.

Además, la comunidad desempeña un papel crucial en el apoyo a los individuos en su batalla contra los engaños de Angra Mainyu. A través del culto comunitario, la recitación de los Gathas y los rituales compartidos en los templos de fuego, los zoroastrianos encuentran la fuerza colectiva. El propio templo de fuego, con su llama siempre encendida, se convierte en un lugar donde la luz de Ahura Mazda se manifiesta, proporcionando un refugio contra la oscuridad que Angra Mainyu representa. Estas prácticas comunitarias recuerdan a los zoroastrianos que no están solos en sus luchas, que cada acto de culto es una contribución a la batalla cósmica por el alma del mundo.

El zoroastrismo también enseña que la lucha contra Angra Mainyu requiere una perspectiva a largo plazo, la comprensión de que el triunfo final del bien no será inmediato. El concepto de Frashokereti, la eventual renovación y purificación del mundo, proporciona una visión de esperanza y la seguridad de que, a pesar del sufrimiento y los desafíos planteados por Angra Mainyu, el orden de Ahura Mazda prevalecerá en última instancia. Esta creencia escatológica da forma a la respuesta zoroástrica a las dificultades, alentando la perseverancia ante la adversidad. Sirve como recordatorio de que todo esfuerzo por mantener Asha, por pequeño que sea, contribuye al plan divino más amplio y a la derrota final de la oscuridad.

En la gran narrativa cósmica del zoroastrismo, Angra Mainyu es un adversario formidable, pero cuyo poder es intrínsecamente defectuoso porque se basa en la destrucción y no en la creación. Sus estrategias pueden perturbar la armonía del mundo, pero no pueden extinguir la luz de Ahura Mazda. El enfoque zoroástrico en la vida ética, la pureza y la devoción a la verdad sirve como resistencia constante a la influencia de Angra Mainyu, encarnando la creencia de que, incluso en medio de la lucha, la luz de la sabiduría y la bondad perdurará.

La presencia de Angra Mainyu, si bien es una fuente de pruebas, en última instancia pone de relieve la importancia de la elección humana en el pensamiento zoroástrico. Subraya la creencia de que el destino del mundo está entrelazado con las acciones de sus habitantes. Cada vez que un zoroastriano resiste la tentación, defiende la justicia o reza ante el fuego sagrado, se enfrenta a las sombras que proyecta Angra Mainyu. Esta lucha diaria es un testamento de la resistencia del espíritu humano y de su capacidad para elegir la luz sobre la oscuridad, reflejando la verdad más profunda de que, incluso ante las mayores adversidades, la búsqueda de Asha sigue siendo un camino que no puede oscurecerse.

Capítulo 6
La creación del mundo

La visión zoroástrica de la creación es una historia tejida con la intención divina, la lucha cósmica y el surgimiento de un mundo que alberga tanto belleza como desafío. Este relato de la creación es una piedra angular de la teología zoroástrica, que revela cómo la sabiduría de Ahura Mazda dio forma al universo y puso en marcha el gran conflicto entre Asha, el orden cósmico, y Druj, las fuerzas del caos. Según el Avesta, los textos sagrados del zoroastrismo, el acto de la creación no fue un simple momento de dar vida, sino una estrategia deliberada para contrarrestar la amenaza que representaba Angra Mainyu, el espíritu de la destrucción y la falsedad.

El proceso de la creación, tal y como se detalla en las enseñanzas zoroástricas, se desarrolla en siete etapas, cada una de las cuales representa un aspecto vital del mundo material y espiritual. Estas etapas están estrechamente vinculadas a los Amesha Spentas, las siete emanaciones divinas de Ahura Mazda, que actúan como guardianes de los distintos aspectos de la creación. La primera etapa comienza con la creación del cielo, que forma la cúpula protectora sobre el mundo. Este cielo se concibe como un cristal sólido y puro, símbolo de la luz divina que protege la tierra de la influencia del caos. Bajo este dosel celestial, Ahura Mazda hizo surgir las aguas, llenando el mundo de ríos, lagos y mares, destinados a nutrir la vida y mantener el equilibrio de la tierra.

La tercera etapa de la creación fue la formación de la Tierra propiamente dicha, una tierra vasta e inmóvil que representaba la estabilidad y el orden. Esta tierra aún no estaba poblada de vida, pero proporcionó los cimientos sobre los que florecería el resto de la creación. Ahura Mazda creó entonces el reino vegetal, que llenó la tierra de verdor, proporcionando alimento y oxígeno vital. En el pensamiento zoroástrico, las plantas se consideran sagradas, pues encarnan una conexión con el orden divino de Asha. Simbolizan la pureza inherente de la naturaleza y su papel en el mantenimiento del bienestar físico y espiritual del mundo.

Tras las plantas, Ahura Mazda introdujo el reino animal, creando el primer toro-Gavaevodata, un ser mitológico que representa la esencia de todas las criaturas vivientes. Este toro primordial simboliza la fertilidad, la fuerza y el potencial para que la vida prospere en toda la tierra. Su creación marcó el comienzo de un mundo en el que los seres vivos podían existir en armonía con el plan divino. Sin embargo, esta armonía no iba a quedar sin respuesta, ya que Angra Mainyu intentó corromper y dañar al toro, provocando la propagación de enfermedades y el sufrimiento de los animales. A pesar de estos intentos, la esencia divina del toro contribuyó a la continuación de la vida, demostrando que, incluso ante la destrucción, el espíritu creador de Ahura Mazda no podía deshacerse por completo.

La quinta etapa de la creación dio a luz a la humanidad, con Ahura Mazda dando forma a Gayomart, el primer humano, que encarnaba la pureza y el potencial de la humanidad. Gayomart fue creado para ser el guardián de Asha en la Tierra, un ser cuyo propósito era mantener el equilibrio del mundo a través de la acción y el pensamiento correctos. En el zoroastrismo, los seres humanos se consideran parte integrante del orden cósmico y poseen la capacidad única de elegir entre el bien y el mal, Asha y Druj. Esta capacidad de libre albedrío convierte a la humanidad en un aliado crucial en la lucha de Ahura Mazda contra Angra Mainyu. El destino del mundo y la victoria final de la luz sobre las tinieblas están entrelazados con las elecciones de los humanos, llamados a proteger la creación y a vivir de acuerdo con la verdad divina.

La sexta etapa consistió en la creación del fuego, elemento sagrado que simboliza la luz y la sabiduría divinas de Ahura Mazda. En el zoroastrismo, el fuego no es sólo un fenómeno físico, sino una presencia espiritual que encarna la pureza y la energía creadora de lo divino. Sirve de puente entre el mundo material y los reinos espirituales, una manifestación tangible de la presencia guiadora de Ahura Mazda. El fuego ocupa un lugar central en los rituales zoroástricos, donde se le trata con gran reverencia, se mantiene puro y se utiliza como medio para conectar a los fieles con la llama eterna de la sabiduría divina. En la historia de la creación, el fuego desempeña un papel protector, ofreciendo calor y luz que contrarrestan el frío y la oscuridad asociados con Angra Mainyu.

La última etapa de la creación fue la introducción de los Amesha Spentas en el mundo material. Cada uno de estos seres divinos asumió la tutela de un aspecto de la creación, asegurando que Asha permaneciera fuerte incluso cuando Angra Mainyu intentaba extender su influencia. Haurvatat (Totalidad) y Ameretat (Inmortalidad) vigilaban el agua y las plantas, preservando su pureza. Vohu Manah (Buena Mente) guiaba a la humanidad, ayudándola a tomar decisiones acordes con la sabiduría divina. Este consejo divino aseguraba que las fuerzas de la luz no se vieran abrumadas, proporcionando apoyo espiritual a cada parte de la creación de Ahura Mazda.

Sin embargo, con la finalización del mundo material, Angra Mainyu despertó de su oscuridad y lanzó su asalto a esta nueva realidad. Trajo sus propias fuerzas demoníacas para atacar cada etapa de la creación, introduciendo enfermedades en las aguas, corrupción en la tierra y miedo en los corazones de los humanos. Esto marcó el comienzo del Gumezishn, la mezcla cósmica del bien y el mal. Es una época de conflicto, donde la creación pura de Ahura Mazda es continuamente puesta a prueba por las perturbaciones de Angra Mainyu. La lucha entre estas fuerzas opuestas define la experiencia humana, ya que cada aspecto de la vida se convierte en un lugar de contienda entre Asha y Druj.

A pesar de la confusión causada por el ataque de Angra Mainyu, el relato de la creación ofrece una visión de esperanza y resistencia. Las plantas, los animales y los humanos -aunque vulnerables a la corrupción- también son capaces de curarse y regenerarse a través de su alineación con Asha. Los zoroastrianos creen que mediante rituales, oraciones y una vida ética pueden restaurar la pureza que Angra Mainyu intenta mancillar. Los Amesha Spentas, actuando como protectores divinos, siguen guiando a la humanidad, reforzando la idea de que las acciones de cada persona tienen un significado cósmico.

La historia de la creación sirve así de poderoso recordatorio de la interconexión de toda la vida y de la importancia de mantener el equilibrio del mundo natural. Enseña que el mundo material no es un lugar del que se pueda escapar o al que se pueda descartar, sino un reino en el que se puede encontrar y servir a lo divino. Al comprender su papel en esta creación, los zoroastrianos se ven a sí mismos como administradores de una herencia divina, encargados de proteger la tierra, fomentar el crecimiento y preservar la luz espiritual que Ahura Mazda les ha otorgado.

Esta narración, con sus capas de mitos y simbolismos, es más que una historia de comienzos: es una llamada a la acción. Desafía a cada creyente a reconocer el carácter sagrado del mundo que le rodea y a participar en el esfuerzo continuo por protegerlo de las fuerzas que tratan de deshacer su armonía. En los rituales celebrados ante el fuego sagrado, en el cuidado de preservar el agua y la tierra, y en el compromiso con la honestidad y la integridad, los zoroastrianos siguen honrando la creación que Ahura Mazda dio a luz, afirmando su lugar dentro de la antigua lucha entre la luz y la sombra.

La historia zoroástrica de la creación va más allá de la mera formación del universo; ahonda en las responsabilidades que surgen para la humanidad y en las profundas implicaciones de ser los guardianes del orden divino de Ahura Mazda. En esta intrincada visión, la creación es un proceso dinámico en el que los humanos no son observadores pasivos, sino participantes activos, encargados de mantener el equilibrio de Asha, el orden cósmico. Este deber no es sólo una obligación espiritual, sino una respuesta directa a los constantes intentos de Angra Mainyu de socavar el mundo mediante el caos y la corrupción.

En el centro de esta misión cósmica se encuentra el papel de Gayomart, el primer humano, cuya esencia encarna el potencial de la humanidad. La existencia de Gayomart representa la pureza y la inocencia de la creación de Ahura Mazda, un estado intocado por el engaño de Druj. Cuando Angra Mainyu lanzó su asalto a la creación, apuntó a Gayomart, buscando extinguir a este ser puro. Aunque Gayomart sucumbió a la influencia de Angra Mainyu y murió, la muerte de este humano primordial no fue una derrota, sino una transformación. De los restos de Gayomart floreció la vida: su semilla se convirtió en la fuente de la vida humana, y su pureza siguió dando forma al potencial moral y espiritual de la humanidad.

Este concepto de vida que surge de la lucha es fundamental para el zoroastrismo. Sugiere que, incluso en momentos de oscuridad y pérdida, la chispa divina dentro de la humanidad sigue siendo resistente. Los descendientes de Gayomart heredan el doble legado de la pureza y la lucha, llevando en su interior el potencial tanto del bien como del mal. Las enseñanzas zoroastrianas hacen hincapié en que esta herencia no es un rasgo pasivo, sino una responsabilidad: cada individuo tiene la tarea de elegir Asha en lugar de Druj, asegurándose de que el mundo se acerque a la visión divina que Ahura Mazda pretendía.

La relación entre los reinos físico y espiritual se pone aún más de relieve en la forma en que los zoroastrianos perciben el mundo natural. La tierra, las plantas, los animales y los seres humanos están interconectados, formando una red de vida que debe protegerse de la contaminación y la decadencia propagadas por Angra Mainyu. Esta reverencia por la naturaleza se aprecia en el cuidado que los zoroastrianos ponen en sus interacciones cotidianas con el medio ambiente, donde los actos de conservación y respeto se consideran extensiones de su deber espiritual. Por ejemplo, los rituales que implican la conservación de los fuegos sagrados o el uso cuidadoso de las fuentes de agua no son meras prácticas culturales, sino afirmaciones de la esencia divina dentro del mundo natural.

La responsabilidad humana como guardianes de la tierra también está ligada a la concepción zoroástrica del Frashokereti, la renovación final del mundo. Este concepto escatológico prevé una época en la que Asha triunfará plenamente sobre Druj, devolviendo a la creación su pureza original. Sin embargo, esta restauración no se ve como un acontecimiento inevitable que se desarrolla sin la participación humana. Al contrario, requiere el esfuerzo continuo de los fieles, cuyas acciones ayudan a limpiar el mundo de las impurezas introducidas por Angra Mainyu. Cada buena acción, cada acto de compasión o de cuidado del medio ambiente, se considera una contribución a esta renovación cósmica, lo que refuerza la creencia de que el papel de la humanidad es esencial en el gran diseño.

Las escrituras zoroastrianas también hacen hincapié en el concepto de Amesha Spentas, las emanaciones divinas de Ahura Mazda, y su relación con los elementos de la creación. Estos seres, como Spenta Armaiti, que encarna el espíritu de la tierra, y Haurvatat y Ameretat, que presiden el agua y las plantas, trabajan junto a la humanidad en el mantenimiento de Asha. Al respetar y honrar estos aspectos de la creación, los zoroastrianos creen que pueden fortalecer la presencia de Asha en el mundo, haciéndolo más resistente a las fuerzas corruptoras de Angra Mainyu. Esta comprensión de los Amesha Spentas como guías espirituales y protectores de la naturaleza ilustra la profundidad del compromiso zoroastriano con una existencia armoniosa.

Los rituales zoroastrianos reflejan este deber cósmico a través de actos de purificación y reverencia. Una de estas prácticas es el ritual zoroástrico de la consagración del fuego, que consiste en cuidar y honrar cuidadosamente las llamas sagradas. En estos rituales, el fuego se trata como una encarnación viva de la presencia de Ahura Mazda en la tierra, y su pureza simboliza la esencia impoluta de la creación. El ritual implica la recitación de himnos específicos, que se cree que limpian el espacio de cualquier influencia de Druj, reafirmando el dominio de Asha dentro del reino físico. Al mantener la pureza del fuego, los zoroastrianos crean un espacio donde se preserva el orden divino, ofreciendo un lugar de refugio contra la amenaza siempre presente del caos.

La importancia de estos rituales se extiende al tratamiento de los difuntos, donde los conceptos de pureza y responsabilidad cósmica adquieren un tono sombrío. Los zoroastrianos practican el entierro en el cielo, donde los cuerpos de los muertos se exponen a los elementos en estructuras conocidas como Dakhmas o «Torres del Silencio». Esta práctica surge de la creencia de que la muerte, como manifestación de la influencia de Angra Mainyu, podría contaminar la tierra si no se gestiona adecuadamente. Al permitir que los elementos naturales y las aves carroñeras purifiquen los restos, los zoroastrianos se aseguran de que la tierra permanezca impoluta, alineando sus prácticas con su reverencia por la naturaleza y el orden cósmico. Este enfoque demuestra una profunda conciencia de la interconexión de toda la vida y la necesidad de respetar la santidad de la creación de Ahura Mazda incluso en la muerte.

Las dimensiones morales de esta historia de la creación no se limitan al ritual, sino que se extienden a las acciones cotidianas de los creyentes. Las enseñanzas zoroastrianas sostienen que vivir de acuerdo con Asha es contribuir activamente a la prosperidad de la tierra y al bienestar de los demás. Actos como cultivar la tierra, cuidar de los animales y realizar un trabajo honrado se consideran reflejos de la intención divina. Esta perspectiva confiere un significado espiritual a las tareas mundanas, transformando lo ordinario en un medio de participar en la misión cósmica. A través de estas acciones, los fieles zoroastrianos mantienen su papel de administradores de la creación, garantizando que la luz de Ahura Mazda siga brillando en el mundo material.

La lucha entre Asha y Druj se encarna así en las decisiones que toma cada persona, extendiendo la narrativa de la creación a la realidad vivida por las comunidades zoroastrianas. Cada decisión ética es una pequeña batalla en la gran guerra entre el orden y el caos, y cada acción individual tiene el potencial de afirmar o romper el equilibrio divino. Esta creencia en la importancia de la elección humana ofrece tanto un reto como una promesa: un reto para permanecer vigilantes frente a las tentaciones planteadas por Angra Mainyu, y una promesa de que, a través de sus esfuerzos, la humanidad puede ayudar a guiar al mundo hacia un futuro en el que prevalezca la pureza de Asha.

En esta gran visión de la creación, el zoroastrismo ofrece una cosmovisión que ve los reinos material y espiritual como entrelazados, donde el mundo físico es un espacio sagrado que refleja el orden divino. La historia de la creación del mundo, con su énfasis en la responsabilidad humana y la lucha cósmica, llama a los creyentes a participar activamente en el desarrollo del plan divino. Les invita a ver sus vidas no como acontecimientos aislados, sino como partes integrantes de una historia que comenzó con la visión de Ahura Mazda y continúa a través de los esfuerzos de cada individuo que decide defender los principios de la verdad, el orden y la reverencia por la vida.

La narración de la creación, con su énfasis en la administración y el deber cósmico, sirve de guía a los fieles para navegar por las complejidades de la existencia. Les recuerda que, incluso en un mundo marcado por la sombra de Angra Mainyu, la presencia de Asha permanece al alcance de la mano, esperando a ser fortalecida por aquellos que se atreven a actuar con integridad y compasión. A través de esta comprensión, los fieles zoroastrianos encuentran un propósito, sabiendo que sus acciones contribuyen no sólo a su propio crecimiento espiritual, sino al esfuerzo continuo para restaurar el mundo a su estado previsto de armonía y luz.

Capítulo 7
Asha y Druj - Orden y Caos

En el zoroastrismo, los conceptos de Asha y Druj representan las dualidades fundamentales que dan forma al cosmos y al paisaje moral de la existencia humana. Asha encarna la verdad, el orden y la ley divina, guiando el universo hacia la armonía y la rectitud. Druj, su antítesis, simboliza la falsedad, el caos y la corrupción, que se esfuerzan por distorsionar la pureza de la creación. Estas fuerzas no son ideas abstractas, sino principios activos que se manifiestan en todos los aspectos de la vida, desde el mundo natural hasta los pensamientos más íntimos de los individuos. Comprender Asha y Druj es esencial para entender la visión zoroástrica de un mundo en el que cada acción, palabra y pensamiento contribuyen al equilibrio entre la luz y la oscuridad.

Asha, a menudo traducido como «verdad» o «rectitud», es el principio que rige el funcionamiento ordenado del universo. Es la fuerza que guía los ciclos de la naturaleza, la estructura del cosmos y la ley moral que Ahura Mazda estableció a través de la creación. Asha es más que un conjunto de reglas; representa la armonía inherente que existe cuando el mundo funciona como estaba previsto. Este principio se refleja en la belleza del mundo natural: el movimiento predecible de las estrellas, el ritmo de las estaciones y el florecimiento de la vida. También está presente en el comportamiento ético de los seres humanos, que están llamados a alinearse con este orden cósmico a través de sus elecciones.

La idea de Asha es fundamental en la ética y la espiritualidad zoroastrianas. Proporciona un marco para entender la forma correcta de vivir, haciendo hincapié en valores como la honestidad, la justicia y la reverencia por todas las formas de vida. Cuando los zoroastrianos hablan de vivir según Asha, se refieren a vivir respetando el mundo natural, apoyando a la comunidad y honrando la presencia divina en cada ser. Asha es el camino de los virtuosos, la base sobre la que se construye una vida de integridad y claridad espiritual. Es a través de la búsqueda de Asha que los individuos encuentran su propósito, convirtiéndose en co-creadores con Ahura Mazda en el mantenimiento del equilibrio del mundo.

Por el contrario, Druj representa la fuerza del desorden y la falsedad. Es la fuente de todas las mentiras, engaños y corrupción moral que socavan el tejido de la creación. Mientras que Asha busca construir y sostener, Druj aspira a destruir y distorsionar. Angra Mainyu, el espíritu del mal, encarna a Druj y trabaja para extender su influencia por los reinos material y espiritual. Druj está presente allí donde reina el caos, la violencia o la injusticia, donde se oscurece la verdad y se altera el orden natural. Las enseñanzas zoroastrianas advierten que Druj puede introducirse en el corazón de las personas a través del egoísmo, la ira y el engaño, apartándolas de la luz de Asha.

La lucha entre Asha y Druj no se limita al nivel cósmico; se desarrolla dentro de la mente y el alma de cada persona. El zoroastrismo enseña que los humanos, dotados de libre albedrío por Ahura Mazda, tienen el poder de elegir entre estos dos caminos. Esta elección es el núcleo de su viaje espiritual y determina su papel en la gran lucha cósmica. Asha les llama a actuar con integridad y compasión, a ser administradores de la tierra y a defender la justicia. Druj les tienta con atajos, falsas promesas y acciones que perjudican a los demás. Cada decisión se convierte en una batalla, en la que el destino del alma del individuo y el equilibrio del mundo penden de un hilo.

En términos prácticos, la influencia de Asha y Druj se extiende a la forma en que los zoroastrianos interactúan con su entorno y su comunidad. Los actos de bondad, como alimentar a los hambrientos, proteger a los animales y ofrecer hospitalidad, se consideran afirmaciones de Asha. Estas acciones reflejan un compromiso con el bienestar de los demás y el mantenimiento del orden divino. Por el contrario, los actos que causan daño, ya sea mediante la mentira, el robo o el descuido del mundo natural, se consideran manifestaciones de Druj. Tales comportamientos perturban la armonía que Asha trata de mantener, creando desorden tanto en el reino físico como en el espiritual.

Esta visión dualista del mundo está estrechamente ligada a los rituales y prácticas cotidianas zoroastrianos. Las oraciones, como la recitación del Ashem Vohu, invocan directamente el poder de Asha, subrayando la importancia de la verdad y la dedicación del creyente a vivir de acuerdo con ella. Estas oraciones sirven como recordatorio de la continua batalla entre el orden y el caos, animando a los individuos a mantener sus pensamientos alineados con los principios de Asha. Los rituales de purificación, que incluyen el uso de agua y fuego consagrados, son formas de limpiarse física y espiritualmente de la influencia de Druj, reforzando la pureza que exige Asha.

Las escrituras zoroastrianas, en particular los Gathas de Zaratustra, exploran la tensión entre Asha y Druj en términos poéticos y filosóficos. Los himnos de Zaratustra abordan con frecuencia los dilemas morales a los que se enfrentan sus seguidores, instándoles a elegir Asha en sus acciones y a reconocer los peligros de caer bajo el dominio de Druj. Habla de un mundo en el que los humanos están llamados a ser ashavans - los que caminan por la senda de Asha- y a oponerse a los dregvants, los que encarnan las mentiras de Druj. Esta distinción no sólo tiene que ver con la moralidad, sino con la alineación de cada uno con el propósito cósmico, contribuyendo al sustento o al debilitamiento de la creación.

Los conceptos de Asha y Druj también conforman la concepción zoroástrica de la vida después de la muerte. El puente Chinvat, el puente del juicio que las almas deben cruzar tras la muerte, refleja esta dualidad. Aquellos que han vivido de acuerdo con Asha encuentran el puente amplio y fácil de cruzar, llevándoles a la Casa de la Canción, un reino de luz y alegría bajo el cuidado de Ahura Mazda. Aquellos que han sucumbido a Druj se enfrentan a un cruce estrecho y traicionero, cayendo en la Casa de la Mentira, donde sus almas experimentan el sufrimiento causado por sus propias acciones. Esta visión del juicio refuerza la importancia de vivir una vida que se alinee con Asha, ya que las consecuencias se extienden mucho más allá de esta existencia terrenal.

La interacción entre Asha y Druj también ofrece un marco para comprender los retos del mundo. El sufrimiento, los desastres naturales y los conflictos sociales se consideran manifestaciones de la influencia de Druj, recordatorios de la batalla continua que da forma al cosmos. A los zoroastrianos se les enseña a responder a estos desafíos no con desesperación, sino con resiliencia y un compromiso renovado con los principios de Asha. Al permanecer firmes frente a las dificultades, creen que pueden ayudar a cambiar la marea contra Druj, contribuyendo al triunfo final del bien sobre el mal.

En este intrincado equilibrio entre Asha y Druj, el zoroastrismo presenta una visión de la vida en la que cada momento tiene importancia, en la que las acciones más simples pueden inclinar la balanza hacia la luz o la oscuridad. Es una visión del mundo que hace hincapié en la responsabilidad personal, la comunidad y el carácter sagrado de la creación. Para los fieles, el camino de Asha no es fácil: requiere disciplina, claridad y una vigilancia constante contra las tentaciones de Druj. Sin embargo, también es un camino lleno de propósito, que ofrece la promesa de que, al vivir en armonía con el orden divino, no sólo están dando forma a su propio destino, sino que participan en la gran historia cósmica, que conduce a la restauración final del mundo.

Los principios de Asha y Druj no son meros conceptos abstractos dentro del zoroastrismo; están profundamente integrados en la vida y las prácticas cotidianas de sus seguidores. Los zoroastrianos ven sus acciones, pensamientos y elecciones como contribuciones directas a la lucha cósmica entre estas fuerzas. Vivir en consonancia con Asha implica algo más que comprender su significado; requiere aplicar activamente sus valores en todos los aspectos de la vida, desde el comportamiento personal hasta las responsabilidades comunitarias. Este compromiso moldea la forma en que los zoroastrianos se comportan, fomentando una cultura en la que cada decisión es un acto deliberado de apoyo a Asha y de resistencia a la omnipresente influencia de Druj.

Asha guía a los zoroastrianos a actuar con integridad, a hablar con la verdad y a mantener un sentido del deber hacia los demás y el medio ambiente. La tríada Humata, Hukhta, Hvarshta -buenos pensamientos, buenas palabras y buenas acciones- es fundamental en esta práctica. Esta tríada constituye un marco ético sencillo pero profundo que determina la forma en que las personas se relacionan con el mundo. Los buenos pensamientos se consideran la semilla de toda acción virtuosa y fomentan una mente libre de envidia, odio y engaño. Las buenas palabras reflejan el compromiso con la honestidad y la amabilidad al hablar, garantizando que la comunicación sirva como medio para construir la confianza y el entendimiento. Las buenas acciones abarcan actos que benefician a los demás y contribuyen a mantener el orden en el mundo, desde ayudar a los necesitados hasta proteger la naturaleza.

Estos principios se refuerzan mediante rituales y oraciones diarias que hacen hincapié en la atención a la presencia de Asha. La recitación de la oración Ashem Vohu, que ensalza el valor de la verdad y la rectitud, sirve de recordatorio para alinearse con el camino de Asha. Al participar regularmente en estas oraciones, los zoroastrianos mantienen su atención en los ideales de la verdad y el orden, esforzándose por manifestar estas cualidades en sus interacciones con los demás. La pureza ritual se considera una extensión de esta alineación, en la que prácticas como lavarse antes de rezar o mantener la limpieza del hogar se consideran actos que honran el deseo de Asha de un mundo armonioso.

Por el contrario, la influencia de Druj se contrarresta mediante la vigilancia contra los pensamientos y comportamientos que pueden conducir a la corrupción y el caos. Los zoroastrianos reconocen que Druj a menudo se manifiesta sutilmente, a través de tentaciones de mentir, actuar egoístamente o dañar a otros. La batalla contra Druj se libra a nivel personal, donde los individuos se esfuerzan por mantener el control sobre sus impulsos y resistir la tentación de atajos o acciones que comprometerían su integridad. Las enseñanzas zoroastrianas hacen hincapié en que todo acto de deshonestidad o crueldad refuerza la presencia de Druj en el mundo, lo que convierte la lucha contra estos impulsos en un empeño profundamente espiritual.

Esta lucha personal se extiende a la esfera social, donde Asha sirve de base para la justicia y la armonía comunitaria. Las comunidades zoroastrianas se rigen por principios de justicia, hospitalidad y apoyo a los necesitados. Las reuniones sociales, incluidas las que se celebran en los templos del fuego, no son sólo oportunidades para el culto, sino para reforzar los lazos comunitarios a través de valores compartidos. En estos espacios, los principios de Asha guían las interacciones, promoviendo una cultura en la que priman el respeto mutuo y la responsabilidad colectiva. Al mantener la justicia en sus comunidades, los zoroastrianos creen que crean un microcosmos del orden ideal que representa Asha, oponiéndose al desorden que pretende introducir Druj.

Los rituales, como la ceremonia Yasna, desempeñan un papel crucial en el refuerzo del equilibrio cósmico entre Asha y Druj. El Yasna, un rito central que implica la recitación de textos sagrados y ofrendas, se realiza para invocar la presencia de Ahura Mazda y los Amesha Spentas. Durante el ritual, los participantes tratan de purificarse a sí mismos y a su entorno, creando un espacio en el que pueda manifestarse la influencia de Asha. Esta purificación no es sólo un acto físico, sino también espiritual, cuyo objetivo es disipar las sombras de Druj que puedan persistir en las mentes y los corazones de los presentes. La estructura del ritual simboliza el restablecimiento del orden divino, recordando a los participantes su papel en la lucha continua por un mundo regido por la verdad y la luz.

Más allá de los rituales formales, la aplicación de Asha en la vida cotidiana se ve en prácticas como decir la verdad y resolver conflictos. Las enseñanzas zoroastrianas hacen hincapié en que la mentira, incluso en asuntos menores, introduce una medida de Druj en el mundo, perturbando la armonía que Asha trata de mantener. Este compromiso con la veracidad fomenta una cultura en la que la transparencia y la honestidad se valoran profundamente. A la hora de resolver conflictos, se anima a los zoroastrianos a buscar soluciones pacíficas que defiendan la justicia, lo que refleja la creencia de que mantener la armonía entre las personas es tan vital como mantener la armonía en la naturaleza.

El cuidado del medio ambiente es otra expresión importante de Asha, ya que el cuidado del mundo natural se considera un deber espiritual. Los zoroastrianos creen que la tierra, el agua, el fuego y el aire son creaciones sagradas de Ahura Mazda, merecedoras de respeto y protección. Esta reverencia se extiende a todos los seres vivos, y la compasión hacia los animales y la preservación de los recursos naturales se consideran formas de defender los principios de Asha. Actos como plantar árboles, conservar el agua y minimizar los residuos se consideran contribuciones directas a la lucha contra Druj, reflejando la creencia de que mantener la pureza de la naturaleza forma parte de mantener la pureza del alma.

El calendario zoroastriano, marcado por festivales como Nowruz y Mehregan, integra aún más los principios de Asha en el ritmo de vida. Estos festivales celebran los ciclos de la naturaleza y las victorias de la luz sobre la oscuridad, y sirven como momentos de renovación y reflexión. Durante estas celebraciones, la comunidad se reúne para dar gracias por las bendiciones de la creación y renovar su compromiso de vivir de acuerdo con Asha. Estos momentos refuerzan los lazos entre los individuos y su entorno, recordándoles la historia cósmica más amplia de la que forman parte.

El énfasis en Asha como forma de vida también determina las actitudes de los zoroastrianos hacia la muerte y el más allá. La muerte se considera una transición en la que las decisiones tomadas durante la vida determinan la experiencia del alma en los reinos espirituales. Se cree que quienes han vivido de acuerdo con

Asha cruzan el puente Chinvat con facilidad, entrando en un reino de luz donde se unen a la presencia de Ahura Mazda. Esta creencia refuerza la importancia de mantener una vida que se alinee con Asha, ya que las consecuencias de las acciones de uno se extienden más allá de la vida terrenal hacia el destino espiritual del alma.

La disciplina moral del zoroastrismo no se basa en el miedo, sino en la esperanza y el propósito. Las enseñanzas de Zaratustra inspiran a los seguidores a ver sus elecciones cotidianas como oportunidades para afirmar su lugar en la lucha cósmica. Ya sea a través de pequeños actos de bondad, la búsqueda de la justicia o la dedicación a la pureza en el pensamiento y la acción, cada momento es una oportunidad para contribuir al triunfo de Asha. Esta perspectiva fomenta un sentido de agencia, en el que los fieles comprenden que sus esfuerzos, por humildes que sean, forman parte de una misión divina más amplia.

De este modo, la vida zoroástrica se convierte en un diálogo continuo con las fuerzas del orden y el caos, donde Asha es una luz que guía y ofrece claridad en medio de las complejidades de la existencia. La comunidad zoroástrica, unida por rituales compartidos y compromisos éticos, encuentra su fuerza en el conocimiento de que sus acciones colectivas pueden dar forma al equilibrio del mundo. Es a través de esta unidad, basada en la búsqueda de Asha, como afrontan los retos planteados por Druj, transformando incluso los momentos más ordinarios en expresiones de una visión cósmica que va más allá del tiempo y el espacio, hacia un futuro en el que prevalezcan la luz y la verdad.

Capítulo 8
Fuego

En el corazón del zoroastrismo, el fuego arde como símbolo de la presencia divina, encarnando la luz, el calor y la pureza que Ahura Mazda otorga al mundo. El fuego no es meramente un elemento físico; es una fuerza espiritual que representa la llama eterna de la verdad y la esencia de Asha, el orden cósmico. Venerado como una manifestación directa de Ahura Mazda, el fuego ocupa un lugar central en los rituales zoroastrianos, sirviendo de puente entre los reinos material y espiritual. Su papel se extiende más allá de los espacios sagrados de los templos, entretejiéndose en la vida cotidiana de los creyentes como fuente de inspiración y símbolo de la conexión divina que sustenta el universo.

El concepto de fuego en el zoroastrismo está profundamente entrelazado con el principio de Asha. Así como Asha representa la verdad y el orden del cosmos, el fuego simboliza la luz pura del conocimiento que disipa las sombras de la ignorancia y la falsedad. De este modo, el fuego sirve como recordatorio constante de la verdad divina que guía el universo. Se cree que a través de las llamas sagradas, la presencia de Ahura Mazda puede percibirse en la Tierra, proporcionando un ancla espiritual para aquellos que buscan la sabiduría y la iluminación. Esto convierte al fuego no sólo en un punto focal para el culto, sino en un símbolo de la luz interior que cada individuo debe cultivar para vivir en armonía con Asha.

Los fuegos más venerados se encuentran en los Atash Behrams, o templos del fuego, que sirven como centros espirituales de las comunidades zoroastrianas. Estos templos albergan el fuego sagrado que cuidan meticulosamente los sacerdotes, conocidos como Mobeds. El fuego dentro de un Atash

Behram se considera la llama sagrada de mayor grado, conocida como Atash Adaran, y su cuidado implica estrictos rituales para mantener su pureza. Los sacerdotes se aseguran de que el fuego nunca se apague y lo alimentan con sándalo e incienso para mantener su brillo. La continuidad ininterrumpida de la llama simboliza la naturaleza eterna de la sabiduría de Ahura Mazda, que se erige como un faro de presencia divina en medio de los desafíos del mundo material.

El propio fuego se trata con el máximo respeto, ya que se considera un símbolo vivo de lo divino. Se realizan rituales para garantizar que la llama permanezca impoluta, con estrictas directrices sobre quién puede acercarse a ella y cómo se realizan las ofrendas. El Yasna, un ritual zoroastriano clave que incluye la recitación de himnos y la preparación del haoma, una bebida sagrada a base de plantas, suele realizarse frente a la llama sagrada. Esta ceremonia pretende honrar a Ahura Mazda y a los Amesha Spentas, invocando su presencia y reforzando la conexión entre los reinos terrenal y espiritual. La recitación del Avesta ante el fuego sirve como acto de alineación, donde las palabras de los textos sagrados resuenan con la pureza de la llama, reforzando los principios de Asha.

El papel del fuego se extiende más allá de los templos, a la vida cotidiana de los zoroastrianos, donde los fuegos domésticos se tratan con una reverencia similar. Las familias suelen mantener una pequeña llama o lámpara encendida en sus casas, que utilizan como punto focal para sus oraciones diarias. Esta práctica refleja la creencia de que incluso la llama más pequeña encierra una chispa de lo divino y, al honrarla, los fieles pueden mantener una conexión con la sabiduría de Ahura Mazda. En el hogar, el fuego se convierte en un símbolo de continuidad, que representa la transmisión de la tradición de una generación a otra y sirve como recordatorio de la luz siempre presente que guía el camino espiritual y moral de la familia.

El énfasis del zoroastrismo en la pureza del fuego está estrechamente ligado a sus enseñanzas sobre el mantenimiento de la limpieza física y espiritual. El fuego se considera inherentemente puro, y su papel como purificador es fundamental en muchos rituales zoroástricos. Se cree que el fuego puede limpiar tanto los espacios físicos como las impurezas espirituales, por lo que es una parte vital de rituales como los del nacimiento, el matrimonio y la muerte. Cuando se da la bienvenida a la comunidad a un nuevo niño o se casa una pareja, se invoca al fuego como testigo, y su pureza simboliza la esperanza de una vida llena de Asha. Del mismo modo, al final de la vida, el fuego desempeña un papel en las ceremonias que honran al difunto, asegurando que la transición desde el mundo material respete el carácter sagrado de la creación.

El simbolismo del fuego como purificador también se extiende al mundo natural. En las prácticas medioambientales zoroastrianas, el papel del fuego como purificador refleja la creencia más amplia en la santidad de los elementos. A los zoroastrianos se les enseña a evitar acciones que puedan contaminar el fuego, como arrojarle residuos o sustancias impuras. En cambio, las ofrendas hechas a la llama sagrada deben ser puras y dignas, reflejando el respeto por el elemento divino. Esta práctica encarna la idea de que respetar el fuego es una forma de respetar la creación de Ahura Mazda, reforzando la conexión entre los reinos material y espiritual.

Más allá de su función ritual, el fuego sirve como metáfora del viaje espiritual de cada individuo. Al igual que las llamas sagradas se cuidan con esmero para mantener su brillo, a los zoroastrianos se les anima a cultivar su llama interior, la luz de la sabiduría y la verdad dentro de sí mismos. Las enseñanzas de Zaratustra hacen hincapié en que el alma humana es como una llama, capaz de arder brillantemente si se nutre de buenos pensamientos, buenas palabras y buenas acciones. Esta luz interior es la que permite a cada persona resistir las influencias de Druj y recorrer el camino de Asha, transformando su vida en un testamento del orden divino.

La presencia del fuego como símbolo de vida y energía se extiende a los festivales zoroastrianos, como el Sadeh y el Nowruz, donde el fuego desempeña un papel central en las celebraciones. Durante el Sadeh, que marca el descubrimiento del fuego y el triunfo del calor sobre el frío del invierno, se encienden grandes hogueras para simbolizar la luz del conocimiento que vence a la oscuridad. Esta fiesta es una expresión comunitaria de la creencia de que el calor y la luz del fuego son dones de Ahura Mazda, capaces de sostener la vida a través de las dificultades del mundo. Del mismo modo, durante el Nowruz, el Año Nuevo persa, el encendido de hogueras simboliza la renovación de la vida y la limpieza del pasado, preparando a la comunidad para un nuevo ciclo de crecimiento y esperanza.

El papel del fuego en el zoroastrismo es, pues, polifacético: a la vez elemento físico, símbolo de la verdad divina y guía espiritual. Su importancia se entreteje en los actos cotidianos de culto, los grandes rituales de los templos y los momentos íntimos de la vida familiar. Para los zoroastrianos, la visión de una llama es un recordatorio de que la sabiduría de Ahura Mazda está siempre presente, guiándoles a través de la oscuridad de la incertidumbre y los retos que plantea Angra Mainyu. Encarna la creencia perdurable de que mientras arda la llama de la verdad, permanece la esperanza de un mundo donde Asha prevalezca sobre Druj, donde el orden, la compasión y la luz se preserven en medio de las complejidades de la existencia.

Al venerar el fuego, los zoroastrianos mantienen una conexión con su antigua herencia, una tradición que ha sobrevivido al paso de los milenios. La llama sagrada, ya arda en un gran templo o parpadee en un modesto hogar, es un símbolo de resistencia, que encarna el espíritu perdurable de una fe que encuentra lo divino en las fuerzas más elementales de la naturaleza. A través de su devoción al fuego, los seguidores de Zaratustra honran no sólo al dios que creó el mundo, sino a la esencia misma de la vida que anima el universo, una llama que sigue iluminando el camino hacia la comprensión, la sabiduría y un mundo guiado por los principios de Asha.

La veneración del fuego en el zoroastrismo no se refiere únicamente a su simbolismo, sino también a los rituales prácticos y sagrados que giran en torno a este elemento. Estos rituales están profundamente entretejidos en el tejido de la vida zoroastriana, reflejando una profunda comprensión del fuego como vínculo entre los reinos material y espiritual. Más allá de ser un símbolo de la presencia de Ahura Mazda, el fuego participa activamente en las oraciones diarias, las prácticas ceremoniales y los acontecimientos del ciclo vital, reforzando su papel como conducto de la energía divina y guardián de la pureza espiritual.

En el culto zoroástrico, los diferentes tipos de fuegos sagrados se clasifican según su significado espiritual, y cada uno desempeña un papel único en la práctica religiosa. El grado más alto es el Atash Behram, conocido como el «Fuego Victorioso». Este fuego se encuentra en los templos de fuego más venerados y se considera el pináculo de la santidad zoroástrica. El proceso de consagración de un Atash Behram es intrincado y largo, e implica la purificación del fuego tomado de dieciséis fuentes diferentes, incluyendo la forja de un artesano, una pira funeraria y el hogar de la casa. Este proceso simboliza la reunión de diversos elementos del mundo y su unión bajo la fuerza purificadora de la llama divina, representando un microcosmos del orden que Asha aporta al universo.

El cuidado ritual de un Atash Behram corre a cargo de sacerdotes especialmente formados que se encargan de mantener la pureza del fuego. Estos sacerdotes, conocidos como Mobeds, realizan ceremonias diarias que incluyen la recitación del Avesta y la ofrenda de sándalo e incienso, que sirven para alimentar la llama. La continua combustión del fuego es un poderoso símbolo de la naturaleza eterna de la luz de Ahura Mazda, un recordatorio de que, incluso en un mundo ensombrecido por la influencia de Angra Mainyu, la presencia divina perdura. El papel de los mobeds en este contexto no es sólo práctico, sino profundamente espiritual: actúan como intermediarios que garantizan que la conexión entre los reinos divino y terrenal permanezca fuerte e inquebrantable.

Además del Atash Behram, hay otros grados de fuego sagrado, como el Atash Adaran y el Atash Dadgah, que se encuentran en templos más pequeños y santuarios domésticos.

Aunque su consagración es menos compleja, estos fuegos se tratan con la misma reverencia. El Atash Adaran, a menudo conocido como el «Fuego de los Fuegos», sirve a las comunidades que no tienen acceso a un Atash Behram. El Atash Dadgah, o «Fuego Instalado», puede conservarse en los hogares familiares, ofreciendo un espacio más íntimo para la devoción diaria. En estos lugares, el fuego sirve como punto focal para las oraciones personales y como símbolo del compromiso de la familia con Asha. Estas hogueras domésticas se cuidan con esmero, y las familias suelen realizar un sencillo ritual de añadir leña o incienso mientras recitan bendiciones, manteniendo viva la conexión con lo sagrado en la vida cotidiana.

La importancia del fuego en los rituales zoroástricos se extiende a los acontecimientos del ciclo vital, donde desempeña un papel central para marcar las transiciones e invocar las bendiciones divinas. En las ceremonias matrimoniales, los contrayentes se colocan ante una llama sagrada mientras intercambian sus votos, simbolizando la pureza de su unión y la luz que aportan a la vida del otro. El fuego actúa como testigo y su presencia les recuerda que su compromiso no es sólo mutuo, sino también con los principios de verdad y orden que el fuego representa. Del mismo modo, durante la ceremonia Navjote -un rito de iniciación en el que se da la bienvenida formal a los niños a la fe zoroástrica- el fuego sagrado es un elemento central, que simboliza la entrada del niño en una vida guiada por la luz de Asha.

Al final de la vida, el fuego también desempeña un papel en las prácticas funerarias de los zoroastrianos, aunque con un enfoque diferente. Debido a la creencia en la pureza del fuego, éste no debe ser contaminado por los muertos, a los que se considera bajo la influencia temporal de Angra Mainyu. Así, en lugar de la cremación, los zoroastrianos practican tradicionalmente entierros en el cielo, en Dakhmas o «Torres del Silencio». Sin embargo, el fuego sigue formando parte de los rituales de la muerte a través de oraciones realizadas cerca de una llama consagrada, que pretenden ayudar al paso del alma a través del Puente Chinvat y hacia el más allá. El papel del fuego en estas oraciones refuerza su función de guía y protector, ayudando a purificar el camino que el alma debe recorrer.

Durante las reuniones comunales y los festivales, el encendido de hogueras sirve como reafirmación colectiva de la fe y la unidad. Uno de los festivales más significativos, el Sadeh, celebra el descubrimiento del fuego, con grandes hogueras que simbolizan el triunfo de la humanidad sobre la oscuridad y el frío. El festival reúne a las comunidades, donde los participantes se reúnen en torno a las llamas, recitando oraciones, cantando himnos y compartiendo comida. El fuego es un foco de alegría y reverencia, una ofrenda comunitaria a Ahura Mazda que refuerza los lazos entre los participantes. Este acto de reunirse en torno al fuego simboliza el compromiso compartido de mantener Asha frente a los desafíos que trae consigo Druj, convirtiendo el simple acto de encender una llama en una poderosa declaración de esperanza y resistencia.

Otra celebración clave, el Nowruz, el Año Nuevo zoroastriano, implica rituales que limpian el hogar y la mente como preparación para la renovación. El encendido de Chaharshanbe Suri -pequeñas hogueras sobre las que la gente salta- es una práctica común en esta época, que simboliza la desaparición de las desgracias e impurezas del pasado para dar paso a las bendiciones de un nuevo año. El ritual, aunque alegre y festivo, tiene sus raíces en la antigua creencia de que el fuego puede purificar y transformar, convirtiendo lo viejo y desgastado en terreno fértil para nuevos comienzos. Este énfasis en la renovación a través del fuego refleja la visión zoroástrica más amplia de que la luz de Asha puede transformar el mundo, acción a acción.

El significado del fuego en el zoroastrismo también se expresa a través de su relación con otros elementos, como el agua y la tierra, en rituales que enfatizan el equilibrio de la naturaleza. El uso conjunto del fuego y el agua en ceremonias como el Abyan refleja la creencia de que estos elementos, cuando se mantienen puros, mantienen el equilibrio cósmico establecido por Ahura

Mazda. El agua, como el fuego, se considera portadora de bendiciones divinas, y los rituales a menudo implican rociar agua consagrada alrededor de una llama sagrada, simbolizando la interacción de la luz y la vida. Esta conexión entre el fuego y el agua pone de relieve el compromiso zoroastriano con el cuidado del medio ambiente, donde la preservación de la pureza de la naturaleza se considera esencial para mantener la armonía espiritual.

A través de estos rituales, el fuego se convierte en algo más que un mero símbolo: es un participante dinámico en la vida espiritual de la comunidad. Su presencia en el corazón de los rituales y en los espacios cotidianos de la vida sirve de recordatorio constante de la luz divina que guía a los fieles. Refuerza la idea de que mantener Asha es un proceso continuo, que requiere tanto devoción individual como esfuerzo colectivo. Cada vez que se enciende una llama, se renueva el compromiso con los principios de verdad, orden y compasión que el zoroastrismo defiende.

La reverencia por el fuego y su papel en los rituales encapsula el núcleo de la creencia zoroástrica: que el mundo, aunque desafiado por las fuerzas de la oscuridad, se sostiene gracias a la luz de la sabiduría y a las acciones de quienes eligen vivir alineados con Asha. Al cuidar las llamas sagradas, los zoroastrianos no sólo honran sus antiguas tradiciones, sino que también afirman su papel como guardianes de la luz. De este modo, los rituales en torno al fuego sirven como testimonio de la fuerza perdurable de una fe que encuentra lo divino en los elementos y en los actos cotidianos de devoción que mantienen encendida la llama de la esperanza, incluso en medio de las pruebas de la existencia.

Capítulo 9
Ética

El zoroastrismo pone un profundo énfasis en la ética, situando la conducta moral en el centro de su práctica espiritual. A diferencia de las religiones que se centran en gran medida en el ritual o el dogma, el zoroastrismo enseña que la esencia de la fe reside en cómo se vive, a través de pensamientos, palabras y acciones que se alinean con el orden divino de Asha. La búsqueda de una vida virtuosa no es una mera búsqueda personal de la rectitud, sino una responsabilidad cósmica, ya que las elecciones de cada individuo contribuyen al equilibrio entre el bien y el mal, entre Asha y Druj. En el centro de este marco ético está la tríada conocida como Humata, Hukhta, Hvarshta -buenos pensamientos, buenas palabras y buenas acciones-, que guía a los zoroastrianos en todos los aspectos de su vida.

Los buenos pensamientos, o Humata, constituyen la base del código ético zoroástrico. Los zoroastrianos creen que la mente es el punto de partida de todas las acciones, y cultivar pensamientos puros es esencial para vivir de acuerdo con Asha. Este principio enfatiza la importancia de la disciplina mental, animando a los individuos a protegerse de los pensamientos de odio, envidia y engaño. Se enseña que una mente alineada con la verdad conduce naturalmente a un habla y un comportamiento positivos, dando forma a una vida que contribuye al bienestar de los demás. Al fomentar la claridad y la integridad en sus pensamientos, los zoroastrianos se ven a sí mismos participando directamente en la lucha cósmica contra Druj, manteniendo la pureza interior necesaria para la expresión exterior de la virtud.

El segundo elemento, Hukhta, o Buenas Palabras, extiende el principio de Asha al reino de la palabra. El zoroastrismo concede gran importancia al poder de las palabras, reconociéndolas como herramientas que pueden elevar o dañar. Hablar con sinceridad se considera un reflejo de la luz divina interior, una afirmación de nuestro compromiso con Asha. Se anima a los zoroastrianos a utilizar sus palabras para construir la armonía, ofrecer ánimo y resolver conflictos pacíficamente. La calumnia, las falsas acusaciones y el discurso engañoso se consideran actos que fortalecen el Druj, introduciendo el caos en las relaciones humanas y en la comunidad en general. Por lo tanto, mantener la honestidad y la bondad en el habla no es sólo una cuestión de integridad personal, sino una forma de contribuir al orden que Ahura Mazda imaginó para el mundo.

Hvarshta, o Buenas Acciones, completa la tríada, enfatizando que los pensamientos y las palabras deben ir acompañados de acciones que reflejen valores éticos. En las enseñanzas zoroastrianas, las acciones son la expresión tangible de las creencias internas, que convierten los principios abstractos en realidades concretas. Las buenas obras abarcan una amplia gama de acciones, desde el cuidado de los necesitados hasta la protección del medio ambiente y el trabajo honesto. Se fomentan especialmente los actos de caridad, conocidos como Dastur, que reflejan la creencia de que ayudar a los demás refuerza el orden divino de Asha. Los zoroastrianos ven sus esfuerzos por aliviar el sufrimiento como contribuciones directas a la lucha cósmica contra las fuerzas del mal, creando ondas de positividad que se extienden más allá de las vidas individuales.

Esta tríada sirve de guía práctica a los zoroastrianos, ofreciéndoles un marco sencillo pero profundo para la toma de decisiones diarias. Al alinear constantemente sus pensamientos, palabras y acciones con estos ideales, buscan encarnar los valores que Zaratustra predicó y vivir en armonía con la visión de Ahura Mazda. Así pues, la vida ética se considera un proceso continuo que requiere vigilancia y autorreflexión. Las enseñanzas zoroastrianas hacen hincapié en la importancia del Fravashi, o espíritu guardián interior, que guía al individuo para discernir el bien del mal. Esta voz interior se considera un don de Ahura Mazda, una chispa de sabiduría divina que ayuda a los creyentes a navegar por las complejidades de la vida y a tomar decisiones que defiendan Asha.

Más allá de la conducta personal, la ética zoroástrica se extiende a las relaciones y responsabilidades sociales. La unidad familiar se considera un espacio sagrado donde los principios de Humata, Hukhta y Hvarshta se aprenden y practican por primera vez. El respeto a los mayores, el cuidado de los hijos y el apoyo mutuo entre los cónyuges se consideran fundamentales para una vida íntegra. Se anima a las familias a crear entornos en los que la veracidad y la amabilidad sean las normas, dando un ejemplo que se extiende a la comunidad en general. La comunidad zoroastriana, o anjuman, se convierte en una gran familia unida por valores compartidos, donde el bienestar de uno se considera interconectado con el bienestar de todos.

La justicia es otra piedra angular de la ética zoroástrica, estrechamente ligada al principio de Asha. El zoroastrismo enseña que defender la justicia es un deber sagrado, que refleja la justicia divina de Ahura Mazda. Esto implica no sólo buscar la equidad en los propios tratos, sino también oponerse a la opresión y la injusticia dondequiera que se encuentren. La ley zoroástrica, recogida en textos antiguos como la Vendidad, orienta sobre el comportamiento ético en ámbitos como el comercio, el matrimonio y las disputas comunales. Aunque estas leyes han evolucionado con el tiempo, el principio subyacente sigue siendo que la justicia debe servir para restablecer la armonía y el equilibrio, en lugar de limitarse a castigar las malas acciones. Este enfoque en la justicia reparadora se alinea con la creencia de que incluso aquellos que se han desviado pueden ser guiados de vuelta al camino de Asha a través de la sabiduría y la compasión.

La ética zoroástrica también hace hincapié en la importancia del trabajo y en la dignidad del mismo. Las enseñanzas de Zaratustra promueven la idea de que el trabajo honrado es una forma de adoración, una manera de contribuir al bienestar del mundo. Ya sea mediante la agricultura, la artesanía o la prestación de servicios, a los zoroastrianos se les enseña a ver su trabajo como un medio para mantener el orden divino. Esta perspectiva transforma el trabajo diario en una práctica espiritual, en la que el esfuerzo por hacerlo lo mejor posible se considera una ofrenda a Ahura Mazda. Por el contrario, la pereza y la falta de honradez en el trabajo se consideran expresiones de Druj, que socavan la armonía que el trabajo honesto aporta a la sociedad.

La ética medioambiental también forma parte del modo de vida zoroastriano. El mundo natural, como parte de la creación de Ahura Mazda, debe ser tratado con respeto y cuidado. Los zoroastrianos creen que contaminar la tierra, el agua o el aire no sólo es una ofensa contra el medio ambiente, sino una perturbación del propio Asha. Prácticas como la conservación del agua, la protección de los animales y el mantenimiento de la limpieza en los espacios vitales se consideran reflejos de la pureza espiritual. Estas acciones no son sólo ecológicas sino profundamente religiosas, reafirmando el compromiso zoroástrico de preservar el equilibrio de la creación. La reverencia por la naturaleza es un recordatorio de que el papel de la humanidad no es dominar la tierra, sino actuar como sus administradores, manteniendo el orden sagrado establecido por Ahura Mazda.

Las enseñanzas éticas zoroastrianas se extienden al trato a los demás, destacando el valor de la compasión y la responsabilidad de cuidar a los menos afortunados. Los actos de caridad, como atender a los pobres o apoyar proyectos comunitarios, se consideran formas de manifestar la luz de Asha en el mundo. Este enfoque de la responsabilidad social crea un sentido de solidaridad en las comunidades zoroastrianas, donde el bienestar de cada persona se considera interconectado con el colectivo. A través de estos actos de bondad, los zoroastrianos creen que no sólo cumplen con su deber moral, sino que también refuerzan la presencia del bien en el mundo, contribuyendo a la lucha cósmica más amplia entre Asha y Druj.

El énfasis del zoroastrismo en la ética y la conducta moral proporciona una visión de la vida en la que cada acción, por pequeña que sea, tiene un significado cósmico. Los principios de Humata, Hukhta y Hvarshta ofrecen un camino a la vez sencillo y profundo, que guía a los creyentes a vivir de un modo que honra el orden divino y contribuye al bien mayor. Este enfoque en vivir una vida de integridad transforma la fe de un conjunto de creencias en una realidad vivida, donde cada pensamiento, palabra y acto es un testamento del compromiso de uno con Ahura Mazda y la lucha duradera por un mundo donde la verdad y la luz prevalezcan sobre la falsedad y la oscuridad.

La ética zoroástrica, basada en los principios de Humata, Hukhta, Hvarshta -buenos pensamientos, buenas palabras y buenas acciones- va más allá de los antiguos preceptos para adaptarse a los desafíos de la vida moderna. A medida que el mundo evoluciona, los zoroastrianos siguen recurriendo a sus valores profundamente arraigados para hacer frente a los problemas contemporáneos, asegurándose de que sus acciones estén en consonancia con Asha, el orden cósmico. Esta adaptabilidad permite a las comunidades zoroastrianas mantener sus antiguos fundamentos éticos al tiempo que responden a nuevos dilemas sociales, medioambientales y morales en un mundo dinámico.

Una de las formas clave en que la ética zoroástrica se manifiesta en la era moderna es a través de la responsabilidad social y la adaptación de los valores de la comunidad a las circunstancias cambiantes. En la sociedad globalizada actual, en la que los zoroastrianos viven a menudo como minorías, los principios de apoyo mutuo y caridad adquieren un nuevo significado. La tradición de Dastur -actos de bondad y caridad- sigue siendo una práctica vital, pero ahora también incluye esfuerzos como apoyar iniciativas educativas zoroastrianas, prestar ayuda a los ancianos y contribuir a esfuerzos humanitarios más allá de su comunidad inmediata. Esta extensión de la compasión refleja la idea de que la luz de Asha debe llegar a todos los rincones de la sociedad, ofreciendo ayuda a los necesitados independientemente de su procedencia.

Las comunidades zoroastrianas han adaptado sus esfuerzos caritativos para hacer frente a retos modernos como la desigualdad económica, el acceso a la educación y la atención sanitaria. Muchas organizaciones zoroastrianas han creado programas de becas, centros sanitarios y servicios sociales que benefician tanto a los zoroastrianos como a las comunidades en las que viven. Estos esfuerzos se consideran expresiones modernas de antiguas enseñanzas, en las que la práctica de la generosidad y la elevación de los demás se alinean con el compromiso intemporal con la rectitud. De este modo, los zoroastrianos ven sus contribuciones sociales no sólo como actos de buena voluntad, sino como elementos cruciales en la lucha más amplia por mantener Asha en un mundo que a menudo se inclina hacia el caos y la división.

Los principios de veracidad e integridad, encarnados en la Hukhta, también desempeñan un papel importante en el enfoque zoroastriano de la vida profesional moderna. En una época en la que los desafíos éticos en los negocios y la gobernanza son habituales, los zoroastrianos se esfuerzan por mantener altos niveles de honestidad y transparencia en su trabajo. Este compromiso con la conducta ética se extiende a las prácticas comerciales justas, la inversión ética y el énfasis en la integridad en las relaciones profesionales. A los zoroastrianos se les enseña a ver sus profesiones como extensiones de su camino espiritual, donde cada decisión refleja su compromiso con Asha. Al priorizar la equidad y el comportamiento ético, buscan crear lugares de trabajo y entornos empresariales que se alineen con los valores del orden y la justicia, oponiéndose a los engaños que de otro modo podrían comprometer su integridad.

Ante el rápido avance tecnológico, las enseñanzas éticas zoroástricas ofrecen orientación sobre cuestiones como la comunicación digital y el uso responsable de la tecnología. El principio de Hukhta -buenas palabras- se extiende al ámbito de las interacciones en línea, animando a los zoroastrianos a entablar una comunicación respetuosa y veraz incluso en los espacios digitales. Esto refleja un compromiso más amplio de mantener Asha en todos los aspectos de la vida, incluidos los que han surgido con la modernidad. Al subrayar la importancia de la verdad y el respeto en los diálogos digitales, los zoroastrianos tratan de crear una influencia positiva en un espacio en el que la desinformación y la negatividad pueden propagarse fácilmente, utilizando sus principios para guiar su compromiso con el mundo virtual.

El cuidado del medio ambiente, arraigado en la reverencia zoroástrica por el mundo natural, es cada vez más importante a medida que los retos ecológicos se hacen más urgentes. Las enseñanzas zoroastrianas han hecho hincapié durante mucho tiempo en el carácter sagrado del agua, la tierra y el fuego, considerando la contaminación de estos elementos una violación del orden divino. En el contexto moderno, este respeto se traduce en una implicación activa en la conservación del medio ambiente y los esfuerzos de sostenibilidad. Muchos zoroastrianos participan en iniciativas encaminadas a reducir la contaminación, conservar el agua y promover las energías renovables. Consideran estas acciones como extensiones de su deber de proteger la creación de Ahura Mazda, reforzando la antigua creencia de que los humanos son administradores de la Tierra, responsables de mantener el equilibrio que exige Asha.

Las comunidades zoroastrianas también han adaptado sus prácticas para abordar problemas globales como el cambio climático, reconociendo que preservar el medio ambiente es una forma de defender sus principios espirituales. Por ejemplo, las iniciativas para reducir los residuos y promover una vida sostenible están cada vez más integradas en la vida comunitaria zoroastriana, incluidos actos y celebraciones en los que se procura minimizar el impacto ambiental. Al centrarse en la sostenibilidad, los zoroastrianos se ven a sí mismos como parte de un movimiento más amplio para restaurar la armonía del mundo natural, alineando sus valores ancestrales con las necesidades ecológicas del presente.

Las enseñanzas de Humata -los buenos pensamientos- también influyen en la forma en que los zoroastrianos abordan el bienestar mental y emocional en la era moderna. A medida que aumenta la concienciación sobre la salud mental, los zoroastrianos hacen hincapié en la importancia de mantener una mente clara y en paz, en consonancia con la tradición de cultivar pensamientos positivos. Este enfoque fomenta la atención plena, la meditación y la recitación de oraciones como formas de alimentar la claridad mental y la resiliencia. Las prácticas espirituales zoroastrianas, como la recitación diaria del Ashem Vohu y la reflexión ante el fuego sagrado, se consideran métodos para centrar la mente y fortalecer el espíritu, ofreciendo herramientas para hacer frente al estrés de la vida contemporánea.

Además, la ética zoroástrica proporciona un marco para navegar por las complejidades de la diversidad social y el multiculturalismo. Al vivir en comunidades de la diáspora, los zoroastrianos se relacionan a menudo con personas de distintas creencias y orígenes culturales. Sus enseñanzas fomentan el respeto por las creencias ajenas y la apertura al diálogo, reflejando el énfasis de Zaratustra en el valor de la sabiduría y la comprensión. Los zoroastrianos se guían para mantener su identidad al tiempo que tienden puentes con los demás, viendo estas interacciones como oportunidades para encarnar los principios de Asha en diversos entornos. Este equilibrio entre tradición y apertura permite a los zoroastrianos preservar su patrimonio y contribuir positivamente a las sociedades en las que viven.

Mientras el zoroastrismo se enfrenta a los retos de preservar su identidad en un mundo que cambia rápidamente, los principios de Humata, Hukhta, Hvarshta siguen siendo tan relevantes como siempre. Los esfuerzos para transmitir estos valores a las generaciones más jóvenes son fundamentales para la supervivencia de la comunidad. La educación sobre la historia, la teología y la ética zoroástricas se enfatiza a menudo en los programas para jóvenes, asegurando que las nuevas generaciones comprendan la importancia de alinear sus vidas con Asha. Estos esfuerzos educativos a menudo incluyen debates sobre cómo los principios antiguos se aplican a los dilemas modernos, proporcionando a los jóvenes zoroastrianos un sentido de continuidad y propósito. Al comprometerse con sus tradiciones de forma significativa, los zoroastrianos más jóvenes aprenden a ver su herencia no como una reliquia del pasado, sino como una guía viva para una vida recta.

El énfasis de la comunidad en el diálogo intergeneracional garantiza que las enseñanzas éticas se adapten a las realidades contemporáneas sin dejar de ser fieles a sus raíces espirituales. Los ancianos comparten su sabiduría y experiencia, mientras que los miembros más jóvenes aportan nuevas perspectivas, creando un proceso dinámico de aprendizaje y adaptación. Este diálogo refuerza la creencia de que la esencia de la ética zoroástrica -la compasión, la veracidad, el respeto por la naturaleza y la dedicación al bienestar de los demás- trasciende el tiempo y ofrece un modelo intemporal para una buena vida, independientemente de la época o el lugar.

A través de este compromiso continuo con sus enseñanzas éticas, los zoroastrianos siguen afirmando su papel como protectores de Asha en un mundo en el que Druj, la fuerza del caos y la falsedad, sigue planteando desafíos. Los principios de Humata, Hukhta, Hvarshta ofrecen una forma de navegar por la modernidad sin dejar de estar anclados en la sabiduría antigua, guiando cada pensamiento, palabra y acción. Esta continuidad permite a los zoroastrianos permanecer firmes en su compromiso con una vida que honra el orden divino, contribuyendo a un mundo donde la luz prevalece sobre la oscuridad, y donde los valores de la verdad, la integridad y la compasión perduran en medio de las complejidades del presente.

Capítulo 10
Mujeres

El papel de la mujer en el zoroastrismo es a la vez complejo y significativo, moldeado por antiguas enseñanzas que han evolucionado a lo largo de siglos de cambios culturales y sociales. La posición de la mujer en la tradición zoroástrica hunde sus raíces en las enseñanzas de Zaratustra, quien, según los Gathas, hizo hincapié en la igualdad espiritual de hombres y mujeres. La visión de Zaratustra ofrecía una visión en la que las mujeres, al igual que los hombres, eran vistas como agentes morales capaces de elegir entre Asha (verdad y orden) y Druj (falsedad y caos). Esta creencia fundacional sentó las bases de una tradición en la que se reconocía y valoraba la contribución de la mujer a la vida religiosa, la familia y la sociedad.

En la Persia preislámica, el zoroastrismo desempeñó un papel importante en la configuración de las normas y leyes sociales, incluidas las que definían la condición y los derechos de la mujer. Los registros históricos de la antigua Persia, como los de las épocas aqueménida y sasánida, indican que las mujeres zoroastrianas ocupaban puestos de influencia dentro de sus familias y comunidades. Tenían derecho a la propiedad y podían dedicarse a los negocios, un estatus poco común en comparación con otras sociedades antiguas. Las mujeres participaban a menudo en la vida económica del hogar, gestionando fincas y participando en el comercio. Esta autonomía económica se refleja en el énfasis zoroástrico en la unidad familiar como base de la sociedad, en la que tanto hombres como mujeres contribuían a su prosperidad y a su tejido moral.

Las enseñanzas de Zaratustra también hacían especial hincapié en el matrimonio como institución sagrada, en la que las funciones de ambos miembros de la pareja se consideraban esenciales para mantener Asha dentro del hogar. El matrimonio no sólo se veía como un contrato social, sino como una asociación espiritual destinada a fomentar la armonía y mantener el orden divino. En este contexto, las mujeres desempeñaban un papel vital en la educación religiosa de los niños y en el mantenimiento de los rituales y las prácticas de pureza que vinculaban a la familia con la fe zoroástrica. El propio hogar se consideraba un espacio donde se podía honrar la llama sagrada de Ahura Mazda a través de oraciones y rituales diarios, y las mujeres a menudo ejercían de custodias de estas prácticas, asegurándose de que la luz de Asha se preservaba en su ámbito doméstico.

A pesar de este énfasis en la igualdad espiritual, la realidad del papel de la mujer en la sociedad zoroástrica estaba determinada por las estructuras sociales más amplias de la época. Los códigos legales sasánidas, muy influidos por la doctrina zoroástrica, incluían disposiciones que reflejaban una estructura patriarcal, como las leyes relacionadas con la herencia y la jerarquía familiar. Por ejemplo, aunque las mujeres podían heredar propiedades, el reparto solía favorecer a los herederos varones. Estos marcos legales, aunque ofrecían a las mujeres ciertos derechos, también delimitaban sus funciones de forma que reforzaban el liderazgo masculino tanto en el hogar como en la comunidad. Sin embargo, estas estructuras no negaban la agencia espiritual de las mujeres, que seguían siendo consideradas participantes vitales en la vida religiosa de sus familias y comunidades.

El papel de la mujer en la práctica religiosa también se extendía a su participación en rituales y festivales. Aunque el sacerdocio seguía siendo predominantemente masculino, las mujeres desempeñaban un papel importante en los rituales familiares y las celebraciones comunitarias. Durante festivales como Nowruz y Mehregan, que celebran la renovación de la vida y el triunfo de la luz, las mujeres participaban activamente en la preparación de espacios sagrados, la creación de ofrendas y la recitación de oraciones. Estas actividades subrayaban la creencia de que las contribuciones espirituales de las mujeres eran esenciales para el mantenimiento de Asha, no sólo en el seno de sus familias sino en el de la comunidad zoroastriana en general.

Además de su papel en el mantenimiento de las prácticas religiosas, las mujeres zoroastrianas también eran reconocidas por su sabiduría y orientación moral. Los textos históricos y las tradiciones orales conservan relatos de mujeres que aconsejaron a reyes, dirigieron hogares con compasión y sirvieron de ejemplo de fortaleza moral. Estos relatos celebran las virtudes de la integridad, el coraje y la resistencia, subrayando que la fortaleza espiritual de la mujer era tan crucial como su papel en la vida familiar. Figuras como Pourandokht y Azarmidokht, reinas sasánidas que gobernaron en tiempos de agitación política, son recordadas como líderes que encarnaron los principios de justicia y orden centrales en las enseñanzas zoroástricas.

Las enseñanzas de Humata, Hukhta, Hvarshta -buenos pensamientos, buenas palabras y buenas acciones- proporcionaban un marco moral que se aplicaba por igual a hombres y mujeres, animando a todos los seguidores a esforzarse por llevar una vida en consonancia con Asha. Esta igualdad en la responsabilidad espiritual reforzaba la idea de que las mujeres no eran secundarias a los ojos de Ahura Mazda, sino que eran capaces de alcanzar la grandeza espiritual. El énfasis de Zaratustra en la elección individual y la agencia moral se extendía a todos, sugiriendo que cada persona, independientemente de su género, tenía un papel en la batalla cósmica entre la luz y la oscuridad.

En la mitología zoroástrica, las mujeres también desempeñan importantes papeles simbólicos, representando tanto los aspectos nutritivos de la naturaleza como la resistencia del espíritu humano. La Amesha Spenta Spenta Armaiti, a menudo asociada con la tierra y la devoción, es vista como una fuerza divina femenina, que encarna las cualidades del amor, la paciencia y la lealtad a la creación de Ahura Mazda. Este aspecto divino subraya la idea de que las virtudes asociadas a la mujer son parte integrante de la visión zoroástrica de un universo equilibrado y armonioso. El papel de Spenta Armaiti en el orden divino sirve como recordatorio de la importancia de nutrir y sostener el mundo, cualidades que se anima a las mujeres zoroastrianas a emular en su cuidado de la familia, la comunidad y la naturaleza.

Además, el énfasis zoroástrico en la pureza del pensamiento y la acción se expresaba en prácticas que guiaban el papel de la mujer en el mantenimiento de la limpieza física y espiritual. Rituales como la purificación después del parto y la observancia de prácticas específicas durante la menstruación se consideraban formas de alinearse con los principios de pureza centrales en el pensamiento zoroástrico. Aunque estas prácticas reforzaban un sentido de separación ritual, también ponían de relieve las responsabilidades únicas de las mujeres en la preservación de la santidad de la vida y del hogar. Estos rituales, aunque a veces se consideraban restrictivos, solían interpretarse dentro de la comunidad como oportunidades para la reflexión y la renovación espiritual, conectando las prácticas individuales con el orden cósmico más amplio.

A lo largo de la historia, las mujeres zoroastrianas han desempeñado sus funciones en el marco de la tradición, adaptándose al mismo tiempo a nuevos contextos sociales y culturales. Cuando el zoroastrismo se enfrentó a los desafíos de las influencias externas, como la llegada del Islam a Persia, las mujeres desempeñaron un papel crucial en la preservación de las prácticas culturales y religiosas de su comunidad. En tiempos de adversidad, se convirtieron en guardianas de las tradiciones orales, narradoras que transmitían los Gathas y las historias de Zaratustra a sus hijos, garantizando que la esencia de la fe permaneciera viva incluso cuando la práctica pública se hacía difícil. Este papel de guardianas de la memoria y la tradición subraya la perdurable resistencia de las mujeres zoroastrianas, que han adaptado continuamente sus funciones para apoyar la supervivencia de su fe.

El enfoque del zoroastrismo sobre la mujer, con su mezcla de igualdad espiritual y tradición social, ofrece una perspectiva matizada que ha permitido a la fe perdurar a lo largo de muchos siglos. Las enseñanzas de Zaratustra proporcionaron una base que reconocía el potencial espiritual de las mujeres, incluso cuando las estructuras sociales moldeaban sus papeles de formas específicas. Este equilibrio entre las antiguas enseñanzas y la evolución de las realidades sociales ha definido la trayectoria de las mujeres zoroastrianas, que han seguido participando activamente en sus comunidades, contribuyendo a la preservación de Asha y de los valores que su fe defiende.

Al comprender el papel de las mujeres en el zoroastrismo, queda claro que sus contribuciones están entretejidas en el tejido mismo de la tradición. Su presencia, como guardianas de los rituales domésticos y como símbolos de las virtudes divinas, sigue conformando la vida espiritual de la comunidad. A medida que el zoroastrismo se enfrenta a los retos de mantener su identidad en el mundo moderno, el legado de la fuerza espiritual y la resistencia de las mujeres sigue siendo una luz que guía, reflejando la creencia duradera de que el camino de Asha es uno que todos están llamados a recorrer, en unidad y con un compromiso compartido con la verdad que une al cosmos.

Las contribuciones de las mujeres zoroastrianas han desempeñado un papel fundamental en la resistencia y continuidad de la fe a lo largo de la historia, ofreciendo fuerza espiritual y cultural a sus comunidades. A medida que el zoroastrismo se extendía más allá de las fronteras de la antigua Persia, especialmente durante los periodos de migración y diáspora, las mujeres se encontraban a menudo al frente de la preservación de las costumbres y los valores de la religión. Sus esfuerzos garantizaron que las enseñanzas de Zaratustra permanecieran vivas, adaptándose a los nuevos retos y manteniendo intacta la esencia de la tradición. Este capítulo explora la evolución del papel de las mujeres zoroastrianas, destacando su liderazgo, los retos a los que se enfrentaron y su lucha constante por el reconocimiento y la igualdad en el marco más amplio de su fe.

En los siglos que siguieron a la conquista islámica de Persia, las comunidades zoroastrianas sufrieron importantes trastornos. Muchas fueron desplazadas o emigraron, y un gran número se asentó en la India, donde se les conoció como los parsis. Esta migración supuso un punto de inflexión para las mujeres zoroastrianas, que tuvieron que adaptarse a un nuevo entorno cultural manteniendo su identidad religiosa. En esta diáspora, las mujeres surgieron como figuras clave en el hogar, asegurándose de que los rituales, las oraciones y las tradiciones orales de sus antepasados se transmitieran a la siguiente generación. Se convirtieron en narradoras y preservaron los cuentos de Zaratustra y de los antiguos reyes persas, manteniendo así viva la memoria cultural de una comunidad en el exilio.

Este papel de preservadores de la tradición se extendió a la transmisión del Avesta y a la práctica diaria de las oraciones ante el fuego sagrado. A pesar de no formar parte del sacerdocio, las mujeres zoroastrianas de la diáspora desempeñaron un papel fundamental en el fomento de la devoción religiosa de sus familias. Enseñaron a sus hijos los principios fundamentales de la fe, incluidos los de Humata, Hukhta, Hvarshta: buenos pensamientos, buenas palabras y buenas acciones. A través de su compromiso con estos valores, las mujeres se aseguraron de que las enseñanzas éticas zoroástricas siguieran siendo una parte central de la vida familiar, incluso cuando sus comunidades se adaptaron a los retos de vivir en un contexto cultural nuevo y a menudo desconocido.

A medida que los parsis se establecían en la India, el papel de la mujer evolucionaba en respuesta al cambiante panorama social. En el periodo colonial, las mujeres parsis empezaron a tener acceso a la educación y a oportunidades profesionales, contribuyendo a sus comunidades no sólo como guardianas de la tradición, sino como líderes en las esferas social y económica. La educación empoderó a una nueva generación de mujeres zoroastrianas, que se volvieron activas en campos como la sanidad, la educación y la reforma social. Sus esfuerzos por fundar escuelas, hospitales y organizaciones benéficas fueron decisivos para fortalecer tanto sus propias comunidades como la sociedad que las rodeaba. Estas iniciativas reflejaban el énfasis zoroástrico en la caridad y el servicio a la comunidad, valores profundamente arraigados en sus enseñanzas religiosas.

Figuras destacadas, como Bhikaiji Cama, que se convirtió en una figura destacada del movimiento independentista de la India, ejemplifican el espíritu de las mujeres zoroastrianas que combinaron su compromiso con su fe con una visión más amplia de la justicia social y el progreso. El activismo de Cama, junto con el de otras mujeres zoroastrianas, puso de relieve una tradición de compromiso con el mundo en general, en la que los valores de Asha -verdad, orden y justicia- se aplicaban a causas sociales y políticas. Esta mezcla de devoción religiosa y acción social demostraba que los principios enseñados por Zaratustra no se limitaban al ritual, sino que podían inspirar un cambio transformador en la sociedad.

Además de sus funciones públicas, las mujeres zoroastrianas seguían enfrentándose a las expectativas de sus comunidades tradicionales, donde las normas culturales a menudo las situaban en funciones definidas dentro del hogar. Estas expectativas a veces creaban tensiones, ya que las mujeres intentaban equilibrar el respeto a la tradición con su deseo de mayor autonomía. Cuestiones como el matrimonio dentro de la fe, los derechos de sucesión y la participación en el liderazgo de la comunidad a menudo ponían de relieve los retos de mantener los valores tradicionales y adaptarse al mismo tiempo a los ideales modernos de igualdad de género. Por ejemplo, en las comunidades zoroastrianas tradicionales, las normas relativas al matrimonio con no zoroastrianos han sido un punto de discordia, afectando tanto al estatus de la mujer dentro de la comunidad como al reconocimiento de sus hijos como zoroastrianos.

La lucha por la igualdad de género dentro de la comunidad ha experimentado avances a lo largo de los años, y los debates en torno a estas cuestiones reflejan cambios sociales más amplios. Muchas mujeres zoroastrianas han abogado por reformas que reconozcan su derecho a participar plenamente en la vida religiosa y comunitaria. Entre otras cosas, han reclamado una mayor participación en la gestión de los templos del fuego y la inclusión de las mujeres en funciones tradicionalmente reservadas a los hombres, como la recitación de oraciones específicas o la participación en los consejos comunitarios. Aunque estos cambios han tenido diferentes grados de aceptación, reflejan un diálogo continuo dentro de la comunidad sobre cómo honrar la tradición y, al mismo tiempo, aceptar la evolución del papel de la mujer.

En las últimas décadas, el papel de las mujeres zoroastrianas ha seguido ampliándose a medida que la globalización y la dispersión de las comunidades por todo el mundo han reconfigurado la diáspora zoroastriana. Hoy en día, las mujeres zoroastrianas dirigen organizaciones comunitarias, participan en conferencias internacionales y contribuyen a la investigación académica que explora la historia y la filosofía de su fe. Aportan perspectivas que hacen hincapié en la necesidad de inclusión y adaptación, abordando los retos de mantener una población pequeña y dispersa. A través de plataformas como la Organización Mundial Zoroástrica y las asociaciones regionales, las mujeres han desempeñado un papel crucial en la configuración del discurso sobre el futuro de su fe, garantizando que el zoroastrismo siga siendo relevante para la próxima generación.

Este compromiso es especialmente importante, ya que la comunidad zoroastriana mundial se enfrenta al reto de la disminución de su número. Muchas mujeres zoroastrianas están al frente de los esfuerzos por atraer y educar a los jóvenes sobre su herencia, combinando las enseñanzas tradicionales con los contextos modernos. Esto implica crear programas educativos, organizar actos culturales y utilizar plataformas digitales para conectar a los zoroastrianos de todo el mundo. Aprovechando estas herramientas, las mujeres zoroastrianas siguen desempeñando su papel de educadoras y guardianas de la tradición, garantizando que las historias, los valores y las prácticas que han sustentado a su comunidad sean accesibles a quienes buscan aprender.

Sin embargo, el camino no está exento de desafíos. La cuestión de la igualdad de género sigue suscitando debates, especialmente en lo que respecta a la interpretación de los textos religiosos y al papel de las mujeres en los rituales tradicionalmente dirigidos por sacerdotes varones. Estos debates forman parte de una conversación más amplia sobre cómo el zoroastrismo puede mantenerse fiel a sus antiguas raíces y, al mismo tiempo, evolucionar para reflejar los valores contemporáneos. Para muchas mujeres zoroastrianas, este viaje no consiste en abandonar la tradición, sino en reimaginarla de forma que permita una mayor participación y el reconocimiento de sus aportaciones. Buscan un espacio donde sus voces sean escuchadas como iguales, tanto en los aspectos sagrados como comunitarios de su fe.

La trayectoria de las mujeres zoroastrianas, desde la antigua Persia hasta las modernas comunidades de la diáspora, refleja la perdurable fortaleza y adaptabilidad de su espíritu. En tiempos de agitación y transformación, se han mantenido firmes en su dedicación a preservar la luz de Asha. Su resistencia y liderazgo han garantizado que las enseñanzas de Zaratustra sigan inspirando una visión de la vida en la que la verdad, la justicia y la compasión guían todas las acciones. Cuando las comunidades zoroastrianas miran hacia el futuro, el papel de las mujeres sigue siendo tan vital como siempre, recordando que los principios de igualdad y fortaleza moral que Zaratustra predicó son intemporales, capaces de guiar una fe que es a la vez antigua y siempre renovada.

Al abrazar su herencia y abogar por el cambio, las mujeres zoroastrianas encarnan el espíritu de Asha de una forma que habla tanto del pasado como del futuro. Su trayectoria es un testimonio del poder de la fe para adaptarse, sobrevivir y prosperar, incluso ante los desafíos. Ellas continúan iluminando el camino hacia adelante, manteniendo viva la antigua llama que ha ardido durante milenios, una llama que simboliza no sólo la presencia divina de Ahura Mazda, sino también la luz perdurable de la sabiduría, la fuerza y la esperanza que las mujeres zoroastrianas aportan a sus familias, a sus comunidades y al mundo.

Capítulo 11
Rituales de purificación

En el zoroastrismo, el concepto de pureza es fundamental para mantener la conexión con Ahura Mazda y el orden cósmico de Asha. Los rituales de purificación se consideran esenciales para preservar la limpieza tanto física como espiritual, protegiendo a los fieles de las influencias corruptoras de Angra Mainyu, el espíritu del caos y el mal. Estas prácticas encarnan una visión del mundo en la que mantener la pureza no es sólo una cuestión de higiene física, sino un deber espiritual que mantiene el equilibrio divino del universo. A través de estos rituales, los zoroastrianos refuerzan su compromiso de vivir en armonía con Asha, asegurándose de que sus acciones, pensamientos y entornos permanezcan alineados con el orden divino.

Una de las prácticas fundamentales de la purificación zoroástrica es el padyab, o ablución, un ritual que consiste en lavarse las manos y la cara antes de las oraciones o las actividades sagradas. El acto de realizar un padyab recuerda la importancia de mantener la limpieza externa e interna, simbolizando la eliminación de impurezas antes de acercarse a lo divino. Este ritual se realiza a menudo antes de recitar oraciones del Avesta, preparando al individuo para enfrentarse a los textos sagrados con una mente y un cuerpo puros. Al realizar conscientemente este sencillo acto de purificación, los zoroastrianos tratan de eliminar tanto la suciedad física como las distracciones de la vida cotidiana, creando un espacio para la concentración y la reflexión espirituales.

Más allá de la práctica personal de la ablución, el zoroastrismo incluye rituales de purificación más elaborados que se realizan en ocasiones específicas o en respuesta a necesidades concretas. Uno de estos rituales es el Nahn, una purificación más exhaustiva que implica el lavado de todo el cuerpo con agua consagrada. Los nahns suelen realizarse durante acontecimientos vitales importantes, como antes de ceremonias matrimoniales o durante periodos de enfermedad, en los que se busca la renovación espiritual y física. El uso de agua consagrada, bendecida por un Mobed (sacerdote), refuerza la creencia de que el agua es un elemento sagrado, un medio a través del cual lo divino puede limpiar y restaurar al individuo. Al sumergirse en este ritual, los zoroastrianos buscan realinear sus cuerpos y almas con la pureza de la creación de Ahura Mazda.

El papel del fuego en la purificación también ocupa un lugar destacado en los ritos zoroastrianos. El fuego, como representante terrenal de la luz de Ahura Mazda, sirve como purificador que puede limpiar espacios, objetos y personas de impurezas espirituales. Se cree que el fuego sagrado presente en los templos emite una energía espiritual que disipa la influencia del Druj (engaño y maldad). Durante los rituales, los sacerdotes pueden agitar una llama o un incensario sobre objetos o personas para purificarlos, una práctica que simboliza el poder de la luz divina para restablecer el equilibrio y el orden. Este uso del fuego se extiende a los rituales diarios en el hogar, donde se encienden pequeñas lámparas o velas durante las oraciones para invitar a la presencia protectora de Ahura Mazda en el hogar.

Otro importante ritual de purificación es la ceremonia del Barsom, en la que se utilizan haces de ramitas consagradas, normalmente del granado o del tamarisco, para bendecir a los fieles y los espacios sagrados. El Barsom representa la vida vegetal que forma parte de la creación de Ahura Mazda, y su uso en los rituales simboliza la interconexión de los mundos natural y espiritual. Durante la ceremonia del Barsom, el Mobed sostiene el manojo mientras recita oraciones, invocando bendiciones sobre los participantes y tratando de ahuyentar cualquier impureza espiritual. El ritual sirve como recordatorio del respeto zoroástrico por la naturaleza, haciendo hincapié en que todos los elementos de la creación desempeñan un papel en el mantenimiento del equilibrio cósmico de Asha.

Los rituales de purificación en el zoroastrismo también se extienden al cuidado de los espacios sagrados, incluidos los templos y los lugares donde se celebran rituales. Se cree que estos espacios deben mantenerse libres de contaminación, tanto física como espiritual, para garantizar que la presencia divina pueda habitar en ellos. Los zoroastrianos se preocupan mucho de que los templos de fuego se mantengan con una limpieza estricta, y se realizan ritos especiales para purificar el propio fuego sagrado. La atención que se presta al mantenimiento de estos espacios refleja la creencia de que la pureza no es sólo una responsabilidad individual, sino un esfuerzo comunitario que favorece la salud espiritual de toda la comunidad. Al mantener puros sus lugares de culto, los zoroastrianos crean entornos en los que la luz divina de Ahura Mazda puede brillar sin obstrucciones, proporcionando un refugio contra el caos del mundo.

La purificación también es fundamental en los ritos zoroastrianos que rodean la transición entre la vida y la muerte. Cuando una persona fallece, la tradición zoroástrica sostiene que su cuerpo físico se vuelve impuro al verse afectado por la descomposición, un proceso asociado con Angra Mainyu. Para evitar que esta impureza se propague, se realizan una serie de rituales para purificar el entorno y guiar el alma al más allá. El cuerpo se lava con orina de toro, conocida como nirang, y luego se deposita en una Dakhma (Torre del Silencio), donde se expone al sol y a las aves rapaces. Este proceso garantiza que los elementos de tierra, agua y fuego permanezcan incólumes, reflejando la creencia de que la naturaleza debe permanecer pura, incluso en la muerte.

El uso de la orina de toro en la purificación, aunque desconocido para la sensibilidad moderna, está profundamente arraigado en la cosmología zoroástrica. Se considera un poderoso agente de purificación, que representa los aspectos vivificantes y purificadores de la naturaleza. Se utiliza no sólo en rituales de muerte, sino también en la preparación de espacios y objetos para ceremonias religiosas. Mediante estas prácticas, los zoroastrianos se comprometen con elementos de su antigua herencia, manteniendo tradiciones que se han transmitido durante milenios, aunque las adaptan a la vida contemporánea.

La pureza en el zoroastrismo no se limita a los actos físicos de lavado y rituales, sino que se extiende a los pensamientos y las intenciones, reforzando la dimensión espiritual de estas prácticas. El énfasis en la pureza de la mente se alinea con los principios éticos de Humata (Buenos Pensamientos), que enseña que la verdadera pureza comienza en el interior. Los zoroastrianos creen que los pensamientos negativos, como la ira o los celos, pueden perturbar la armonía de Asha, del mismo modo que las impurezas físicas pueden afectar al cuerpo. Por lo tanto, la práctica de la atención plena y el cultivo de pensamientos positivos se consideran componentes esenciales para mantener la pureza espiritual. Este enfoque holístico de la pureza garantiza que los rituales zoroástricos no sean meras prácticas externas, sino expresiones de un compromiso más profundo con una vida vivida en consonancia con los principios divinos.

La importancia de estos rituales de purificación reside en su capacidad para conectar al creyente con lo sagrado, convirtiendo las acciones cotidianas en oportunidades de renovación espiritual. Ya sea a través del simple acto de lavarse antes de la oración o de los elaborados ritos de un Nahns, a los zoroastrianos se les recuerda constantemente su papel en la preservación de la pureza del mundo. Esta práctica de purificación continua refleja la naturaleza dinámica de Asha, que debe mantenerse activamente contra la influencia invasora de Druj. Es a través de estos rituales que los zoroastrianos reafirman su compromiso con el orden cósmico, reconociendo que sus acciones contribuyen a la lucha más amplia entre la luz y la oscuridad.

A través de la lente de la purificación, el zoroastrismo ofrece una visión de un mundo donde los reinos espiritual y material están entrelazados, donde el acto físico de limpieza es un reflejo de una aspiración espiritual más profunda. Los rituales, aunque antiguos, tienen una relevancia intemporal, recordando a los fieles que la pureza es un camino hacia la conexión divina. A medida que los zoroastrianos navegan por las complejidades de la vida moderna, estas prácticas les proporcionan una piedra de toque, una forma de mantener su identidad y su vínculo con Ahura Mazda en un mundo en constante cambio.

La profundidad y complejidad de los rituales de purificación zoroastrianos revelan una profunda comprensión del significado espiritual que hay detrás de cada acción. Estas prácticas, arraigadas en la creencia de que mantener la limpieza tanto física como espiritual es esencial para conservar Asha, sirven de puente entre lo cotidiano y lo divino. A medida que estos rituales han ido evolucionando, han ido adquiriendo capas de significado que conectan a los fieles zoroastrianos con su antigua herencia, a la vez que les proporcionan un marco para enfrentarse a los retos del mundo moderno. En este capítulo, profundizamos en algunos de los ritos de purificación más significativos, explorando sus significados simbólicos y las formas en que refuerzan la integridad espiritual de individuos y comunidades.

Entre los ritos de purificación más significativos del zoroastrismo se encuentra el Bareshnum, un elaborado ritual que representa la cumbre de la limpieza espiritual. El Bareshnum se reserva para situaciones graves, como cuando una persona ha entrado en contacto con un cadáver u otra fuente de impureza espiritual significativa. El ritual implica un proceso de nueve días en el que el individuo se somete a repetidas abluciones con agua y arena consagradas, guiado por un Mobed (sacerdote) que se asegura de que cada paso se realice según los textos sagrados. El proceso también incluye la recitación de oraciones del Avesta, en las que se invoca la ayuda de Ahura Mazda para restaurar la pureza. Durante el Bareshnum, la persona permanece aislada, reflexionando sobre su estado espiritual y tratando de realinearse con el orden cósmico. Este periodo de introspección pone de relieve que la purificación no consiste únicamente en actos físicos, sino en lograr una renovación espiritual más profunda.

El ritual de Bareshnum es altamente simbólico e ilustra la visión zoroástrica de la purificación como un proceso de restablecimiento del equilibrio divino perturbado por la exposición a la muerte o la decadencia. El uso de elementos consagrados como el agua y la arena en el ritual significa la conexión inquebrantable entre los mundos espiritual y natural. El agua, considerada un don sagrado de Ahura Mazda, limpia el cuerpo al tiempo que simboliza el lavado de las impurezas espirituales. El uso de arena representa la conexión con la tierra, recordando al participante su papel de administrador de la naturaleza, encargado de mantener su pureza. A través de estos elementos, el ritual Bareshnum se convierte en un microcosmos de la lucha cósmica entre Asha y Druj, donde cada acto de purificación contribuye al objetivo más amplio de mantener el orden divino.

Una práctica relacionada es el ritual Kusti, que todos los zoroastrianos realizan a diario como recordatorio de su compromiso con la pureza. El Kusti es un cordón sagrado de lana que se lleva alrededor de la cintura y simboliza la división entre el bien y el mal, la luz y la oscuridad. Tradicionalmente se lleva sobre el Sudreh, una camisa blanca de algodón que representa la pureza del alma. El ritual consiste en desatar y volver a atar el Kusti mientras se recitan oraciones, normalmente varias veces al día, al amanecer, al mediodía y al atardecer. Durante el ritual, el individuo mira hacia una fuente de luz, como el sol o una lámpara, simbolizando su alineación con la luz divina de Ahura Mazda.

El acto de desatar el Kusti se considera una liberación simbólica de los pensamientos o acciones impuros, mientras que volver a atarlo representa un compromiso renovado con Asha. Esta práctica diaria sirve como una forma de mantenimiento espiritual continuo, asegurando que el individuo permanezca centrado en sus responsabilidades éticas. El ritual Kusti es una forma accesible para que los zoroastrianos integren los principios de su fe en la vida cotidiana, haciendo hincapié en que la búsqueda de la pureza es un proceso continuo que requiere vigilancia e intención. La sencillez del ritual Kusti, unida a su profundo significado espiritual, ilustra la creencia zoroástrica de que incluso las pequeñas acciones pueden tener un impacto significativo en la lucha por mantener el orden y la verdad en el mundo.

Además de las prácticas de purificación personal, el zoroastrismo hace hincapié en la purificación de los objetos y espacios sagrados, asegurándose de que sigan siendo aptos para la presencia divina. Uno de los rituales clave para purificar los espacios es la ceremonia Parahom, que se realiza en los templos o durante las reuniones de la comunidad. Esta ceremonia consiste en la preparación de una mezcla sagrada de leche, hojas de granada y agua consagrada, que se rocía por el espacio mientras se recitan oraciones. El ritual Parahom se utiliza para limpiar zonas que han estado expuestas a impurezas o para preparar un espacio para una ceremonia especial. El uso de hojas de granada es especialmente significativo, ya que la granada es un símbolo de vida y fertilidad en la cultura zoroástrica, y representa la renovación de la pureza en el espacio.

El ritual del Hamazor también desempeña un papel en la purificación comunitaria, aunque se centra más en la unidad y la fuerza de la propia comunidad. El Hamazor es un ritual de saludo que se celebra durante las reuniones, en el que las personas se dan la mano e intercambian bendiciones para la salud y la prosperidad. Este acto de conexión física simboliza la unidad espiritual de la comunidad y el compromiso compartido de mantener el Asha. Aunque no es un ritual de purificación en sentido físico, el Hamazor refleja la creencia zoroástrica de que mantener la armonía entre los individuos es esencial para mantener la pureza de la comunidad. El ritual refuerza la idea de que la pureza espiritual se extiende más allá del individuo para abarcar las relaciones y el bienestar colectivo de los fieles.

Otro aspecto esencial de la purificación zoroástrica es el mantenimiento de las Dakhmas, o Torres del Silencio, donde se depositan los cuerpos de los difuntos para enterrarlos en el cielo. Aunque esta práctica ha disminuido en muchas regiones, sigue siendo un símbolo del énfasis zoroástrico en mantener los elementos -tierra, agua, fuego y aire- libres de la contaminación de la muerte. Las dajmas se construyen de forma que la luz del sol y las aves carroñeras descompongan el cuerpo de forma natural, preservando así la pureza de la tierra y evitando la contaminación. Esta práctica refleja la creencia de que el mundo natural debe respetarse y que la muerte, aunque es un pasaje para el alma, no debe alterar el orden divino de la naturaleza. En las comunidades que ya no practican los entierros en el cielo, se realizan ritos modificados para garantizar el mantenimiento del espíritu de esta antigua tradición.

En la actualidad, los zoroastrianos han adaptado muchos de estos antiguos rituales a nuevos contextos, sobre todo a medida que la comunidad se ha ido extendiendo por diversos paisajes geográficos y culturales. Aunque el ritual completo del Bareshnum rara vez se celebra hoy en día debido a su complejidad, algunos elementos de su práctica, como oraciones específicas y actos de ablución, se han integrado en formas más sencillas que pueden realizarse en la vida cotidiana. Del mismo modo, los principios que rigen la purificación de los espacios sagrados siguen guiando el diseño y el mantenimiento de los templos y centros comunitarios zoroastrianos, donde rituales como el Parahom garantizan que estos lugares sigan siendo santuarios de la luz divina.

La adaptación de los rituales de purificación refleja la resistencia de las tradiciones zoroastrianas, en las que los valores espirituales fundamentales se conservan incluso cuando las propias prácticas evolucionan. Los zoroastrianos que viven en entornos urbanos modernos, por ejemplo, han encontrado formas de mantener sus oraciones diarias de Kusti y sus prácticas de pureza a pesar de las limitaciones de la vida contemporánea. Para muchos, estos rituales adaptados sirven como recordatorio de su conexión con una herencia espiritual que abarca milenios, proporcionando un sentido de continuidad y arraigo en medio de los rápidos cambios del mundo moderno.

A través de estos rituales de purificación, los zoroastrianos renuevan continuamente su vínculo con Ahura Mazda y reafirman su papel como guardianes de Asha. Las prácticas, ya sean simples abluciones diarias o intrincadas ceremonias comunales, sirven como testimonio de la perdurable creencia de que la pureza es el fundamento de la fuerza espiritual. Al mantener esta pureza, los zoroastrianos contribuyen a la lucha cósmica contra Angra Mainyu, defendiendo una visión de la vida en la que la luz y la verdad se preservan frente a las fuerzas de la oscuridad y el engaño.

La pertinencia duradera de estos rituales no reside únicamente en su forma, sino en los valores que encarnan. Enseñan que la pureza es tanto un estado del ser como un camino de esfuerzo continuo, un viaje que cada individuo y cada comunidad emprenden para mantener la luz de Asha en sus vidas. A través del acto de purificación, los zoroastrianos recuerdan que forman parte de un orden cósmico mayor, conectados a una tradición que les llama a ser administradores conscientes del mundo, buscando siempre mantener el equilibrio entre lo sagrado y lo cotidiano.

Capítulo 12
Festivales y celebraciones

Los festivales zoroastrianos representan una armoniosa mezcla de espiritualidad, naturaleza y ciclos de la vida, y actúan como poderosos recordatorios del orden cósmico establecido por Ahura Mazda. Estas celebraciones, profundamente arraigadas en los principios de Asha, están diseñadas para alinear a los fieles con los ritmos del mundo natural, honrando a lo divino y reforzando la conexión de la comunidad con el universo. A través de estos festivales, los zoroastrianos expresan gratitud, buscan la renovación y celebran el triunfo de la luz sobre la oscuridad. Cada festival ocupa un lugar único en el calendario zoroástrico y ofrece momentos de reflexión, alegría y culto colectivo.

Entre las fiestas zoroástricas más significativas está el Nowruz, el Año Nuevo persa, que marca la llegada de la primavera y la renovación de la vida. Celebrado en el equinoccio vernal, el Nowruz es una época en la que el día y la noche se equilibran, simbolizando el equilibrio entre las fuerzas del bien y del mal. Los orígenes de la festividad son anteriores al zoroastrismo, pero fue adoptada y enriquecida por la fe, que le infundió temas de renacimiento y despertar espiritual. Durante el Nowruz, los zoroastrianos preparan sus hogares con meticuloso cuidado, realizando limpiezas profundas conocidas como khaneh takani, un acto simbólico de purificación tanto del espacio físico como del alma en preparación para el nuevo año. Esta práctica refleja el énfasis zoroástrico en la pureza, haciendo del Nowruz no sólo una celebración del renacimiento de la naturaleza, sino también una renovación personal y espiritual para los fieles.

Un elemento central de la celebración del Nowruz es la preparación del Haft-Seen, una mesa adornada con siete objetos simbólicos, cada uno de los cuales comienza con la letra persa

«S». Estos elementos, que incluyen sabzeh (trigo germinado o lentejas), senjed (frutos secos de adelfa), seeb (manzana), seer (ajo), somāq (zumaque), serkeh (vinagre) y samanu (pudín dulce), representan diferentes aspectos de la vida y las esperanzas para el año venidero: crecimiento, salud, prosperidad y sabiduría. En algunas tradiciones, el Haft-Seen también puede incluir un libro sagrado, como el Avesta, para significar el aspecto espiritual de la celebración. Encender velas alrededor del Haft-Seen sirve como recordatorio de la luz siempre presente de Ahura Mazda, que guía a los fieles a través de los desafíos de la vida y trae esperanza para el futuro. Este énfasis en la luz y los nuevos comienzos es un reflejo de la cosmología zoroástrica, donde cada acto que defiende a Asha contribuye a la renovación de la creación.

Otro elemento clave del Nowruz es el Chaharshanbe Suri, o Festival del Fuego, que se celebra el último miércoles antes del año nuevo. Durante este festival, los zoroastrianos saltan sobre pequeñas hogueras, cantando frases que expresan el deseo de que sus dolencias se las lleve el fuego, al tiempo que reciben su calor y vitalidad. El salto de la hoguera simboliza el poder transformador del fuego, que, en la creencia zoroástrica, representa la luz purificadora de Ahura Mazda. Este ritual sirve para dejar atrás las cargas del año pasado y entrar en el nuevo con energías renovadas. También pone de relieve el perdurable respeto zoroástrico por el fuego como símbolo de pureza espiritual, un tema que recorre muchos aspectos de la fe.

Mehregan es otro importante festival zoroástrico, celebrado en honor de Mitra, el ser divino asociado con los pactos, la amistad y la luz del sol. Al caer en otoño, Mehregan es un momento para dar gracias por la cosecha y la abundancia de la tierra. Refleja la creencia zoroástrica en la interconexión de toda la vida y la responsabilidad de los humanos de proteger y cuidar la naturaleza. Tradicionalmente, los zoroastrianos se reúnen con sus familias y comunidades durante el Mehregan para ofrecer oraciones, compartir comidas y recitar pasajes del Avesta que alaban a Mitra y al mundo natural. La celebración se caracteriza por el reparto de frutas, flores e incienso, que simbolizan los dones de la naturaleza y la renovación de los lazos espirituales dentro de la comunidad.

Mehregan es también un momento para actos de caridad, reflejo del valor zoroastriano de la generosidad. Durante este festival, se anima a los zoroastrianos a apoyar a los necesitados, asegurándose de que las bendiciones de la cosecha se reparten entre todos. Esta práctica subraya la dimensión ética de los festivales zoroastrianos, en los que la celebración está siempre entrelazada con la responsabilidad de mantener Asha tanto en la vida personal como en la social. Al practicar la generosidad y la bondad durante el Mehregan, los zoroastrianos fortalecen los lazos de la comunidad y reafirman su compromiso con los valores que definen su fe.

Yalda, la noche más larga del año, es otra celebración que tiene un profundo significado espiritual en la tradición zoroástrica. Yalda, que tiene lugar en el solsticio de invierno, representa la lucha entre la luz y la oscuridad, un tema central en la cosmología zoroástrica. Esta noche, los zoroastrianos se reúnen con sus seres queridos y permanecen despiertos durante largas horas para presenciar el triunfo del sol sobre la oscuridad a medida que se acerca el amanecer. Es un momento para contar historias, recitar poesía y reflexionar sobre los ciclos de la vida y la naturaleza. El simbolismo de Yalda como momento en que la luz comienza su lento retorno refleja la eterna creencia zoroástrica en el triunfo final del bien sobre el mal. Recuerda a los fieles que, incluso en los tiempos más oscuros, la promesa de la luz permanece.

Durante Yalda se preparan alimentos especiales, como granadas, nueces y sandías, que se cree que aportan calor y protección contra la crudeza del invierno. Los granos rojos de la granada simbolizan la sangre que da vida, mientras que los colores brillantes de la fruta recuerdan el regreso del sol. El carácter comunitario de las reuniones de Yalda subraya la importancia de la solidaridad y el apoyo mutuo dentro de la comunidad zoroástrica, reforzando la idea de que afrontar juntos los retos fortalece los lazos que sustentan la resistencia espiritual.

Los festivales zoroastrianos también incluyen los Gahambar, celebraciones estacionales que honran las seis etapas de la creación descritas en la cosmología zoroastriana. Cada Gahambar se asocia a un aspecto concreto de la creación, como el cielo, el agua, la tierra, las plantas, los animales y los seres humanos. Estos festivales, repartidos a lo largo del año, invitan a los zoroastrianos a dar gracias por los elementos que sustentan la vida y a reflexionar sobre su papel como administradores del mundo natural. Durante los Gahambars, los zoroastrianos se reúnen para compartir comidas comunitarias, ofrecer oraciones y realizar actos de caridad, reforzando la conexión entre la práctica espiritual y el bienestar de la comunidad. Los Gahambars son un recordatorio de que el mundo material no está separado del espiritual, sino que es una parte integral de la creación de Ahura Mazda que debe ser respetada y apreciada.

Estos festivales estacionales subrayan la creencia zoroástrica en vivir en armonía con la naturaleza y reconocer la presencia divina en todos los aspectos del mundo. Al celebrar los ciclos de la tierra, los zoroastrianos afirman su lugar dentro de un universo que está vivo con la presencia de lo divino. Los festivales proporcionan una estructura para el año que está profundamente entrelazada con los ritmos naturales de la tierra, asegurando que la práctica espiritual se entreteja con el cambio de las estaciones. A través de estas celebraciones, los zoroastrianos recuerdan que sus acciones -ya sea honrando el cambio de las estaciones o compartiendo sus bendiciones- tienen un impacto directo en el equilibrio entre Asha y Druj, contribuyendo a la lucha continua por mantener el orden y la bondad en el mundo.

Las celebraciones de Nowruz, Mehregan, Yalda y los Gahambars ofrecen oportunidades únicas para la renovación espiritual y la reunión comunitaria, reflejando los valores perdurables del zoroastrismo. Sirven como recordatorios vivos de una tradición que celebra lo divino a través de la alegría de los ciclos de la vida, animando a los fieles a cultivar la gratitud, buscar la pureza y participar en actos de bondad. A medida que el zoroastrismo sigue adaptándose a la vida moderna, estos festivales siguen siendo una piedra angular de su práctica, asegurando que la antigua conexión entre la naturaleza, la comunidad y lo divino permanezca vibrante y relevante en un mundo cambiante. A través de cada celebración, los zoroastrianos reafirman su dedicación a los principios que les han guiado durante milenios, abrazando la luz que brilla en las noches más oscuras y la esperanza que llega con cada nuevo amanecer.

El vibrante ciclo de festivales zoroastrianos no es sólo una forma de marcar el paso del tiempo, sino una práctica profundamente espiritual que entrelaza comunidad, memoria y alineación cósmica. Cada festival está impregnado de capas de rituales y significados que reflejan los valores fundamentales zoroastrianos de Asha (verdad y orden) y la eterna batalla contra Druj (falsedad y caos). A través de estas celebraciones, los zoroastrianos se reúnen para conectar con sus antiguas tradiciones, honrar a Ahura Mazda y fortalecer los lazos que unen a sus comunidades. Este capítulo profundiza en las prácticas y rituales específicos de estos festivales, explorando cómo se llevan a cabo y el profundo sentido de continuidad que crean entre los zoroastrianos de todo el mundo.

Uno de los principales rituales que se celebran durante el Nowruz es el Farvardigan, o Muktad, un periodo de diez días previo al Año Nuevo dedicado a honrar a los espíritus de los difuntos, conocidos como Fravashis. Durante el Farvardigan, las familias zoroastrianas preparan sus hogares y templos para recibir a estos espíritus ancestrales, pues creen que los Fravashis regresan para ofrecer sus bendiciones y recibir gratitud. Las familias montan pequeños altares con flores frescas, frutas y fuego sagrado, y recitan oraciones para invocar la protección y guía de los espíritus. Este acto de recuerdo subraya la creencia zoroástrica en la presencia perdurable del mundo espiritual y la importancia de respetar la conexión entre el pasado y el presente. El Farvardigan es un momento de reflexión, en el que los vivos honran a quienes les han precedido, reconociendo que la fuerza de la comunidad se basa en el legado de quienes han sostenido Asha a lo largo de los tiempos.

Los rituales de las ceremonias Jashan, que tienen lugar durante diversos festivales, ofrecen otra ventana a los aspectos comunitarios y devocionales de las celebraciones zoroastrianas. Un Jashan es un servicio de oración dirigido por los Mobeds (sacerdotes) para bendecir a la comunidad, a menudo realizado para conmemorar ocasiones especiales o para agradecer las bendiciones de Ahura Mazda. Durante estas ceremonias, los sacerdotes recitan versos del Avesta, ofrecen myazda (ofrendas rituales de frutas, leche y pan sagrado) y realizan el ritual de Atash Niyayesh, en el que se venera el fuego sagrado con ofrendas y oraciones. La congregación se reúne alrededor, participando con su presencia y recitando en silencio, reforzando un enfoque espiritual compartido. El Jashan es un poderoso recordatorio de la unidad de la comunidad zoroástrica, en la que cada individuo contribuye a mantener la salud espiritual del conjunto.

Un Jashan especialmente significativo es la celebración de Khordad Sal, el cumpleaños del profeta Zaratustra. En este día, los zoroastrianos se reúnen en templos de fuego y salones comunitarios para recordar la vida y enseñanzas de su profeta. La celebración incluye oraciones que relatan las revelaciones de Zaratustra y su mensaje de buenos pensamientos, buenas palabras y buenas acciones. Es el momento de renovar el compromiso de vivir según los principios de Asha, reflexionando sobre las formas en que las enseñanzas de Zaratustra pueden guiar la vida moderna. Khordad Sal no es sólo la celebración de una figura histórica, sino también un momento de introspección espiritual, en el que se recuerda a los zoroastrianos su papel como seguidores de una tradición que trata de llevar la luz al mundo.

Durante el Mehregan, una de las prácticas más singulares es el Haft Mewa, o arreglo de siete frutas. Este despliegue simbólico pretende honrar la abundancia proporcionada por Mithra, la deidad de la luz, la lealtad y la amistad. Cada fruta representa una bendición distinta, como la salud, la prosperidad y la fertilidad. Las familias se reúnen para disfrutar de las frutas, compartiendo una comida que simboliza tanto el alimento físico como el espiritual. El acto de compartir durante el Mehregan refleja el compromiso zoroastriano con la caridad y la hospitalidad, subrayando que la verdadera celebración implica dar a los demás y garantizar que las bendiciones de la vida se comparten con todos. La naturaleza comunitaria del Mehregan, como la del Nowruz, sirve para reforzar los lazos entre los zoroastrianos, recordándoles que su fe es tanto un viaje personal como una experiencia colectiva.

Las prácticas rituales asociadas a Tirgan, un festival de verano dedicado a Tishtrya, la estrella que trae la lluvia, ponen aún más de relieve la conexión entre las celebraciones zoroastrianas y el mundo natural. Tirgan se celebra con rituales que implican salpicar agua, simbolizando las lluvias vivificantes que Tishtrya trae a la tierra. Este festival es un momento de alegría, especialmente para los niños, que participan en juguetonas peleas y bailes acuáticos. Los zoroastrianos creen que las aguas de Tishtrya aportan limpieza espiritual y renovación física, en consonancia con su creencia general en la sacralidad de los elementos naturales. El espíritu lúdico de Tirgan, combinado con la veneración por el agua, ilustra el equilibrio en el zoroastrismo entre la devoción seria y la celebración de las alegrías sencillas de la vida. Es un festival en el que se funden la risa y la gratitud, honrando los ciclos que sostienen la tierra.

Zartosht No Diso, la conmemoración de la muerte de Zaratustra, ofrece un contraste más sombrío y profundamente reflexivo con las fiestas más festivas. Es un día de oración, luto y contemplación de las enseñanzas que Zaratustra dejó tras de sí. Durante el Zartosht No Diso, los zoroastrianos visitan los templos del fuego para ofrecer plegarias por el alma del profeta y reflexionar sobre las lecciones morales y espirituales que impartió. Es el momento de considerar los desafíos de mantener Asha en un mundo que a menudo se inclina hacia el caos y el engaño, y de sacar fuerzas del ejemplo del profeta. Este día sirve como recordatorio de la continuidad de la tradición zoroástrica, animando a los fieles a mantenerse firmes en su compromiso con la rectitud, incluso ante la adversidad.

La celebración de Navjote, o ceremonia de iniciación de los jóvenes zoroastrianos, es otro ritual clave que suele tener lugar en torno a festivales importantes como Nowruz o Mehregan. Durante la Navjote, se da la bienvenida a los niños a la fe zoroástrica en una ceremonia que consiste en ponerse el Sudreh (camiseta interior blanca) y el Kusti (cordón sagrado). La ceremonia es un acto comunitario que reúne a familiares y amigos para presenciar la entrada del niño en la comunidad religiosa. Como parte de la ceremonia, el niño recita oraciones y se le enseña la importancia de mantener la pureza y defender los principios de Asha durante toda su vida. La ceremonia Navjote simboliza un momento de despertar espiritual, en el que el individuo asume su responsabilidad en la lucha cósmica entre el bien y el mal. Al celebrar esta ceremonia durante los festivales, las familias subrayan la conexión entre la fe personal y los ciclos más amplios de renovación y celebración que definen la práctica zoroástrica.

En todas estas celebraciones, la interacción de luz y oscuridad, de pureza y renovación, sigue siendo un tema central. Rituales como el encendido de lámparas de aceite durante Yalda o el encendido del fuego sagrado durante las ceremonias de Jashan sirven como recordatorios constantes de la creencia zoroástrica en el poder de la luz para superar incluso las sombras más profundas. Estos actos de iluminación, ya se realicen en templos u hogares, reflejan la eterna lucha de Asha contra Druj, instando a los fieles a encender la llama de la rectitud en su interior. La luz física, tanto si arde brillantemente en el altar de fuego de un templo como si parpadea suavemente en la mesa Haft-Seen de una familia, simboliza la luz espiritual que cada zoroastriano está llamado a alimentar en su vida diaria.

En el mundo moderno, los festivales zoroastrianos se han adaptado a nuevos contextos culturales, y las comunidades han encontrado formas de celebrar sus tradiciones en entornos diversos y globalizados. Aunque los escenarios cambien, la esencia de estos festivales permanece, dando continuidad a los zoroastrianos que viven lejos de las tierras donde estas tradiciones echaron raíces por primera vez. Las comunidades de la diáspora se reúnen en hogares, centros comunitarios y templos del fuego adaptados, creando espacios donde las antiguas oraciones resuenan con nuevas voces. La experiencia compartida de celebrar estos festivales se convierte en una fuente de fuerza e identidad, que ofrece a los zoroastrianos una forma de permanecer conectados a sus raíces al tiempo que aceptan su lugar en un mundo diverso y cambiante.

    Estas celebraciones no son sólo un medio de preservar la tradición, sino también una afirmación de la vida, una forma de abrazar la presencia divina en cada momento de alegría y reflexión. Ofrecen un recordatorio de que el zoroastrismo es una fe viva, que encuentra su expresión en los ciclos de la naturaleza, en el ritmo de la vida cotidiana y en el calor de la comunidad. A través de estos rituales, los zoroastrianos honran su pasado, celebran su presente y miran hacia el futuro con esperanza, confiados en la creencia de que, mientras se mantenga la luz, Asha perdurará.

Capítulo 13
La vida después de la muerte

La visión zoroástrica de la vida después de la muerte presenta una visión del cosmos en la que las elecciones morales en la vida resuenan mucho más allá del reino terrenal, dando forma al destino del alma en la otra vida. Este sistema de creencias hunde sus raíces en las enseñanzas de Zaratustra, que destacaba la importancia de las acciones, pensamientos y palabras de cada individuo para determinar su destino espiritual. Para los zoroastrianos, la muerte no es el final, sino la transición a un viaje espiritual que revela las consecuencias de la vida terrenal. El concepto de juicio después de la muerte refleja la cosmología zoroástrica más amplia, donde las fuerzas de Asha (verdad) y Druj (engaño) continúan su lucha eterna, en la que el alma humana desempeña un papel crucial para mantener el equilibrio entre ellas.

El Puente Chinvat, el Puente del Juicio, es un elemento central de la concepción zoroástrica de la vida después de la muerte. Según el Avesta y otros textos zoroastrianos posteriores, cuando una persona muere, su alma permanece cerca del cuerpo durante tres días y tres noches, durante los cuales la familia y la comunidad rezan. Estas oraciones, a menudo recitadas por los Mobeds (sacerdotes) y los seres queridos del difunto, buscan reconfortar el alma en su viaje e invocar la protección de Ahura Mazda. El papel de la comunidad en estas oraciones subraya la creencia de que la muerte no es una experiencia solitaria, sino una travesía que implica el apoyo y la solidaridad de los que quedan atrás.

En el cuarto día, se cree que el alma llega al puente Chinvat, donde se la juzga en función de la calidad moral de su vida en la Tierra. Este puente se describe como un estrecho camino suspendido sobre un abismo, que simboliza la delgada línea que separa la virtud del vicio. Aquí, el alma se encuentra con tres entidades espirituales: Mitra, el juez divino asociado con la verdad y los contratos; Sraosha, el guardián de las oraciones; y Rashnu, la deidad de la justicia. Juntos, pesan los actos del alma utilizando una balanza divina, en la que las buenas acciones se miden con las malas. Si las buenas acciones superan a las malas, el alma encuentra el puente ancho y fácil de cruzar, que conduce a los reinos de la luz. Sin embargo, si las malas acciones superan a las buenas, el puente se vuelve estrecho y peligroso, y el alma corre el riesgo de caer al abismo.

Este proceso de juicio refleja el énfasis zoroástrico en la responsabilidad moral y la idea de que cada pensamiento, palabra y acción contribuye a la lucha cósmica entre el bien y el mal. A diferencia de algunas tradiciones religiosas que se centran en la gracia divina como único árbitro de la salvación, el zoroastrismo concede una gran importancia a las elecciones del individuo y a la integridad ética de su vida. Este énfasis anima a los seguidores a vivir con un sentido de propósito, conscientes del impacto de sus acciones tanto en su alma como en el mundo que les rodea.

El resultado de este juicio determina el viaje del alma a uno de los tres reinos posibles: Garōdmān, la Casa de la Canción (Paraíso); Hamistagan, el lugar intermedio; o Duzakh, la Casa de la Mentira (Infierno). Garōdmān se describe como un reino lleno de luz divina, donde el alma se reúne con Ahura Mazda y experimenta la alegría eterna junto a otros espíritus justos. Es un lugar de plenitud espiritual, donde las virtudes cultivadas en vida continúan floreciendo, y el alma encuentra la paz en compañía de otros seguidores de Asha. En este reino, la luz de Ahura Mazda ilumina todos los aspectos de la existencia, simbolizando el triunfo final del bien sobre el mal.

Hamistagan, el estado intermedio, es para aquellas almas cuyas buenas y malas acciones están equilibradas. Este estado no es ni de dicha ni de tormento, sino más bien un lugar de espera, donde el alma existe en una especie de suspensión espiritual. En la tradición zoroástrica, Hamistagan representa la complejidad de la moralidad humana, reconociendo que muchas vidas contienen una mezcla de virtudes y defectos. Mientras está en Hamistagan, el alma permanece en un estado liminal, reflexionando sobre su vida y esperando la renovación final del mundo, conocida como Frashokereti, cuando todas las almas serán finalmente purificadas y reunidas con Ahura Mazda. Este reino intermedio enfatiza la creencia en el potencial de crecimiento espiritual y redención, incluso después de la muerte.

Duzakh, o la Casa de la Mentira, está reservada para aquellos que se han alineado con Druj a través de actos de engaño, crueldad e injusticia. Se representa como un lugar oscuro y frío, donde las almas soportan el sufrimiento como resultado de sus fracasos morales. A diferencia de muchas representaciones del Infierno en otras tradiciones, el Duzakh zoroástrico no es eterno; es un lugar de purificación más que de castigo permanente. El sufrimiento que experimentan las almas en Duzakh se entiende como una consecuencia de sus acciones, un periodo en el que se enfrentan al daño que han causado y a las desviaciones de Asha. La existencia de este reino sirve como severo recordatorio de las consecuencias de la corrupción moral, pero también subraya la creencia zoroástrica en una eventual restauración cósmica, en la que incluso los lugares más oscuros serán transformados por la luz de Ahura Mazda.

El viaje del alma a través de estos reinos pone de relieve el enfoque zoroástrico en la capacidad individual y la responsabilidad de elegir la rectitud. A lo largo de la vida, se anima a los zoroastrianos a encarnar los principios de Humata, Hukhta, Hvarshta -buenos pensamientos, buenas palabras y buenas acciones- como forma de asegurar un paso favorable por el puente de Chinvat. Las enseñanzas de Zaratustra hacen hincapié en que cada persona tiene la capacidad de forjar su destino espiritual a través de sus elecciones, lo que refleja una visión del mundo en la que el libre albedrío desempeña un papel central. Esta creencia en el poder de elección inspira a los seguidores a participar activamente en sus comunidades, apoyar la justicia y cuidar el medio ambiente, reconociendo que sus acciones tienen consecuencias espirituales que se extienden a la otra vida.

Esta concepción de la vida después de la muerte también influye profundamente en las prácticas funerarias zoroastrianas, diseñadas para respetar la pureza de los elementos naturales. Según la tradición, el cuerpo del difunto se coloca en una Dakhma, o Torre del Silencio, donde queda expuesto a los elementos y a las aves carroñeras. Esta práctica garantiza que el cuerpo no contamine los elementos sagrados de la tierra, el agua o el fuego. Al devolver el cuerpo a la naturaleza de esta manera, los zoroastrianos cumplen con su deber de proteger la pureza de la creación, incluso en la muerte. Mientras el alma emprende su viaje a través del puente Chinvat, el cuerpo es devuelto al ciclo de la naturaleza, lo que subraya la creencia de que la vida física forma parte de un orden cósmico mayor.

Los rituales en torno a la muerte, incluidas las oraciones y los ritos de purificación realizados por los mobeds, reflejan la creencia zoroástrica de que los vivos pueden ayudar al alma en su viaje. Estas prácticas garantizan que la transición del reino material al espiritual se realice con reverencia y cuidado, reforzando la creencia de que la muerte es un proceso profundamente espiritual que conecta el reino terrenal con el divino. Con estos ritos, los zoroastrianos honran tanto la memoria del difunto como el orden cósmico que guía toda la vida.

La visión zoroástrica de la vida después de la muerte ofrece una visión en la que se entrelazan la esperanza y la justicia. Proporciona consuelo a los vivos, ofreciéndoles la seguridad de que los esfuerzos realizados en vida para defender Asha serán recompensados con la reunión en la Casa de la Canción. Al mismo tiempo, sirve de llamada a la acción ética, recordando a los creyentes que sus decisiones no sólo determinan su mundo inmediato, sino también su viaje eterno. En una tradición que concede tanto valor a la interacción de la luz y la oscuridad, el camino del alma se considera una continuación de la lucha cósmica, en la que cada pensamiento y acción contribuyen al triunfo de la verdad. Esta visión inspira a los zoroastrianos a vivir con integridad y determinación, sabiendo que su legado no se limita al mundo material, sino que está inscrito en el tejido mismo del universo.

A medida que el viaje del alma avanza más allá del puente Chinvat, la escatología zoroástrica revela un rico tapiz de creencias que iluminan la naturaleza de la vida después de la muerte y el destino que aguarda a cada espíritu. Este capítulo profundiza en los reinos del Paraíso (Garōdmān), el purgatorio (Hamistagan) y el concepto zoroástrico del Infierno (Duzakh), explorando cómo han evolucionado estos conceptos a lo largo del tiempo y su perdurable impacto en la vida ética de los zoroástricos. Estas enseñanzas reflejan la intrincada relación entre el orden cósmico (Asha), la responsabilidad moral y la esperanza última de restauración universal.

Garōdmān, a menudo denominada la Casa de la Canción, representa el destino último de las almas que han vivido de acuerdo con Asha. Este reino se describe en el Avesta como un lugar de luz ilimitada, alegría y plenitud espiritual, donde el alma está rodeada por la presencia de otros espíritus justos. Aquí, el resplandor divino de Ahura Mazda ilumina todos los aspectos de la existencia, ofreciendo un estado de paz eterna y unidad con el orden divino. En Garōdmān, las almas experimentan la dicha que proviene de la realización de su potencial más elevado, viviendo en armonía con los valores que defendieron durante sus vidas terrenales. Esta visión del Paraíso no es sólo una recompensa, sino también una continuación del viaje del alma hacia la perfección, donde puede participar plenamente en la sinfonía cósmica de la luz y la verdad.

En las enseñanzas zoroástricas, Garōdmān es más que una lejana recompensa celestial: sirve como objetivo ético que guía las acciones de los fieles. El deseo de alcanzar la Casa de la Canción motiva a los zoroastrianos a vivir vidas de integridad, bondad y conciencia espiritual. Este énfasis en ganarse un lugar en la otra vida a través del cultivo de las virtudes pone de relieve la creencia zoroástrica de que cada individuo es un participante activo en su destino espiritual. La alegría de Garōdmān se ve así como el resultado natural de una vida vivida en alineación con los principios de Asha, donde la luz del alma crece más brillante con cada buen pensamiento, palabra y acción.

Por el contrario, Duzakh, o la Casa de la Mentira, presenta una visión de la otra vida que sirve de dura advertencia contra las consecuencias del fracaso moral. Este reino se describe como oscuro, frío y desolado, un lugar donde el alma se enfrenta a todo el peso de su alineación con Druj (falsedad). A diferencia de los infiernos ardientes de otras tradiciones religiosas, el infierno zoroástrico es un lugar de desolación espiritual más que de tormento físico. Es un estado en el que el alma está aislada de la luz divina, atrapada en la oscuridad que cultivó mediante el engaño, la crueldad y la traición a los valores de Asha. Sin embargo, el sufrimiento experimentado en el Duzakh no se considera eterno, sino un estado temporal destinado a purificar el alma mediante la comprensión de sus defectos morales.

El concepto de Duzakh subraya la creencia zoroástrica en la bondad inherente de la creación y en la posibilidad de redención. Incluso en las profundidades de este reino sombrío, el alma conserva el potencial de transformación. Esta creencia es fundamental para la idea de Frashokereti, la restauración final del mundo, cuando todas las almas -independientemente de su destino inicial- serán purificadas y reconciliadas con Ahura Mazda. Las enseñanzas de Zaratustra hacen hincapié en que ningún alma está fuera del alcance de la misericordia divina, y que el triunfo final de Asha sobre Druj traerá consigo la curación de toda la creación. Esta visión de esperanza ofrece consuelo a los fieles, recordándoles que la lucha entre el bien y el mal, tanto en la vida como en el más allá, está orientada en última instancia hacia la renovación y la unidad.

Hamistagan, el estado intermedio, ofrece una visión matizada de la otra vida que reconoce la complejidad del comportamiento humano. Aquí habitan las almas que han vivido vidas tanto de virtud como de vicio, sin experimentar ni las alegrías de Garōdmān ni la desolación de Duzakh. Hamistagan representa un estado de reflexión y estasis espiritual, donde el alma contempla sus acciones y espera la renovación cósmica. Es un lugar en el que se mide de cerca el equilibrio entre las buenas y las malas acciones, ofreciendo la posibilidad de que el alma crezca en comprensión y se alinee más plenamente con Asha con el paso del tiempo. De este modo, Hamistagan refleja la creencia zoroástrica de que el viaje hacia el crecimiento espiritual no termina con la muerte física, sino que continúa a medida que el alma busca armonizarse con el orden divino.

El papel del Frashokereti en la escatología zoroástrica es especialmente importante para comprender el destino final de todas las almas. Este concepto, que describe la eventual renovación y purificación del mundo, prevé una época en la que las fuerzas de Asha prevalecerán plenamente, borrando la influencia de Druj y dando lugar a un estado perfecto e inmortal para toda la creación. En ese momento, se cree que las almas de Hamistagan y Duzakh quedarán limpias de sus impurezas y emergerán para unirse a los justos en la Casa de la Canción. El mundo mismo se transformará, con la muerte y el sufrimiento abolidos, y el reino físico elevado a un plano divino. Esta idea de una transformación final encarna la esperanza zoroastriana de un futuro en el que reinen la justicia, la paz y la verdad, y en el que cada alma encuentre su lugar dentro del orden restaurado.

La creencia en el Frashokereti moldea la forma en que los zoroastrianos enfocan su vida terrenal, inculcando un sentido de responsabilidad por el futuro del mundo y el destino de todas las almas. Anima a los fieles a realizar actos que contribuyan a mejorar el mundo, desde la caridad y el servicio a la comunidad hasta la protección del medio ambiente. Al alinear sus acciones con la visión de un mundo purificado, los zoroastrianos participan en el proceso continuo de la creación, tomando decisiones que apoyan la realización de un mundo lleno de luz y armonía. La idea de que los actos de cada persona pueden influir en la restauración final del cosmos subraya la profunda interconexión entre las acciones individuales y el destino más amplio del universo.

Estas creencias sobre el más allá también influyen en los ritos funerarios zoroastrianos, que están diseñados para respetar el viaje espiritual del difunto al tiempo que se mantiene la pureza de los elementos naturales. La recitación de oraciones durante los días previos al juicio del alma tiene por objeto proporcionar guía y apoyo, asegurando que la transición del reino terrenal al espiritual sea lo más suave posible. Estos rituales, que incluyen el uso de fuego consagrado y la recitación de versos sagrados, refuerzan la creencia de que el alma sigue formando parte de la comunidad, incluso cuando emprende su viaje a través del puente Chinvat.

En la actualidad, las comunidades zoroastrianas siguen adaptando estas antiguas creencias y prácticas a los contextos modernos. Para aquellos que ya no observan el uso tradicional de las dajmas, la cremación o el entierro se llevan a cabo centrándose en mantener la integridad espiritual de los ritos, garantizando que se sigan respetando los elementos sagrados. A pesar de estos cambios, las enseñanzas básicas sobre el viaje del alma, la importancia de las acciones morales y la esperanza del Frashokereti siguen siendo fundamentales para la fe zoroástrica. Ofrecen un marco para entender la vida y la muerte que está profundamente arraigado en la creencia de que cada vida contribuye al plan divino, y que cada alma está destinada a encontrar su lugar dentro de la luz de Ahura Mazda.

La visión zoroástrica de la vida después de la muerte ofrece una poderosa narrativa que combina la responsabilidad con la compasión, haciendo hincapié en la importancia de la vida ética y ofreciendo al mismo tiempo la esperanza de la redención final. El viaje del alma, desde las pruebas del puente Chinvat hasta la promesa de Garōdmān y los fuegos purificadores de Frashokereti, es un reflejo de la visión zoroástrica del cosmos como un espacio dinámico donde cada acción reverbera a través del tiempo y el espacio. Esta visión anima a los seguidores a vivir con un sentido de propósito, sabiendo que sus elecciones no sólo conforman su propio destino, sino que contribuyen a la gran lucha cósmica. A través de sus creencias sobre la vida después de la muerte, los zoroastrianos se aferran a la promesa de que, al final, Asha triunfará, llevando la luz y el orden a todos los rincones de la creación.

Capítulo 14
Los Amesha Spentas

Los Amesha Spentas, a menudo traducidos como los «Inmortales Benefactores», ocupan un papel central en la teología y cosmología zoroastriana, representando aspectos divinos de la creación de Ahura Mazda. Estas siete entidades espirituales no son vistas simplemente como deidades, sino como encarnaciones de los principios que gobiernan el universo y mantienen el orden cósmico de Asha. Cada Amesha Spenta domina un aspecto particular de la existencia, guiando a los fieles y ayudando a mantener el equilibrio entre el bien y el mal en el mundo. A través de sus atributos y asociaciones, los Amesha Spentas ofrecen a los zoroastrianos un marco para comprender su relación con lo divino, con la naturaleza y con su propio desarrollo espiritual.

Ahura Mazda, la deidad suprema del zoroastrismo, se considera la fuente de la que emanan los Amesha Spentas. Sirven como extensiones de su voluntad, manifestando sus cualidades en toda la creación y asegurando que Asha -verdad, rectitud y orden- impregne el universo. Los Amesha Spentas no sólo son venerados por sus poderes individuales, sino que también están profundamente entrelazados, formando una red espiritual que representa la naturaleza interconectada de la vida. Los zoroastrianos entienden a estos seres divinos como guías que ayudan en la lucha continua contra Druj, las fuerzas del caos y la falsedad, manteniendo la integridad de la creación.

Entre los Amesha Spentas, Vohu Manah, que significa «Buena Mente», se considera fundamental. Vohu Manah representa la sabiduría divina que inspira buenos pensamientos y guía a los seres humanos hacia decisiones morales y éticas. Esta entidad gobierna la mente y el intelecto, fomentando la claridad, la compasión y la comprensión. La influencia de Vohu Manah es crucial para ayudar a los zoroastrianos a discernir entre el bien y el mal, y para fomentar un sentido de empatía hacia todos los seres vivos. Este Amesha Spenta también está asociado con los animales, simbolizando la compasión y el cuidado que se debe extender a todas las criaturas. Para los zoroastrianos, cultivar Vohu Manah significa desarrollar una mentalidad que esté alineada con los principios de Asha, permitiendo al individuo tomar decisiones que contribuyan al bien mayor.

A continuación está Asha Vahishta, o «Mejor Verdad», que encarna la esencia misma de Asha. Asha Vahishta es el guardián de la verdad, el orden y las leyes naturales que rigen el cosmos. Este Amesha Spenta representa el orden divino que mantiene el universo en equilibrio, asegurando que cada aspecto de la creación funcione en armonía con la voluntad de Ahura Mazda. En las prácticas zoroástricas, Asha Vahishta se invoca en oraciones y rituales que buscan mantener la pureza y la rectitud, ya sea en la conducta personal o en la comunidad. La influencia de Asha Vahishta se extiende al reino del fuego, visto como la manifestación física de la verdad y la pureza en la tierra. El fuego, como símbolo de este ser divino, es fundamental en el culto zoroástrico, y los templos del fuego son lugares donde se venera y mantiene la luz de Asha Vahishta. A través de esta conexión, a los zoroastrianos se les recuerda que vivir con la verdad es vivir en alineación con el orden cósmico que Asha Vahishta sostiene.

Spenta Armaiti, o «Devoción Sagrada», representa las virtudes del amor, la humildad y la devoción a lo divino. La Spenta Armaiti es vista como la guardiana de la tierra, encarnando las cualidades nutritivas que sostienen la vida y satisfacen las necesidades de todos los seres. Esta Spenta Amesha enseña a los zoroastrianos la importancia de vivir con un espíritu de gratitud y respeto por la naturaleza, reconociendo que la tierra es un don sagrado que requiere una cuidadosa administración. La influencia de la Spenta Armaiti es evidente en el énfasis zoroastriano en el cuidado del medio ambiente y el uso ético de los recursos naturales. Los zoroastrianos creen que honrando la tierra y tratándola con reverencia, se alinean con las cualidades de Spenta Armaiti, contribuyendo a la preservación de Asha en el mundo.

Khshathra Vairya, o «Dominio Deseable», encarna los principios de fuerza, autoridad y ejercicio justo del poder. Este Amesha Spenta está asociado con el cielo y el metal, y representa la fuerza necesaria para proteger al mundo de las fuerzas invasoras del caos. Khshathra Vairya se invoca en el contexto del liderazgo y la gobernanza, donde se hace hincapié en utilizar el poder de forma sabia y justa. Esta entidad divina sirve como recordatorio de que la verdadera autoridad proviene de la responsabilidad de defender la justicia y proteger a los vulnerables. Para los zoroastrianos, seguir el camino de Khshathra Vairya significa esforzarse por ser una fuerza del bien en el mundo, utilizando su influencia para apoyar los valores de justicia e integridad. De este modo, contribuyen al establecimiento de una sociedad que refleje el orden divino que representa Khshathra Vairya.

Haurvatat y Ameretat, a menudo consideradas entidades gemelas, están asociadas con la totalidad y la inmortalidad, respectivamente. Haurvatat, que significa «Totalidad» o «Perfección», es el guardián del agua, un elemento sagrado en el zoroastrismo que simboliza la vida, la pureza y la renovación. La influencia de Haurvatat anima a los fieles a buscar el equilibrio y la plenitud en su vida espiritual, reflejando la armonía natural que se encuentra en el flujo del agua. Los rituales relacionados con el agua, como las abluciones y la consagración de manantiales sagrados, honran el papel de Haurvatat en el mantenimiento de la pureza. Ameretat, que significa «Inmortalidad», se asocia con las plantas y la vida eterna, simbolizando la resistencia y continuidad del alma más allá de la muerte física. La presencia de Ameretat recuerda a los zoroastrianos la naturaleza eterna del alma y la promesa de una vida que perdura a través de ciclos de crecimiento y renovación. Juntos, Haurvatat y Ameretat inspiran una visión de la vida que es a la vez espiritualmente plena y eterna, guiando a los fieles hacia una conexión más profunda con lo divino.

Por último, Spenta Mainyu, el «Espíritu Santo», representa el aspecto creativo y vivificador de la esencia de Ahura Mazda. Spenta Mainyu no se considera separado de Ahura Mazda, sino más bien como una extensión de su energía creativa, trabajando para fomentar el crecimiento, la bondad y la vitalidad en todo el cosmos. Spenta Mainyu encarna las fuerzas que promueven la vida, la innovación y el cambio positivo, contrarrestando las tendencias destructivas de Angra Mainyu (el Espíritu Destructivo). La presencia de Spenta Mainyu en el mundo es un recordatorio de que la propia creación es un acto sagrado, en el que los zoroastrianos están llamados a participar a través de sus propios actos de creatividad, cuidado y compasión. Al alinearse con Spenta Mainyu, los zoroastrianos se comprometen a nutrir la vida y a oponerse a todo lo que amenace la armonía de la creación. La interacción entre los Amesha Spentas y sus asociaciones con elementos naturales como el fuego, el agua, la tierra y las plantas refleja una visión del mundo en la que cada parte de la creación se considera imbuida de significado espiritual. Para los zoroastrianos, los Amesha Spentas son modelos de virtudes divinas que se esfuerzan por encarnar en su vida cotidiana. A través de rituales, oraciones y meditaciones sobre las cualidades de cada Amesha Spenta, los fieles tratan de profundizar su conexión con estos principios divinos, asegurándose de que sus acciones reflejan los ideales superiores que sustentan el cosmos.

Al comprender las funciones de los Amesha Spentas, los zoroastrianos recuerdan que su camino espiritual no lo recorren solos; cuentan con el apoyo de estos seres divinos que representan las mejores cualidades a las que puede aspirar la humanidad. La relación entre los Amesha Spentas y el mundo físico anima a los zoroastrianos a ver sus propias vidas como parte de un tapiz divino más amplio, en el que cada acto de bondad, cada verdad dicha y cada momento de devoción contribuyen al mantenimiento continuo de Asha. Como guías y protectores, los Amesha Spentas proporcionan tanto un modelo de vida como una fuente de fuerza espiritual, ayudando a los zoroastrianos a navegar por las complejidades de la vida con sabiduría, devoción y compromiso en la eterna lucha contra el caos y la falsedad.

La importancia de los Amesha Spentas en la espiritualidad zoroástrica va más allá de sus funciones simbólicas, ya que están entretejidos en el tejido del culto, la ética y la vida cotidiana de los zoroástricos. Cada uno de los Amesha Spentas ofrece un camino para que los fieles se conecten con el orden divino de Ahura Mazda a través de prácticas, oraciones y meditaciones específicas. Este capítulo ahonda en los atributos más profundos de cada Amesha Spenta, explorando cómo se invocan en los rituales, su presencia en los textos sagrados y su influencia en la guía moral y espiritual de los zoroastrianos.

Vohu Manah (Buena Mente) es especialmente central en las prácticas de oración y meditación zoroastrianas. Los Gathas, los himnos atribuidos a Zaratustra, invocan a menudo a Vohu Manah como guía para comprender la sabiduría divina y tomar decisiones alineadas con Asha. Al recitar estos antiguos versos, los zoroastrianos tratan de cultivar la claridad y la perspicacia, utilizando su mente para discernir los caminos que conducen a la rectitud. La asociación de Vohu Manah con el intelecto hace que se considere esencial para lograr una comprensión más profunda de las verdades espirituales. Durante los rituales, los fieles reflexionan sobre cómo sus pensamientos dan forma a sus acciones, buscando la influencia de Vohu Manah para mantener una mentalidad compasiva, reflexiva y verdadera. De este modo, la buena mente no es sólo un ideal abstracto, sino una práctica diaria que guía a los zoroastrianos a actuar con empatía hacia todos los seres vivos.

En los templos zoroastrianos, Asha Vahishta (la Mejor Verdad) se simboliza a menudo a través del fuego sagrado siempre ardiente, conocido como Atar. El fuego representa la presencia de Asha Vahishta, recordando a los fieles la pureza y la integridad que encarna esta Amesha Spenta. La llama constante sirve como meditación visual sobre la naturaleza eterna de la verdad, que, como el fuego, debe ser cuidada y preservada. Los zoroastrianos ofrecen sándalo y otras ofrendas al fuego, invocando a Asha Vahishta para que bendiga sus plegarias y mantenga la pureza espiritual de sus intenciones. Esta conexión entre el fuego y la verdad subraya la creencia de que vivir una vida en armonía con Asha es similar a mantener viva una llama dentro de uno mismo, que aleja la oscuridad del engaño y la falsedad. Asha Vahishta inspira a los fieles a luchar por la honestidad en todos los aspectos de su vida, considerando cada acto de veracidad como una contribución al orden divino que sustenta el universo.

La Spenta Armaiti (Devoción Sagrada) ocupa un lugar especial en la relación zoroástrica con la tierra, y los rituales en honor a esta Amesha Spenta suelen incluir oraciones de gratitud por la generosidad de la naturaleza. En las comunidades agrícolas, los agricultores pueden dar gracias a la Spenta Armaiti antes de plantar o cosechar, reconociendo el papel de la Amesha Spenta en el cuidado de la tierra y el mantenimiento de la vida. Durante la celebración de festivales como Mehregan y los Gahambars, los zoroastrianos dan gracias por los frutos de la tierra, solicitando las bendiciones de Spenta Armaiti para garantizar que la tierra siga siendo fértil y productiva. Estas prácticas reflejan un compromiso ético más amplio con el cuidado de la tierra, al considerar la naturaleza como un bien sagrado que debe protegerse. Al alinear sus acciones con el espíritu de Spenta Armaiti, los zoroastrianos subrayan la importancia de la humildad, la paciencia y el respeto por el mundo natural, reconociendo que la devoción a lo divino se expresa a través de la administración de la creación.

Khshathra Vairya (Dominio Deseable) se invoca en momentos en que se necesitan fuerza y justicia. Los zoroastrianos acuden a este Amesha Spenta para que les guíe en sus funciones de liderazgo, ya sea en la familia, la comunidad o la sociedad en general. La asociación de Khshathra Vairya con los metales -símbolos de durabilidad y resistencia- sirve para recordar que el verdadero poder no consiste en dominar, sino en proporcionar estabilidad y protección a quienes están a nuestro cuidado. En las plegarias tradicionales, los zoroastrianos piden la fuerza de Khshathra Vairya para mantener la justicia, defenderse de la opresión y ser una fuente de influencia positiva. Este enfoque en el dominio justo refuerza la idea de que cada zoroastriano tiene un papel en el mantenimiento de la armonía social, asegurando que sus acciones contribuyan a un mundo en el que prevalezcan la equidad y la integridad. Khshathra Vairya desafía a los fieles a reflexionar sobre cómo utilizan su autoridad, instándoles a ejercer el poder con sentido de la responsabilidad y a ser protectores de los vulnerables.

Haurvatat (Plenitud) y Ameretat (Inmortalidad) ofrecen conjuntamente una visión del bienestar espiritual y físico que es fundamental en la vida zoroástrica. El concepto de Haurvatat se invoca a menudo durante los rituales de purificación, como los que utilizan Zam (agua) para limpiar el cuerpo y el espíritu. Estos rituales, que incluyen el Padyab (lavado ritual) y otras abluciones, se realizan no sólo para la limpieza física, sino también como actos de alineación espiritual con las cualidades de plenitud y armonía de Haurvatat. Al buscar la bendición de Haurvatat, los zoroastrianos aspiran a lograr una vida equilibrada, en la que confluyan la salud, el bienestar y la conciencia espiritual. Ameretat, por su parte, se invoca en las oraciones por el viaje eterno del alma. Este Amesha Spenta está estrechamente asociado con la esperanza de la supervivencia del alma más allá de la muerte, ofreciendo la promesa de una vida que trasciende el reino material. La dualidad de Haurvatat y Ameretat sirve para recordar que la integridad y la inmortalidad están entrelazadas, y que el cuidado del yo espiritual y físico conduce a una existencia que perdura en el tiempo.

En la vida cotidiana, los zoroastrianos incorporan los principios de estos Amesha Spentas a través de la práctica del ritual Kusti. Este acto de oración, que se realiza varias veces al día, consiste en desenrollar y volver a atar el Kusti (un cordón sagrado que se lleva alrededor de la cintura) mientras se recitan oraciones que invocan las virtudes de los Amesha Spentas. Cada vez que se ata el Kusti, el devoto reafirma su compromiso de vivir de acuerdo con Asha, alineando su mente, cuerpo y espíritu con el orden cósmico que encarnan los Amesha Spentas. Este ritual, aunque sencillo en la práctica, sirve como poderoso recordatorio de la presencia de estas entidades divinas en todos los aspectos de la vida, animando a los fieles a mantener una conciencia constante de sus responsabilidades espirituales.

La conexión entre los Amesha Spentas y el mundo natural se extiende a los paisajes sagrados de la práctica zoroástrica. Los templos del fuego, los ríos, las montañas e incluso ciertas plantas se consideran manifestaciones del orden divino que defienden los Amesha Spentas. Las peregrinaciones a lugares sagrados, como los Atash Behram (templos de fuego de grado superior) o los manantiales y ríos asociados a Haurvatat, ofrecen a los zoroastrianos la oportunidad de profundizar en su conexión con estas entidades espirituales. En estos lugares se realizan oraciones y ofrendas en honor de los Amesha Spentas, buscando su guía y fortaleza. Estas peregrinaciones, aunque físicas por naturaleza, son también viajes del espíritu, en los que los fieles buscan realinearse con las fuerzas que dan forma al universo.

En la diáspora zoroástrica, donde las comunidades suelen estar separadas de los paisajes físicos de la antigua Persia, la invocación de los Amesha Spentas adopta nuevas formas. Los zoroastrianos modernos encuentran formas de adaptar sus rituales y oraciones a los entornos contemporáneos, asegurándose de que la presencia de estos seres divinos siga siendo una parte vital de sus vidas espirituales. Ya sea en templos urbanos o en altares domésticos, las cualidades de los Amesha Spentas se evocan a través de oraciones que buscan la sabiduría, la verdad, la fuerza, la devoción, la plenitud y la promesa de un viaje espiritual que trasciende los límites del tiempo. Los Amesha Spentas siguen siendo guías intemporales, que ofrecen a los zoroastrianos un camino hacia la realización espiritual que es tan relevante hoy como lo fue en la antigüedad.

Los Amesha Spentas, en su rol de manifestaciones divinas de la voluntad de Ahura Mazda, proveen un puente entre lo material y lo espiritual, ayudando a los Zoroastrianos a navegar los desafíos de la vida con un sentido de propósito y dirección. Recuerdan a los fieles que todos los aspectos de la existencia, desde los pensamientos de la mente hasta el cuidado de la tierra, forman parte de un orden cósmico mayor que requiere atención y respeto constantes. A través de sus oraciones y rituales, los zoroastrianos buscan la presencia de estos seres divinos en sus vidas, sacando fuerzas de sus cualidades intemporales. Los Amesha Spentas representan el ideal por el que luchan los fieles, sirviendo como símbolos perdurables de los valores que han definido el zoroastrismo durante milenios: sabiduría, verdad, devoción, justicia, equilibrio, inmortalidad y el espíritu sagrado de la creación.

Capítulo 15
Luz y oscuridad

La interacción entre la luz y la oscuridad es un tema central en el zoroastrismo, que representa la eterna lucha entre el bien y el mal, la verdad y la mentira, Asha (orden) y Druj (caos). Este marco dualista no sólo sustenta la comprensión zoroástrica del universo, sino que también da forma a las perspectivas espirituales y éticas de sus seguidores. La luz, asociada a Ahura Mazda, simboliza la verdad, el conocimiento y la esencia divina que ilumina el camino de la rectitud. La oscuridad, en cambio, está vinculada a Angra Mainyu, y representa el engaño, la ignorancia y las fuerzas que pretenden perturbar el orden divino.

En las enseñanzas de Zaratustra, la luz es algo más que un fenómeno físico; es una manifestación de pureza espiritual. A menudo se describe a Ahura Mazda como la Luz de las Luces, cuyo resplandor sostiene el cosmos. La imagen de la luz en los textos zoroástricos sirve como metáfora de la sabiduría divina y de la claridad moral que guía a los fieles. Es a través de la iluminación de la luz de Ahura Mazda que los seguidores pueden discernir el camino correcto, tomando decisiones que se alinean con Asha. Esta asociación con la luz está muy presente en la práctica zoroástrica de mantener encendidos fuegos sagrados en los templos, que simbolizan la presencia eterna de lo divino.

El concepto de luz en el zoroastrismo no se limita a los templos, sino que se extiende a las prácticas cotidianas de los fieles. Las oraciones matutinas, conocidas como Havan Gah, se ofrecen al amanecer, cuando los primeros rayos de sol atraviesan la oscuridad. Este acto ritual reconoce la victoria de la luz sobre la oscuridad, reflejando la batalla cósmica entre Ahura Mazda y Angra Mainyu. Los fieles recitan invocaciones que alaban al sol como creación de Ahura Mazda, reflexionando sobre el poder de la luz para disipar la ignorancia y aportar calor y vida al mundo. Esta reverencia a la luz es un recordatorio de que cada día trae una nueva oportunidad de elegir la rectitud, de volverse hacia la luz de la verdad y de actuar de acuerdo con los valores que sostienen el orden cósmico.

La asociación entre la luz y el bien se extiende al marco ético del zoroastrismo. Al igual que la luz se considera pura y vivificante, también lo son los pensamientos, las palabras y las acciones que reflejan los principios de Asha. Los zoroastrianos creen que cada acto virtuoso contribuye a difundir la luz en el mundo, ayudando a combatir las sombras proyectadas por Druj. Esta visión dualista del mundo subraya que, aunque la oscuridad y el mal existen, no son iguales al poder de la luz. Por el contrario, la oscuridad se ve como una ausencia de luz, un vacío que puede llenarse mediante actos de bondad y la iluminación de la sabiduría divina. Esta perspectiva determina la forma en que los zoroastrianos abordan sus responsabilidades morales, animándoles a convertirse en faros de luz en sus comunidades y en su vida cotidiana.

La oscuridad, por el contrario, representa los impulsos destructivos encarnados por Angra Mainyu. Esta entidad no es sólo una figura del mal, sino que simboliza las fuerzas caóticas que amenazan con deshacer la armonía de la creación. La influencia de Angra Mainyu se manifiesta en actos de engaño, violencia y todo aquello que pretenda perturbar el orden establecido por Ahura Mazda. En la cosmología zoroástrica, la lucha entre la luz y la oscuridad no es una mera batalla abstracta, sino una tensión dinámica que se manifiesta en todos los aspectos de la vida. La presencia de la oscuridad reta a los fieles a permanecer vigilantes, a resistir las tentaciones de la falsedad y a alinear sus acciones con la luz de Asha.

Esta visión dualista es especialmente evidente en la concepción zoroástrica del viaje del alma humana. Se cree que, tras la muerte, el alma cruza el puente Chinvat, un pasaje en el que las fuerzas de la luz y la oscuridad se disputan el destino final del alma. Aquellos que han vivido alineados con Asha, encarnando los principios de la verdad y la bondad, encuentran el puente ancho y fácil de cruzar, llevándoles hacia la luz de Garōdmān. Para aquellos cuyas vidas han estado dominadas por el engaño y el caos, el puente se vuelve estrecho, llevándoles hacia la oscuridad de Duzakh. Esta vívida imaginería refuerza la importancia de elegir la luz sobre la oscuridad a lo largo de la vida, ya que cada acción contribuye al camino del alma en la otra vida.

Sin embargo, a pesar de los agudos contrastes entre la luz y la oscuridad, el zoroastrismo enseña que la lucha entre estas fuerzas tiene una resolución esperanzadora. La visión de Frashokereti, la renovación definitiva del mundo, prevé una época en la que el poder de la luz vencerá plenamente a la oscuridad. En esta era futura, la influencia de Angra Mainyu quedará anulada, y toda la creación estará bañada por el resplandor divino de Ahura Mazda. Esta promesa escatológica inspira a los zoroastrianos a comprometerse activamente en la lucha contra la falsedad, creyendo que sus esfuerzos contribuyen al triunfo final de Asha. Es un mensaje de esperanza, que sugiere que la oscuridad, aunque formidable, es en última instancia pasajera, destinada a dar paso a la luz eterna.

El simbolismo de la luz y la oscuridad también impregna el arte y la literatura zoroastrianos, donde las metáforas de la iluminación y la sombra se utilizan para explorar las dimensiones morales y espirituales de la vida. En los versos poéticos, la lucha del alma humana se compara a menudo con una batalla entre pensamientos luminosos y tentaciones oscuras, cuyo resultado depende de las decisiones que se tomen. Textos antiguos como el Yashts y el Yasna contienen himnos que celebran el brillo de la creación de Ahura Mazda, instando a los fieles a buscar la claridad de mente y espíritu que proviene de abrazar la luz. Estas tradiciones literarias siguen inspirando el pensamiento zoroástrico y sirven para recordar que el camino hacia la iluminación espiritual es un esfuerzo que dura toda la vida.

La práctica de encender lámparas de aceite durante las ceremonias religiosas es otra forma en que los zoroastrianos expresan su reverencia por la luz. Estas lámparas, colocadas ante las imágenes de Ahura Mazda o el fuego sagrado, simbolizan el deseo de que el alma sea iluminada por la sabiduría divina. El suave resplandor de las lámparas crea un espacio donde los fieles pueden reflexionar sobre la presencia de lo divino en sus vidas, permitiendo que la luz guíe sus oraciones y meditaciones. Este acto de encender la luz se considera una pequeña pero significativa forma de participar en la lucha cósmica, una afirmación de fe en el poder de la luz para transformar y elevar.

Festivales zoroastrianos como el Nowruz, el Año Nuevo persa, también incorporan temas de luz y renovación. Celebrado durante el equinoccio de primavera, el Nowruz marca el triunfo de la primavera sobre el invierno, de la luz sobre la oscuridad y de la nueva vida sobre el letargo. Durante esta época, los zoroastrianos decoran sus hogares con velas y lámparas, que simbolizan la luz de la esperanza que acompaña al nuevo año. Es un momento para que las familias se reúnan, reflexionen sobre el pasado y reciban las bendiciones de Ahura Mazda para el año venidero. La luz del Nowruz es una metáfora de la renovación tanto del mundo como del alma, que anima a los fieles a empezar de nuevo con un compromiso con los valores de Asha.

La visión zoroástrica de la luz y la oscuridad no es sólo una antigua cosmología, sino una lente a través de la cual los seguidores perciben su lugar en el mundo. Fomenta una vida vivida con intención, en la que cada elección es una oportunidad para difundir la luz o sucumbir a la sombra. Al abrazar las enseñanzas de Zaratustra, los zoroastrianos encuentran guía en la luz que brilla desde Ahura Mazda, utilizándola para navegar por las complejidades de la existencia y para encontrar un propósito en la eterna lucha por la verdad y el orden. A través de su reverencia por la luz y su vigilancia contra la oscuridad, honran una tradición que les ha enseñado a ver el mundo no sólo como es, sino como podría ser: un lugar donde la luz de Asha arde brillantemente, guiando a todos hacia un futuro de paz y armonía.

En el zoroastrismo, los temas dualistas de la luz y la oscuridad van más allá de las meras metáforas e influyen profundamente en los rituales, los símbolos y la filosofía que conforman la vida cotidiana de los fieles. La interacción entre estas fuerzas opuestas no es sólo una narración cósmica, sino también un viaje personal, en el que cada creyente navega por sus propias luchas internas entre la virtud y el vicio, la verdad y la falsedad. Este capítulo profundiza en las expresiones prácticas de este dualismo en los rituales zoroástricos, la interpretación más profunda de la luz y la oscuridad en los textos sagrados y su importancia en la configuración del marco ético zoroástrico.

Una de las expresiones más profundas de la luz en los rituales zoroástricos es la reverencia al fuego, elemento que encarna la presencia de la luz divina de Ahura Mazda en la Tierra. El altar de fuego, que se encuentra tanto en los templos como en los hogares, sirve como punto focal para la oración, la meditación y las reuniones comunitarias. Esta llama sagrada, que arde perpetuamente en los templos Atash Behram (Fuego de la Victoria), representa la eterna batalla contra la oscuridad de la ignorancia y el mal. La pureza de la llama es meticulosamente mantenida por los Mobeds (sacerdotes zoroastrianos), que se aseguran de que el fuego sagrado permanezca impoluto, simbolizando la conexión inquebrantable entre el mundo divino y el material. Mediante rituales como el Yasna y la recitación de himnos avestanes ante el fuego, los fieles tratan de fortalecer su luz interior, permitiendo que el calor y la claridad de la llama inspiren sus acciones y pensamientos.

En la oración zoroástrica, la invocación de la luz es más que un gesto físico; es una llamada a la iluminación espiritual. Oraciones como el Ashem Vohu y el Yatha Ahu Vairyo subrayan el deseo de que el alma se alinee con Asha, la verdad divina que guía toda la creación. Estas plegarias se recitan tradicionalmente en momentos específicos del día, que se corresponden con los ciclos del sol -amanecer, mediodía y atardecer-, cuando la presencia de la luz es más perceptible. Cada vez, el acto de volverse hacia una fuente de luz, ya sea el sol naciente o la llama del templo, simboliza una renovación del compromiso con Asha. Los fieles tratan de llenar su vida interior con el resplandor de la verdad, utilizando la metáfora de la luz como guía para combatir los impulsos más oscuros de la duda, la ira y la desesperación.

Los rituales zoroastrianos también hacen hincapié en el papel del Kusti, un cordón sagrado que representa la unión del ser a la luz de Ahura Mazda. Como parte de las oraciones diarias, los zoroastrianos desatan y vuelven a atar la Kusti mientras miran hacia una fuente de luz, ya sea el sol o un fuego sagrado. Este acto simboliza la purificación del alma y la reafirmación de la dedicación del individuo a caminar en la luz. El Kusti sirve para recordar que la lucha entre la luz y la oscuridad no es sólo una batalla externa, sino una disciplina interior permanente. Cada vez que se anuda, significa un momento de reflexión sobre la naturaleza de los propios pensamientos, palabras y actos, instando al practicante a desechar cualquier sombra de falsedad y a abrazar la claridad y la verdad.

La presencia de la luz como tema central también está profundamente arraigada en la mitología y cosmología zoroastrianas. El Bundahishn, un texto zoroástrico sobre la creación, describe los orígenes del universo como una manifestación de luz y pureza provocada por Ahura Mazda. Esta luz divina se enfrentó inmediatamente a la oposición de Angra Mainyu, que surgió de la oscuridad con la intención de destruir y corromper la creación. Según este relato, el choque inicial entre la luz y la oscuridad sentó las bases para una lucha cósmica duradera, en la que el mundo material sirvió de campo de batalla. El papel de los humanos, tal y como se describe en el Bundahishn, es elegir el lado de la luz, convirtiéndose en aliados de Ahura Mazda al adherirse a los principios de Asha. Esta perspectiva cósmica refuerza la importancia de las acciones de cada individuo, ya que cada elección contribuye al equilibrio entre el orden y el caos, entre la iluminación y la sombra.

La visión zoroástrica de la vida después de la muerte también está marcada por la dicotomía entre la luz y la oscuridad. El puente Chinvat, que el alma atraviesa tras la muerte, está iluminado por la luz de las buenas acciones y oscurecido por el peso de las malas acciones. Aquellos que han vivido de acuerdo con la luz de Asha encuentran el puente acogedor, su camino guiado por el resplandor de su vida virtuosa. Por el contrario, los que se han alineado con el engaño y el caos encuentran el puente como un paso traicionero, envuelto en la oscuridad. Esta vívida imagen sirve de brújula moral para los vivos, recordándoles que sus acciones influyen directamente en su viaje espiritual y en su destino final. La visión de un alma que viaja hacia la luz o cae en la oscuridad subraya la creencia zoroástrica en la responsabilidad personal y el poder transformador de la alineación espiritual.

Más allá de los aspectos rituales y escatológicos, el simbolismo de la luz y la oscuridad conforma profundamente el enfoque zoroástrico de la comunidad y la ética social. El concepto de Hamazor, que significa unidad y fuerza a través de un propósito compartido, se considera un esfuerzo colectivo para fomentar la luz en el mundo. Los zoroastrianos creen que, al unirse en actos de caridad, bondad y culto comunitario, pueden amplificar la luz de Asha y oponerse a la oscuridad que trata de aislar y dividir. Esta búsqueda comunitaria de la luz es evidente en tradiciones como las ceremonias de Jashan, en las que la comunidad se reúne para ofrecer oraciones por el bienestar del mundo y reforzar sus lazos mutuos. En estas reuniones, el fuego simboliza el compromiso común de mantener la luz espiritual en el hogar, la comunidad y el mundo en general.

En las expresiones artísticas, los temas de la luz y la oscuridad se manifiestan a menudo en la iconografía, la arquitectura e incluso la literatura zoroastrianas. El Faravahar, un destacado símbolo zoroástrico, representa la aspiración del alma humana hacia la luz y las verdades superiores. Sus alas, a menudo representadas con rayos o plumas que recuerdan a la luz del sol, significan el viaje espiritual hacia la iluminación y el rechazo de las sombras de la ignorancia. Del mismo modo, los templos del fuego están diseñados para captar la luz natural, con espacios abiertos que permiten la entrada de la luz solar, mezclando las llamas sagradas del interior con la luz del cielo. Esta elección arquitectónica sirve como recordatorio de la siempre presente luz divina que los zoroastrianos se esfuerzan por emular.

La literatura zoroástrica, desde los versos poéticos de los Gathas hasta las interpretaciones modernas, sigue explorando los temas de la luz y la oscuridad, ofreciendo reflexiones intemporales sobre la condición humana. Los escritores suelen establecer paralelismos entre el mundo natural y las verdades espirituales, utilizando el ciclo del día y la noche como metáfora de la búsqueda de la sabiduría por parte del alma. Por ejemplo, el amanecer se considera un símbolo del despertar espiritual, un momento en el que el alma se eleva desde la oscuridad de la ignorancia hacia la claridad del entendimiento. La noche, aunque se asocia con el descanso y la reflexión, es también un recordatorio del peligro siempre presente de alejarse del camino de la luz. A través de estas obras literarias, la tradición zoroástrica mantiene un rico diálogo entre lo físico y lo espiritual, recordando a los fieles la continua elección entre abrazar la luz o rendirse a las sombras.

En los tiempos modernos, la relevancia de estos antiguos temas sigue guiando a los zoroastrianos en su navegación por las complejidades de un mundo cambiante. La metáfora de la luz y la oscuridad ofrece un marco para abordar dilemas éticos, desde cuestiones de justicia y honestidad hasta los retos de la preservación cultural en la diáspora. El énfasis en la luz como fuente de esperanza y renovación resuena con las preocupaciones contemporáneas sobre el futuro, animando a los zoroastrianos a mantenerse firmes en su compromiso con la verdad y el bien, incluso ante la adversidad. También inspira un sentido de responsabilidad hacia el medio ambiente, ya que la preservación de la luz y la pureza de la naturaleza se considera parte del mantenimiento del equilibrio cósmico.

La lucha entre la luz y la oscuridad, aunque antigua, nunca es estática. Evoluciona con cada generación, encontrando nuevas expresiones en las oraciones, rituales y opciones morales de los fieles. Cuando los zoroastrianos encienden el fuego sagrado o recitan himnos ancestrales, participan en una tradición que desde hace mucho tiempo ve el mundo como un espacio donde la luz debe encenderse, protegerse y compartirse. Este capítulo, por tanto, no es sólo un recuento de símbolos y rituales, sino una invitación a comprender cómo la fe zoroástrica ofrece una visión de la vida como un viaje hacia la luz, un camino en el que cada paso dado en la verdad, cada momento de claridad y cada acto de bondad se suman al resplandor que frena la oscuridad. A través de esta visión, los zoroastrianos siguen encontrando sentido y propósito, sacando fuerzas de la creencia de que, en última instancia, la luz prevalecerá.

Capítulo 16
Influencia en otras religiones

El zoroastrismo, como una de las religiones monoteístas más antiguas del mundo, ha tenido una influencia profunda y duradera en el desarrollo de tradiciones religiosas posteriores, en particular las que surgieron en las tradiciones más amplias de Oriente Próximo y Occidente. Este capítulo explora las intrincadas formas en que los conceptos y creencias zoroástricos interactuaron con los marcos teológicos del judaísmo, el cristianismo y el islam, y les dieron forma. El intercambio de ideas entre estas religiones creó hilos que entretejieron los temas zoroástricos en el tapiz más amplio del pensamiento monoteísta.

En la antigua Persia, el auge del zoroastrismo coincidió con la expansión del Imperio aqueménida que, en su apogeo, se extendía por un vasto territorio que incluía regiones habitadas por el pueblo judío. Cuando los aqueménidas, bajo el mando de Ciro el Grande, conquistaron Babilonia en 539 a.C., pusieron fin al cautiverio babilónico de los judíos, permitiéndoles regresar a Jerusalén y reconstruir su templo. Este momento histórico es más que un acontecimiento político; marca el comienzo de un importante intercambio cultural y religioso entre los zoroastrianos y los exiliados judíos. El propio Ciro aparece incluso descrito positivamente en la Biblia hebrea, celebrado como libertador y siervo de Dios.

La influencia del zoroastrismo en el judaísmo se discute a menudo en el contexto de las ideas escatológicas, como los conceptos de una vida después de la muerte, la resurrección y el juicio final de las almas. Antes de la influencia persa, las escrituras judías contenían referencias limitadas a estas ideas, centrándose más en una identidad colectiva y en las promesas hechas al pueblo de Israel. Sin embargo, durante el periodo de dominación persa, el pensamiento judío empezó a incorporar ideas que recordaban a las creencias zoroástricas, como la resurrección de los muertos y el concepto de un juicio final en el que el bien sería recompensado y el mal castigado. Estas ideas se parecen mucho a las enseñanzas zoroástricas sobre el Frashokereti (la renovación del mundo) y el juicio de las almas en el puente Chinvat. Esto sugiere que el zoroastrismo contribuyó a dar forma a la visión apocalíptica judía que más tarde influyó en la escatología cristiana.

Los elementos dualistas del zoroastrismo, en particular la lucha cósmica entre Ahura Mazda y Angra Mainyu, también dejaron su impronta en el pensamiento judío primitivo, que empezó a abordar de forma más explícita la presencia del mal en el mundo. La evolución de la figura de Satán en la literatura judía, especialmente durante el periodo del Segundo Templo, refleja algunos aspectos de Angra Mainyu, representando una fuerza adversaria más definida contra el orden divino. Aunque en última instancia el judaísmo desarrolló un marco monoteísta que diverge de la cosmología dualista zoroástrica, la noción de una batalla espiritual entre las fuerzas del bien y del mal se acentuó durante y después de la influencia persa.

El cristianismo, surgido de un contexto judío, heredó muchas de estas ideas, ampliando aún más los temas escatológicos y dualistas que habían recibido la influencia del pensamiento zoroástrico. El concepto de un salvador mesiánico, presente en el zoroastrismo a través de la figura del Saoshyant, encuentra un paralelo en la idea cristiana de Cristo como redentor que regresará para vencer el mal y restaurar el orden divino. La visión zoroástrica de una renovación final del mundo, en la que todas las almas son purificadas y reconciliadas con Ahura Mazda, comparte espacio conceptual con la promesa cristiana de un nuevo cielo y una nueva tierra tras el Juicio Final.

Además, las imágenes de la luz y la oscuridad, centrales en las enseñanzas zoroástricas, resuenan en todo el Nuevo Testamento. Por ejemplo, el Evangelio de Juan presenta a Jesús como «la luz del mundo», una frase que se hace eco de la asociación zoroástrica de Ahura Mazda con la luz divina que disipa la oscuridad. Los primeros textos cristianos recurren a menudo a metáforas de la luz que vence a la oscuridad, un tema profundamente arraigado en la cosmovisión zoroástrica de la lucha cósmica. Estos paralelismos sugieren que el énfasis del zoroastrismo en la batalla metafísica entre la luz y la oscuridad ayudó a conformar el lenguaje simbólico de la teología cristiana.

El Islam también absorbió ciertos elementos zoroástricos durante su desarrollo temprano en el contexto del Imperio sasánida, donde el zoroastrismo era la religión dominante. El concepto islámico del Día del Juicio, en el que cada alma debe rendir cuentas de sus actos, guarda similitudes con las creencias escatológicas zoroástricas. En ambas religiones, hay un puente que las almas deben cruzar -Sirat en el islam y Chinvat en el zoroastrismo- que simboliza el camino a la otra vida: los justos van al paraíso y los malvados caen en el tormento. Aunque estos conceptos se desarrollaron de forma independiente dentro de la tradición islámica, el intercambio cultural y teológico entre los zoroastrianos y los primeros musulmanes puede haber contribuido a dar forma a estas ideas paralelas.

Además, la práctica zoroástrica de los rituales diarios de oración, la importancia de la pureza y el interés ético por el bienestar de la comunidad tienen resonancias en las prácticas islámicas. El énfasis en la limpieza, la pureza ritual y los tiempos estructurados para la oración en el islam pueden considerarse un reflejo de algunas de las disciplinas rituales del zoroastrismo. Esta continuidad de las prácticas espirituales entre culturas pone de relieve cómo las religiones evolucionan integrando aspectos de tradiciones vecinas al tiempo que preservan sus creencias fundamentales.

Más allá de los paralelismos teológicos, el zoroastrismo también contribuyó a las corrientes filosóficas que influyeron en el pensamiento monoteísta posterior. En el ambiente cosmopolita del Imperio sasánida, en el que intercambiaban ideas eruditos de diversos orígenes religiosos y culturales, los debates teológicos zoroástricos interactuaron con las tradiciones filosóficas griega, judía y cristiana. Conceptos como la naturaleza del alma, la importancia del libre albedrío y la lucha cósmica por el orden frente al caos pasaron a formar parte de un discurso compartido que enriqueció el patrimonio intelectual de Oriente Próximo. Estos debates sentaron las bases de la filosofía islámica medieval, que trataba de armonizar la razón con las creencias religiosas, inspirándose a menudo en la metafísica y el razonamiento ético zoroástricos anteriores.

La influencia del zoroastrismo en otras religiones no es una simple cuestión de préstamos directos, sino más bien un complejo proceso de interacción cultural e influencia mutua. A medida que el zoroastrismo se relacionaba con el diverso panorama religioso del mundo antiguo, sus ideas se difundían a través del comercio, la migración y la expansión de los imperios, encontrando nuevas expresiones en las creencias en evolución de otras tradiciones. Esta mezcla de pensamiento religioso refleja el dinamismo de las tradiciones espirituales a medida que se adaptan a nuevos contextos, enriqueciendo sus narrativas al tiempo que preservan sus identidades distintivas.

Sin embargo, el zoroastrismo también conservó su identidad única en medio de estas interacciones, manteniendo una visión clara de su propio drama cósmico y sus imperativos éticos. El énfasis zoroástrico en la responsabilidad personal, el imperativo moral de elegir el camino de Asha y la creencia en una victoria final del bien sobre el mal siguen distinguiéndolo, incluso cuando contribuyó a la herencia espiritual de otras creencias. Su papel en la configuración del pensamiento religioso en todo el mundo antiguo habla del poder duradero de sus enseñanzas y de su capacidad para inspirar la reflexión sobre la naturaleza de lo divino y el viaje humano.

Las contribuciones del zoroastrismo al desarrollo del pensamiento religioso subrayan su lugar como pilar fundacional en la historia de la espiritualidad. Su influencia en el judaísmo, el cristianismo y el islam pone de relieve cómo los temas compartidos -como la lucha entre el bien y el mal, la esperanza de un salvador y la búsqueda de la verdad divina- trascienden doctrinas específicas y conectan a la humanidad en su búsqueda de sentido y propósito. A medida que exploramos estas conexiones, adquirimos una apreciación más profunda de las formas en que el zoroastrismo ayudó a dar forma a los contornos espirituales del mundo, dejando una marca indeleble en el paisaje religioso que sigue resonando a través de los siglos.

La influencia del zoroastrismo en otras tradiciones religiosas es objeto de un rico debate académico, en el que los estudiosos examinan la intrincada red de ideas que fluyó entre culturas y religiones a lo largo de la historia. Este capítulo profundiza en los debates académicos sobre cómo las creencias zoroástricas pueden haber sido adaptadas o reinterpretadas en los textos religiosos del judaísmo, el cristianismo y el islam, explorando los matices de estas interacciones y el profundo impacto que tuvieron en el pensamiento teológico y filosófico.

Uno de los puntos centrales de atención de los estudiosos es el concepto de mesías, figura salvadora que desempeña un papel crucial en la visión escatológica del zoroastrismo y tiene su paralelo en las tradiciones judía y cristiana. La noción zoroástrica del Saoshyant -un futuro salvador que vendrá al final de los tiempos para derrotar al mal y restaurar el mundo- comparte similitudes con el concepto judío del Mashiach y la visión cristiana de la segunda venida de Cristo. Aunque la naturaleza exacta de estas figuras difiere de una religión a otra, el tema subyacente de un redentor divinamente ordenado que provoca una renovación cósmica final sugiere un linaje de pensamiento compartido.

En los textos apocalípticos judíos del periodo del Segundo Templo, la expectativa de un mesías que restauraría la justicia y la paz se hace eco del papel del Saoshyant en el zoroastrismo. La transformación de las expectativas mesiánicas en el judaísmo durante y después de la influencia persa supone un cambio significativo con respecto a las creencias anteriores, que se centraban más en la realeza terrenal y la restauración de Israel. Los estudiosos han señalado que el marco dualista de una batalla entre el bien y el mal, central en la escatología zoroástrica, puede haber ayudado a dar forma a la literatura apocalíptica judía, como el Libro de Daniel y los Rollos del Mar Muerto. Estos textos enfatizan la llegada de una era mesiánica y el juicio final, reflejando una visión del mundo que ve la historia como un campo de batalla entre fuerzas divinas y malévolas.

En el cristianismo, la influencia de la escatología zoroástrica se aprecia en la descripción que hace el Nuevo Testamento del final de los tiempos, sobre todo en el Apocalipsis. Las imágenes de una batalla final entre las fuerzas de la luz y la oscuridad, y el triunfo definitivo del bien sobre el mal, resuenan con los conceptos zoroástricos de conflicto cósmico y renovación. La promesa de un nuevo cielo y una nueva tierra, un mundo limpio de sufrimiento y corrupción, coincide con la visión zoroástrica del Frashokereti, donde el mundo recupera su pureza y armonía originales. Este paralelismo no es un préstamo directo, sino que sugiere que los primeros escritores cristianos participaban en un discurso religioso más amplio que incluía las ideas zoroástricas sobre el fin del mundo.

Además, la figura de Satán en el pensamiento cristiano, como encarnación del mal y la oposición a Dios, se ha comparado con Angra Mainyu, el espíritu destructor del zoroastrismo. Aunque el Satán cristiano no es equivalente a Angra Mainyu, ambos representan un profundo desafío al orden divino, que conduce a una lucha que abarca tanto el ámbito espiritual como la historia humana. El desarrollo de la demonología cristiana, con su énfasis en la caída de los ángeles rebeldes y la derrota final de las fuerzas demoníacas, puede haberse visto influido por el dualismo zoroástrico, que hace hincapié en la batalla cósmica entre el bien y el mal como aspecto central de la existencia.

En la tradición islámica, la influencia del zoroastrismo es más sutil, pero puede percibirse en los debates sobre la naturaleza de la vida después de la muerte y el proceso del juicio. Las enseñanzas islámicas sobre el Día del Juicio, en el que cada alma es evaluada por sus actos y enviada al paraíso o al infierno, comparten similitudes conceptuales con las creencias zoroástricas sobre el Puente Chinvat. En ambas religiones, este momento de ajuste de cuentas no es sólo una evaluación moral, sino un acontecimiento cósmico fundamental que refuerza el triunfo de la justicia divina. Las descripciones que hace el Corán de la otra vida, con vívidas imágenes de jardines para los justos y fosas ardientes para los malvados, reflejan una visión dualista del cosmos que recuerda las ideas escatológicas zoroástricas.

Además, el concepto islámico de un salvador final, conocido como el Mahdi, que surgirá al final de los tiempos para restaurar la justicia, se ha debatido en relación con el Saoshyant zoroastriano. Aunque los orígenes del concepto del Mahdi se remontan al pensamiento islámico primitivo, el contexto cultural más amplio del Imperio sasánida, donde el zoroastrismo era la religión del Estado, puede haber proporcionado un marco para tales expectativas mesiánicas. Tanto el Mahdi como el Saoshyant simbolizan la esperanza de una intervención divina que ponga fin a la era del sufrimiento e inaugure una nueva era de orden divino.

Más allá de los paralelismos teológicos, el zoroastrismo también influyó en los debates filosóficos del mundo islámico, especialmente durante los primeros siglos de los califatos islámicos, cuando eruditos de diversas procedencias se reunían en ciudades como Bagdad y Gondeshapur. La Casa de la Sabiduría de Bagdad se convirtió en un crisol de ideas griegas, persas, indias y zoroástricas, donde los eruditos debatían sobre metafísica, ética y cosmología. El énfasis zoroástrico en el libre albedrío y la responsabilidad moral de los individuos para elegir entre el bien y el mal encontró eco en el pensamiento filosófico islámico. Figuras como Avicena (Ibn Sina) y Al-Farabi se ocuparon de estas ideas, mezclándolas con la filosofía griega y las enseñanzas islámicas para crear una rica tradición intelectual que consideraba la naturaleza del alma, la existencia del mal y el papel de la providencia divina.

Además, los temas de la luz y la oscuridad, tan destacados en el simbolismo zoroástrico, siguieron influyendo en las tradiciones místicas islámicas. Los escritos sufíes, que a menudo emplean metáforas de la luz para describir el conocimiento divino y el despertar espiritual, reflejan una continuidad de pensamiento que se remonta a los conceptos zoroástricos de la iluminación divina. La poesía de Rumi, por ejemplo, utiliza con frecuencia la imagen de la luz como símbolo de la presencia divina y la claridad espiritual, haciéndose eco de la antigua reverencia zoroástrica a la luz como manifestación de la verdad de Ahura Mazda. Aunque el misticismo sufí se desarrolló en el marco del monoteísmo islámico, absorbió y transformó elementos de tradiciones espirituales más amplias anteriores al Islam, como el zoroastrismo.

La interacción entre el zoroastrismo y otras tradiciones religiosas representa, por tanto, un complejo tapiz de influencias, adaptaciones y reinterpretaciones. No se trata de una mera transmisión unidireccional de ideas, sino de un proceso dinámico en el que los conceptos zoroástricos se integraron en los marcos teológicos del judaísmo, el cristianismo y el islam, incluso cuando estas religiones desarrollaron sus propias identidades únicas. Esta mezcla de ideas a través de las fronteras culturales y religiosas pone de relieve la fluidez del pensamiento antiguo y las preocupaciones compartidas que han dado forma a la espiritualidad humana: preguntas sobre la naturaleza del bien y del mal, el destino del alma y el destino último del mundo.

La influencia del zoroastrismo en estas religiones también subraya la interconexión del mundo antiguo, donde las rutas comerciales, las migraciones y las conquistas imperiales facilitaban el intercambio no sólo de bienes, sino también de ideas. El Imperio Persa sirvió de puente entre Oriente y Occidente, un lugar donde las tradiciones religiosas podían encontrarse, interactuar y transformarse. El impacto del pensamiento zoroástrico en las tradiciones monoteístas sigue siendo un testimonio de la forma en que la sabiduría antigua puede dejar un legado duradero, dando forma a los paisajes espirituales y éticos de la humanidad en los siglos venideros.

Esta exploración más profunda de las perspectivas académicas sobre la influencia zoroástrica nos ayuda a apreciar la perdurable relevancia de esta antigua religión, no como una reliquia del pasado, sino como un vibrante participante en la conformación del pensamiento religioso. Nos invita a reflexionar sobre cómo la visión zoroástrica del orden cósmico, la responsabilidad moral y el triunfo final del bien sigue resonando en las historias, creencias y esperanzas que definen gran parte del patrimonio espiritual del mundo. A través de estas conexiones, el zoroastrismo sigue siendo una fuerza silenciosa pero siempre presente en el diálogo permanente entre las mayores tradiciones espirituales de la humanidad.

Capítulo 17
Templos del Fuego

Los Templos del Fuego, o Atashkadeh, ocupan un lugar central en la práctica y la espiritualidad del zoroastrismo. Más que meros lugares de culto, sirven como espacios sagrados donde la presencia divina de Ahura Mazda se manifiesta a través de la llama eterna. Estos templos se han convertido en símbolos de la identidad y continuidad zoroastrianas, preservando rituales y tradiciones que se remontan a miles de años atrás. En este capítulo, exploramos el significado arquitectónico, espiritual y cultural de estos templos, así como su papel en el fomento de un sentido de comunidad entre los zoroastrianos a lo largo de la historia.

La arquitectura de un templo del fuego zoroástrico es sencilla pero profunda, diseñada para centrar la atención en el fuego sagrado, que representa la luz, la pureza y la esencia divina de Ahura Mazda. La estructura suele estar orientada para permitir que la luz natural ilumine el santuario interior donde arde el fuego, creando una mezcla armoniosa de iluminación natural y divina. Muchos templos del fuego se construyen con cúpulas o claraboyas sobre el Atashgah (altar del fuego), que permiten la entrada de la luz solar durante el día, simbolizando la unidad entre la luz celeste y la terrestre.

En el corazón de cada templo se encuentra el fuego sagrado, clasificado en tres tipos principales según su nivel de santidad. El más elevado es el Atash Behram (Fuego de la Victoria), que requiere la consagración del fuego de dieciséis fuentes diferentes, incluidos los relámpagos y los fuegos domésticos, por lo que es el más venerado. Le siguen el Atash Adaran y el Atash Dadgah, cada uno de los cuales sirve a diferentes niveles de culto comunitario y personal. El Atash

Behram representa la cúspide de la pureza ritual y se encuentra en templos de gran importancia, donde los sacerdotes lo cuidan continuamente para garantizar que permanezca puro e inextinguible.

El mantenimiento ritual del fuego sagrado implica procedimientos estrictos, que ponen de relieve la importancia zoroástrica de la pureza y la disciplina espiritual. Sólo los sacerdotes ordenados, conocidos como mobeds, pueden acercarse directamente al fuego, y sólo lo hacen tras realizar abluciones y ponerse ropas rituales, como el padan blanco (paño que cubre la boca) para evitar que su aliento contamine las llamas. Este meticuloso cuidado subraya la creencia de que el fuego es una conexión viva con lo divino, que encarna la energía espiritual que sustenta la creación. Mediante ofrendas diarias de sándalo e incienso, el fuego no sólo se mantiene, sino que se alimenta espiritualmente, simbolizando el compromiso zoroástrico de fomentar la luz y la vida.

Para los zoroastrianos, el templo del fuego es más que un lugar de culto: es un espacio donde se cultiva y mantiene la identidad comunitaria. El templo sirve de punto de encuentro para festivales religiosos, ritos de paso y oraciones comunitarias, como las ceremonias de Jashan, que celebran la creación y dan gracias a Ahura Mazda por las bendiciones de la vida. Estas reuniones refuerzan los lazos entre los miembros de la comunidad, proporcionándoles un sentido de continuidad con sus antepasados y un compromiso compartido de preservar sus antiguas tradiciones. A través de la experiencia colectiva de la oración ante la llama sagrada, los zoroastrianos reafirman su dedicación a los principios de Asha y a la lucha contra Druj.

La importancia espiritual de los templos de fuego también se extiende a la vida personal de los zoroastrianos. Muchos visitan los templos con regularidad para rezar y buscar orientación, de pie ante las llamas y recitando los himnos avestanes que se han transmitido de generación en generación. Para los individuos, el fuego representa una fuente constante de inspiración y un recordatorio de la luz interior que guía sus pensamientos, palabras y acciones. Se cree que la presencia del fuego sagrado ayuda a purificar la mente y el espíritu, alineando a los fieles más estrechamente con el orden divino que Ahura Mazda ha establecido en el universo.

Históricamente, los templos del fuego han desempeñado un papel crucial en el mantenimiento de la identidad zoroástrica durante periodos de agitación política y cambio cultural. Durante el Imperio sasánida, el zoroastrismo era la religión del Estado, y la construcción de templos del fuego simbolizaba la unidad del imperio bajo la guía divina de Ahura Mazda. Los templos de Atash Behram, en particular, no sólo eran centros de actividad religiosa, sino también símbolos de la autoridad real y la continuidad cultural, y sus llamas representaban la luz de Ahura Mazda que guiaba el reino. Sin embargo, con la llegada de la conquista islámica, muchos templos zoroastrianos fueron destruidos o reutilizados, y los fieles se vieron obligados a proteger sus fuegos sagrados en secreto o a trasladarlos a regiones más seguras.

Un ejemplo de ello es el Atash Behram de Yazd (Irán), que ha sobrevivido durante siglos como faro de la fe zoroástrica en una región donde la religión se convirtió en minoría. En lugares como Yazd, los zoroastrianos preservaron sus prácticas en condiciones difíciles, manteniendo sus templos como tranquilos santuarios de luz en medio de un paisaje cultural y religioso cambiante. Estos templos se convirtieron en refugios seguros para los rituales, la educación y la transmisión del conocimiento sagrado, garantizando que la tradición zoroástrica permaneciera intacta incluso en tiempos de persecución.

En la diáspora, los templos del fuego también se han adaptado a nuevos entornos, llevando consigo la esencia de la vida espiritual zoroástrica y respondiendo al mismo tiempo a las realidades prácticas de la migración. Las comunidades de la India, en particular los parsis, han establecido templos del fuego que siguen siendo vibrantes centros de vida religiosa. En la India, ciudades como Bombay y Surat se convirtieron en centros de refugiados zoroastrianos tras la conquista islámica de Persia, donde construyeron nuevos Atash Behrams y Adarans. Estos templos sirvieron no sólo como lugares de culto, sino como centros sociales que ayudaron a la comunidad a mantener su identidad única en medio de un paisaje cultural enormemente diferente.

En los últimos años, a medida que la diáspora zoroástrica se ha ido extendiendo por el mundo, desde Norteamérica hasta Australia, han surgido templos del fuego en nuevos contextos, adaptándose a la modernidad pero conservando sus tradiciones fundamentales. Estos nuevos templos suelen mezclar elementos arquitectónicos tradicionales persas e indios con un diseño moderno, creando espacios accesibles para los zoroastrianos que viven en entornos urbanos alejados de las tierras de sus antepasados. A pesar de estos cambios, el papel esencial del fuego -su cuidado ritual, su simbolismo y su presencia espiritual- permanece inalterado, dando continuidad a la fe zoroastriana en el mundo moderno.

Los templos del fuego también tienen una importante dimensión cultural para los zoroastrianos, ya que sirven de centro para educar a las generaciones más jóvenes sobre su herencia. Las clases sobre los Gathas, la historia zoroástrica y el significado de los rituales se imparten a menudo entre los muros de estos templos, donde los miembros más jóvenes de la comunidad aprenden el significado de sus antiguas costumbres y los valores que sustentan su fe. Esta función educativa garantiza que la llama del conocimiento, como el fuego sagrado, se transmita ininterrumpidamente, permitiendo a cada nueva generación encontrar su lugar dentro de la continuidad de la tradición zoroastriana.

El significado de los templos de fuego, por tanto, va más allá de sus estructuras físicas; encarnan el corazón espiritual del zoroastrismo, un símbolo vivo de una fe que ve el mundo como una lucha cósmica entre la luz y la oscuridad. Las llamas que arden en estos templos no son sólo fenómenos materiales: se consideran reflejos de la esencia divina de Ahura Mazda, que guían a los fieles hacia la rectitud e iluminan el camino de Asha.

En cada oración ofrecida ante el fuego, en cada acto ritual de cuidar la llama, los zoroastrianos conectan con una tradición que ha perdurado a lo largo de milenios, una tradición que se mantiene firme en la creencia de que la luz, en todas sus formas, es la expresión más verdadera de lo divino.

A través de la resistencia de los templos de fuego y su presencia duradera en la vida zoroástrica, la antigua sabiduría de Zaratustra sigue ardiendo con fuerza, ofreciendo un mensaje intemporal de esperanza, pureza y el poder eterno de la luz. El próximo capítulo profundizará en las prácticas y ceremonias de estos espacios sagrados, ahondando en los rituales que se han conservado y adaptado a lo largo de los siglos, revelando la profunda conexión entre el fuego sagrado y la experiencia vivida de la fe zoroástrica.

En el tenue resplandor de la llama eterna, los rituales y ceremonias que se celebran en los templos zoroastrianos del fuego se despliegan formando un puente entre el pasado antiguo y el presente. Estos rituales no son sólo un medio de conectar con Ahura Mazda, sino también una forma de reforzar el orden cósmico de Asha, renovando el vínculo entre el mundo divino y el material. Este capítulo profundiza en las prácticas y ceremonias específicas que tienen lugar en los templos del fuego, revelando las capas de significado que encierra cada gesto, oración y ofrenda, así como su importancia para preservar la esencia espiritual del zoroastrismo.

La ceremonia del Yasna, un complejo ritual litúrgico que encarna los principios básicos del culto zoroástrico, es fundamental en la vida espiritual de un templo de fuego. La Yasna, que significa «adoración» o «sacrificio», es interpretada por los Mobeds (sacerdotes) y consiste en la recitación de versos del Avesta, los textos sagrados zoroastrianos. Este ritual se lleva a cabo ante el fuego sagrado, donde se ofrecen libaciones de haoma, una bebida sagrada elaborada con la planta efedra. El Yasna no es sólo un acto de veneración, sino una representación del orden cósmico que refleja la lucha entre Asha y Druj. Cada recitación y ofrenda realizada durante el Yasna pretende alinear el mundo físico con los reinos espirituales, reforzando el poder de Asha sobre el caos.

Un componente clave del Yasna es la preparación y ofrenda del haoma, que posee un profundo significado simbólico. Se cree que el haoma posee propiedades divinas, capaces de purificar tanto el cuerpo como el espíritu. Los sacerdotes cantan himnos antiguos mientras machacan la planta, mezclándola con agua y leche, antes de presentarla al fuego sagrado. Este acto representa el ciclo eterno de la vida, la muerte y el renacimiento, así como el alimento de la llama divina que sustenta la creación. La preparación ritual del haoma subraya la creencia zoroástrica en la interconexión de todas las cosas, donde los elementos de la tierra, el agua y el fuego se unen para honrar a lo divino.

Junto con el Yasna, otro ritual importante es el Afrinagan, una oración de bendición que se realiza en diversas ocasiones, como nacimientos, matrimonios y el recuerdo de los difuntos. El Afrinagan implica el encendido de velas y la ofrenda de frutas y flores ante el fuego sagrado, acompañado del canto de oraciones que invocan bendiciones sobre los individuos y la comunidad. Esta ceremonia enfatiza los valores zoroástricos de generosidad y gratitud, buscando el favor de Ahura Mazda para la prosperidad, la felicidad y la protección contra las influencias del mal. Es un momento en el que la comunidad se reúne para reforzar sus lazos mutuos y celebrar la armonía entre lo humano y lo divino.

El mantenimiento diario del propio fuego sagrado es una práctica profundamente ritual, que requiere el máximo cuidado y reverencia. Los mobeds limpian el altar y el espacio circundante, asegurándose de que el fuego permanezca impoluto por las impurezas del mundo material. Añaden sándalo e incienso a las llamas, que no sólo nutren el fuego sino que también llevan las plegarias de los fieles hacia arriba, hacia el reino de Ahura Mazda. Este proceso se considera un acto de devoción, un medio de mantener la pureza que yace en el corazón de la ética zoroástrica. Simboliza la eterna lucha por mantener encendida la luz interior del alma, no contaminada por la oscuridad de la falsedad y el desorden.

Las bodas en la tradición zoroástrica, conocidas como Navjote para las iniciaciones o simplemente Nikah para los matrimonios, suelen incluir ceremonias especiales celebradas dentro de los templos del fuego, donde la pareja es bendecida ante el fuego sagrado. Durante estos rituales, la pareja se sienta ante las llamas, que representan la presencia de Ahura Mazda como testigo de su unión. Los sacerdotes entonan oraciones que enfatizan la importancia de vivir de acuerdo con Asha, guiando a la pareja hacia una vida de respeto mutuo, amor y crecimiento espiritual. Este acto de compromiso ante el fuego significa la promesa de defender la verdad y contribuir al orden cósmico a través de su unión.

La ceremonia del Jashan es otra parte integrante de la vida en el templo del fuego, en la que se celebran acontecimientos importantes de la vida o se marcan ocasiones comunales como el Año Nuevo zoroastriano, el Nowruz. Durante un Jashan, los mobeds celebran rituales de acción de gracias e invocan bendiciones para los participantes y la comunidad. La ceremonia incluye la colocación de myazd -ofrendas de pan, leche, frutas y flores- ante el fuego sagrado. Estas ofrendas representan las bondades de la creación, un reconocimiento de la generosidad de Ahura Mazda y un recordatorio del papel de la humanidad como administradora de la tierra. La recitación colectiva de oraciones durante el Jashan fomenta un sentimiento de unidad, recordando a los fieles su propósito común de defender los valores de su antigua fe.

Más allá de estos rituales formales, los templos del fuego también sirven como espacios para la meditación y la oración personal, donde los individuos acuden para reflexionar sobre su vida interior y buscar orientación. El fuego sagrado, con su calor y luz constantes, ofrece un espacio para la contemplación, donde las llamas parpadeantes se convierten en un símbolo de la chispa divina dentro de cada alma. Es en estos momentos de quietud donde los zoroastrianos encuentran consuelo, extraen fuerzas de la presencia de Ahura Mazda y renuevan su determinación de vivir de acuerdo con los principios de Asha.

La adaptabilidad de los rituales de los templos del fuego también les ha permitido seguir siendo relevantes en la diáspora zoroástrica, donde han surgido templos en lugares muy alejados de sus orígenes en Persia. Las comunidades de la India, especialmente entre los parsis, han mantenido estas tradiciones con gran fidelidad, al tiempo que han adaptado ciertas prácticas a sus nuevos entornos. En Bombay, por ejemplo, los Atash Behrams y los Agiyaris (templos del fuego menor) sirven como centros de vida espiritual y preservación cultural, garantizando que la llama de la identidad zoroástrica siga ardiendo con fuerza incluso en una tierra extranjera.

En años más recientes, a medida que las comunidades zoroastrianas se han ido asentando en lugares como Norteamérica, Europa y Australia, se han creado nuevos templos del fuego, que ofrecen espacios donde los antiguos rituales pueden celebrarse incluso en un contexto moderno. Estos templos se construyen a menudo con una mezcla de arquitectura tradicional y contemporánea, lo que refleja el compromiso de la comunidad con la conservación de su patrimonio a la vez que se adaptan a las realidades de sus nuevos hogares. Los rituales, aunque se realizan en un nuevo entorno, conservan su esencia intemporal, manteniendo la conexión con Ahura Mazda y las enseñanzas de Zaratustra.

El papel de los templos del fuego en la vida zoroastriana moderna se extiende también a la preservación de la educación religiosa. Dentro de sus muros, los mobeds enseñan a la siguiente generación los gathas, las enseñanzas morales del zoroastrismo y la conducta correcta de los rituales. Esta función educativa es crucial en una época en la que la comunidad zoroástrica se enfrenta a los retos de una población cada vez más reducida y a las presiones de la asimilación. A través de la instrucción en los templos del fuego, los jóvenes zoroastrianos aprenden la importancia de la llama sagrada no sólo como símbolo, sino como práctica viva que les conecta con sus antepasados y su fe.

Los templos de fuego, con sus perdurables llamas, siguen siendo un potente símbolo de la cosmovisión zoroástrica, un recordatorio de la eterna lucha por mantener la pureza, la verdad y la luz en un mundo que a menudo se enfrenta a la oscuridad. Los rituales que se celebran en estos espacios sagrados refuerzan los lazos comunitarios y los compromisos individuales que sostienen la tradición zoroástrica, asegurando que la llama de la fe se transmita de generación en generación, intacta e intacta. Cuando los fieles se reúnen ante el fuego, se les recuerda su papel en el drama cósmico, como guardianes de la luz y administradores del orden divino que proclamó Zaratustra.

Estos rituales, antiguos pero vivos, siguen conformando la vida cotidiana y la experiencia espiritual de los zoroastrianos de todo el mundo. Son el testimonio de una religión que ha capeado las tormentas de la historia aferrándose a los símbolos y prácticas que definen su esencia. En el tranquilo resplandor del templo de fuego, entre las oraciones y las ofrendas, los zoroastrianos encuentran un espacio en el que el tiempo se detiene, y la antigua sabiduría de su fe sigue hablando, guiándoles hacia un futuro en el que la luz de Asha pueda brillar cada vez más.

Capítulo 18
Sacerdotes

En el corazón de la tradición zoroástrica, donde el fuego arde con luz eterna, el papel de los Mobeds -los sacerdotes zoroástricos- se erige como un faro de continuidad y guía espiritual. A lo largo de la historia, estas figuras religiosas han sido los guardianes de la llama sagrada, velando por que las enseñanzas de Zaratustra no sólo se preserven, sino que se practiquen con reverencia. Sus responsabilidades van más allá de la mera ejecución ritual; son los administradores de la vida espiritual y moral de la comunidad zoroástrica, defendiendo los principios fundamentales del Asha y la sabiduría contenida en el Avesta.

El camino para llegar a ser un Mobed es un camino de dedicación, que comienza con la instrucción temprana de los jóvenes nacidos en familias sacerdotales. Este viaje no es meramente académico; es una inmersión en la esencia espiritual del zoroastrismo. A los jóvenes iniciados, que a menudo comienzan su formación a los siete u ocho años, se les enseña a recitar los Gathas, los himnos que se cree que fueron compuestos por el propio Zaratustra. La memorización de estos versos se considera una forma de interiorizar la sabiduría divina que encierran. Junto a estas enseñanzas, aprenden los rituales, los intrincados movimientos y recitaciones necesarios para ceremonias como la Yasna y la Vendidad.

La formación de un Mobed también incluye una profunda comprensión de los significados simbólicos de los rituales, como la preparación del haoma y el mantenimiento del Atash Behram, el grado más alto del fuego sagrado. Esta educación garantiza que cada acción realizada por el Mobed durante los rituales esté impregnada de una conciencia consciente de su significado. La relación entre un Mobed y el fuego sagrado es profunda; actúa como cuidador, asegurando que las llamas permanezcan puras y no se extingan, una responsabilidad que simboliza la eterna lucha por mantener Asha vivo en el mundo.

La jerarquía entre los sacerdotes zoroastrianos refleja la profundidad de sus conocimientos y experiencia. En el nivel fundacional se encuentran los Ervads, que dirigen los rituales básicos y ofrecen las oraciones diarias. Con el tiempo y una formación adicional, un Ervad puede ascender hasta convertirse en Mobed, una función que le permite celebrar ceremonias más complejas, como bodas e iniciaciones. En la cúspide de esta estructura se encuentra el Dastur, un sumo sacerdote responsable de guiar la dirección espiritual de la comunidad y ofrecer interpretaciones de los textos sagrados. Los dastur tienen autoridad para presidir importantes rituales comunitarios y sirven de intermediarios entre la voluntad divina de Ahura Mazda y la vida cotidiana de los fieles.

Esta estructura jerárquica no sólo tiene que ver con la autoridad, sino también con la transmisión de la sabiduría de una generación a otra. Los mobeds de más edad sirven de mentores a los más jóvenes, transmitiéndoles no sólo los métodos precisos del ritual, sino también los matices de la comprensión de las enseñanzas del Avesta. Esta relación entre mentor y aprendiz es un aspecto vital para preservar la profundidad de la práctica espiritual zoroastriana, garantizando que la continuidad de la tradición permanezca intacta aunque el mundo cambie a su alrededor.

La vida de un Mobed está profundamente entrelazada con los ciclos de la naturaleza y los ritmos de la vida comunitaria. Están presentes en los momentos más cruciales de la vida de un zoroastriano: desde el nacimiento y la iniciación hasta el matrimonio y la muerte. En cada una de estas etapas de la vida, el Mobed celebra rituales destinados a santificar los acontecimientos y alinearlos con el orden cósmico. Por ejemplo, la Navjote, o ceremonia de iniciación, marca la entrada de un joven zoroastriano en la fe. En ella, el Mobed guía al iniciado para que se ponga la Sudreh (camisa sagrada) y la Kusti (faja sagrada), símbolos del compromiso de defender el Asha. A través de este ritual, el Mobed desempeña un papel fundamental en la vinculación del individuo al linaje espiritual del zoroastrismo.

Más allá de sus deberes rituales, los Mobed suelen ser buscados por sus consejos, que ofrecen orientación sobre los dilemas morales y éticos a los que se enfrentan sus comunidades. Su papel como consejeros refleja su profundo conocimiento de la cosmovisión zoroástrica, en la que cada acción tiene una consecuencia espiritual. Esta función de asesoramiento adquiere especial relevancia cuando se abordan cuestiones contemporáneas que pueden no tener precedentes directos en los textos antiguos. Los mobeds interpretan los principios de Asha y Druj, ayudando a los fieles a navegar por las complejidades de la vida moderna sin dejar de ser fieles a su herencia espiritual.

En la era contemporánea, el papel de los mobeds ha evolucionado en respuesta a los retos a los que se enfrenta la comunidad zoroastriana, como la disminución del número de fieles y las presiones de la asimilación a diferentes culturas. En las comunidades de la diáspora, especialmente entre los parsis de la India y los zoroastrianos de los países occidentales, los mobeds han asumido funciones adicionales como embajadores culturales, trabajando para preservar la identidad zoroastriana en medio de las diversas influencias de la sociedad global. Esto requiere un equilibrio: mantener la integridad de los rituales antiguos y hacerlos accesibles a una generación más joven que quizá no hable las lenguas tradicionales del Avesta.

Los mobeds de la diáspora se encuentran a menudo tendiendo puentes entre las antiguas tradiciones y las expectativas modernas. Esto puede implicar traducir las oraciones a las lenguas locales o adaptar las ceremonias a los horarios y estilos de vida de quienes viven lejos del corazón de Persia. Por ejemplo, aunque los rituales diarios del fuego pueden condensarse en algunas comunidades debido a los aspectos prácticos de la vida moderna, la esencia espiritual de estas prácticas se mantiene. Esta adaptabilidad es un testimonio de la resistencia de la fe zoroástrica y de la creatividad de sus líderes espirituales para mantener la llama.

Además de sus deberes espirituales y culturales, los mobeds se encargan de administrar los lugares de culto zoroástricos, asegurándose de que los templos del fuego sigan siendo centros de la vida comunitaria. No sólo supervisan el mantenimiento del fuego sagrado, sino también el de los terrenos del templo, asegurándose de que estos espacios sigan siendo lugares de pureza y reflexión. Los templos del fuego se convierten en lugares de reunión de la comunidad, festivales religiosos y programas educativos, donde los Mobed desempeñan un papel fundamental en el fomento de un sentimiento de unidad y continuidad entre los fieles.

El camino de un Mobed no ofrece recompensas materiales; es una vocación que exige humildad y un profundo sentido del deber hacia lo divino. Muchos mobeds, especialmente los que trabajan en comunidades más pequeñas de la diáspora, compaginan sus responsabilidades religiosas con ocupaciones seculares, encontrando formas de mantener a sus familias sin dejar de dedicarse a su vocación espiritual. Esta doble vida requiere un delicado equilibrio, en el que las exigencias del mundo material deben satisfacerse sin perder de vista los ideales espirituales que guían sus vidas.

Como custodios de una de las tradiciones religiosas continuas más antiguas del mundo, los mobeds son portadores de un legado que se remonta a las enseñanzas del mismísimo Zaratustra. No son meros ejecutores de rituales; son los guardianes de una llama espiritual que ha ardido a lo largo de milenios, una llama que ha sobrevivido a las convulsiones de los imperios y a las cambiantes mareas de las creencias. Su papel es un recordatorio de que la esencia del zoroastrismo no reside sólo en sus antiguos textos o en sus grandiosos templos, sino en los actos cotidianos de devoción y servicio que mantienen vivo el espíritu de Asha en el mundo.

En un mundo en el que la continuidad de las pequeñas comunidades religiosas se enfrenta a muchos retos, la dedicación de los Mobeds a su deber sagrado es un testimonio del poder perdurable de la fe. Encarnan los ideales del zoroastrismo, esforzándose por vivir según los principios de Humata (buenos pensamientos), Hukhta (buenas palabras) y Hvarshta (buenas acciones), dando ejemplo a la comunidad a la que sirven. A través de su inquebrantable compromiso, los Mobeds aseguran que la antigua llamada a vivir en armonía con el orden divino continúe resonando a través de los corredores del tiempo, guiando a los fieles zoroastrianos en su búsqueda de una vida iluminada por la luz de Asha.

El papel de los mobeds en el zoroastrismo está profundamente entrelazado con las dimensiones espiritual y cultural de la fe, dando forma no sólo a las prácticas religiosas sino también a la identidad de la comunidad zoroastriana. Al guiar los rituales y defender las enseñanzas de Zaratustra, los Mobeds se convierten en figuras centrales en la continuidad de tradiciones que se remontan a milenios. Más allá de sus deberes fundacionales, la complejidad y amplitud de sus responsabilidades se extienden a los ámbitos de la pureza ritual, la unión de la comunidad y la preservación del conocimiento sagrado.

El núcleo de las obligaciones de un Mobed son los rituales que definen los momentos clave de la vida de los fieles. Desde la solemnidad de los ritos funerarios hasta la esencia festiva de las bodas, estas ceremonias no son meros marcadores culturales, sino momentos de transición espiritual. Los ritos funerarios, por ejemplo, están muy estructurados, con el objetivo de ayudar al alma a cruzar el puente Chinvat. Estos rituales incluyen oraciones y acciones específicas diseñadas para proteger el alma de influencias malignas durante su paso. Mediante estas prácticas, los mobeds se aseguran de que el orden sagrado de Asha permanezca intacto, incluso ante la muerte.

Uno de los rituales centrales de los mobeds es el Yasna, una elaborada liturgia que incluye la preparación del haoma, una planta sagrada cuyo jugo se utiliza en el ritual. El Yasna es más que una oración; es una invocación que invoca a Ahura Mazda y a los Amesha Spentas, tejiendo una conexión entre los mundos físico y espiritual. Durante la Yasna, el Mobed recita pasajes del Avesta que, pronunciados en su antigua lengua, se cree que poseen un poder transformador. Este ritual sirve para reafirmar la alineación de la comunidad con la verdad cósmica, y es un recordatorio de la eterna lucha entre Asha (orden) y Druj (caos).

Además de la Yasna, los mobeds celebran la ceremonia de la Vendidad, un rito de purificación que protege a la comunidad de las impurezas físicas y espirituales. Este ritual es especialmente significativo para reforzar la importancia de la pureza, un tema muy arraigado en el zoroastrismo. Durante la Vendidad se recitan pasajes específicos para limpiar de impurezas espacios e individuos, simbolizando el énfasis zoroastriano en mantener un entorno puro como reflejo de la pureza espiritual interior. La ceremonia también pone de relieve el papel del Mobed como mediador, alguien que tiende un puente entre los mundos material y espiritual, garantizando que el orden cósmico permanezca inalterado.

La preservación del conocimiento ritual es otro aspecto crítico del papel de un Mobed. Gran parte del contenido sagrado del Avesta se ha transmitido oralmente de generación en generación, y los Mobed desempeñan un papel clave en esta tradición. Están entrenados en las entonaciones y ritmos precisos de los cantos del Avesta, una práctica que requiere años de dedicación. Esta transmisión oral garantiza que el poder de las recitaciones originales, que se cree fueron reveladas por Zaratustra, siga siendo potente. Aunque el texto escrito del Avesta sirve de referencia, es la palabra hablada, transmitida de maestro a alumno, la que preserva la esencia mística de las enseñanzas.

El papel de los mobeds va más allá de los rituales religiosos y se extiende a la vida comunitaria y educativa de los zoroastrianos. En las regiones donde el zoroastrismo es una religión minoritaria, los mobeds se convierten a menudo en educadores que enseñan a los jóvenes su herencia, el significado de los rituales y el marco ético de la fe. En esta función, actúan como mentores, ayudando a inculcar un sentido de identidad y continuidad en la generación más joven. Explican el significado de las oraciones diarias, el simbolismo del Sudreh y el Kusti y la importancia de vivir en armonía con Asha.

Esta tutoría es especialmente importante en el contexto de la diáspora zoroastriana, donde los jóvenes zoroastrianos pueden tener dificultades para mantener su identidad religiosa en un entorno multicultural. La capacidad de los Mobed para conectar las antiguas enseñanzas con la vida contemporánea ayuda a salvar la brecha generacional, garantizando que los miembros más jóvenes de la comunidad vean la relevancia de su herencia. Al adaptar la sabiduría de Zaratustra a los dilemas modernos -ya sean retos éticos o cuestiones sobre la conducta personal- los Mobed mantienen vivas y resonantes las enseñanzas del Avesta.

Los mobeds también desempeñan un papel vital durante los festivales zoroástricos, como el Nowruz (Año Nuevo persa) y los Gahanbars, festivales estacionales que celebran distintos aspectos de la creación. Durante estas reuniones, los mobeds dirigen a la comunidad en oraciones y rituales que honran los ciclos de la naturaleza y reafirman el vínculo entre la humanidad y lo divino. El encendido del fuego sagrado durante estos festivales simboliza el triunfo de la luz sobre la oscuridad, un tema central en la cosmología zoroástrica. A través de su liderazgo en estas ceremonias, los Mobed ayudan a mantener el espíritu comunitario y garantizan que se mantengan los ritmos sagrados de la vida zoroastriana.

Otra dimensión de la labor de los Mobed es la atención pastoral, sobre todo a la hora de guiar a las personas en sus luchas espirituales y decisiones morales. El zoroastrismo concede un gran valor al libre albedrío, y cada individuo es responsable de elegir entre Asha y Druj. Los mobeds actúan como guías espirituales, ayudando a sus seguidores a tomar estas decisiones. Ofrecen consejo en momentos de dificultad, ayudando a los zoroastrianos a entender cómo sus acciones se alinean o divergen de los principios de Asha. Esta función de asesoramiento a menudo implica interpretar los textos antiguos de forma que puedan aportar claridad en el contexto de los problemas modernos, como las prácticas empresariales éticas o las cuestiones sobre la gestión medioambiental.

A pesar del papel vital que desempeñan, la vida de un Mobed no está exenta de desafíos. En las regiones donde la población zoroastriana es reducida, hay pocos nuevos iniciados que accedan al sacerdocio. Esto ha provocado el envejecimiento de la población de Mobeds, y la cuestión de la sucesión se ha hecho cada vez más urgente. En respuesta, algunas comunidades han puesto en marcha iniciativas para animar a los jóvenes zoroastrianos a considerar el camino del Mobed, haciendo hincapié en la importancia de mantener viva su herencia espiritual. Han surgido programas que combinan la formación tradicional con métodos educativos modernos, con el objetivo de hacer la vida de un Mobed accesible y atractiva para una nueva generación.

Además, las responsabilidades de los Mobed en las comunidades de la diáspora incluyen a menudo esfuerzos para educar al público en general sobre el zoroastrismo. Participan en diálogos interreligiosos, ofreciendo información sobre las creencias y prácticas zoroastrianas a quienes no están familiarizados con esta antigua fe. A través de conferencias, visitas a templos y debates públicos, los mobeds se convierten en embajadores de la sabiduría zoroástrica, disipando ideas erróneas y destacando los valores perdurables de su tradición. Este papel es especialmente importante para fomentar una comprensión más profunda del zoroastrismo entre los no zoroastrianos, contribuyendo a una visión más integradora del panorama religioso mundial.

Los mobeds también se enfrentan al reto de mantener la pureza de los rituales al tiempo que se adaptan a las realidades de la vida contemporánea. Por ejemplo, las estrictas normas relativas al uso de elementos naturales en los rituales -como la necesidad de agua fresca y corriente- pueden ser difíciles de cumplir en entornos urbanos. Algunos mobeds han adaptado estas prácticas encontrando alternativas simbólicas que siguen siendo fieles al espíritu de las tradiciones, lo que demuestra que la esencia de los rituales puede conservarse aunque se modifiquen los detalles. Esta adaptabilidad garantiza que el zoroastrismo siga siendo una fe viva, capaz de prosperar en contextos diversos sin perder sus valores fundamentales.

Sin embargo, incluso con las presiones de la modernidad, la misión central del Mobed permanece inalterada: ser un guardián de la llama sagrada, un transmisor de la sabiduría ancestral y una guía para aquellos que buscan vivir alineados con Asha. El papel del Mobed como custodio espiritual es un testimonio de la resistencia del zoroastrismo, que ha soportado siglos de cambios y desafíos. Con su dedicación, los Mobed mantienen vivo el mensaje intemporal de Zaratustra, recordando a la comunidad su lugar dentro de la lucha cósmica entre el orden y el caos.

Mientras el zoroastrismo se enfrenta a los retos del presente y mira hacia el futuro, la firme devoción de los mobeds a sus deberes sagrados ofrece una fuente de continuidad y esperanza. Sus rituales vinculan a la comunidad con el pasado, mientras que su guía la ayuda a navegar por las incertidumbres del mundo moderno. En cada oración que recitan, en cada llama que atienden, los Mobeds encarnan el espíritu perdurable de una fe que, contra todo pronóstico, ha seguido iluminando el camino de la rectitud durante más de tres mil años.

Capítulo 19
Zaratustra en las tradiciones orales y las leyendas

La figura de Zaratustra, envuelta tanto en hechos históricos como en mitos, ha sido un personaje central en la conciencia espiritual de las comunidades zoroastrianas durante siglos. Más allá de los textos fundacionales del Avesta, los relatos en torno a la vida de Zaratustra se han transmitido de generación en generación, convirtiéndose en ricas tradiciones orales que mezclan elementos místicos con narraciones culturales. Estos relatos no sólo sirven para preservar el pasado, sino también como fuente de inspiración e identidad para los zoroastrianos que se enfrentan a los retos de la modernidad.

Uno de los aspectos más intrigantes de la historia de Zaratustra es su nacimiento, rodeado de signos milagrosos que indican su misión divina. Según las tradiciones orales, el momento de su nacimiento estuvo marcado por un resplandor sobrenatural que iluminó la habitación, señal de que un profeta único había llegado al mundo. Se dice que las fuerzas del mal, conscientes de la amenaza que suponía para su dominio, intentaron eliminar a Zaratustra incluso cuando era niño. Sin embargo, todo intento de dañarle fracasó, ya que la protección divina envolvió al futuro profeta. Estas historias no sólo subrayan su estatus especial, sino que también se alinean con el tema zoroástrico de la eterna lucha entre el bien y el mal, incluso antes de que pudiera pronunciar sus primeras palabras.

A medida que Zaratustra crecía, las leyendas describen su vida temprana como una vida marcada por la sabiduría y la curiosidad, lo que le distingue de sus compañeros. A menudo se le describe como un niño con una profunda conexión con el mundo natural, capaz de percibir la presencia divina en los elementos del fuego, el agua, la tierra y el aire. Estas historias lo describen como un buscador de la verdad mucho antes de su revelación divina, lo que sugiere que su camino como profeta estaba entretejido en el tejido de su ser desde una edad temprana. Esta narración, profundamente arraigada en la tradición oral, sirve para recordar que el viaje espiritual de un profeta no es sólo un momento de iluminación, sino toda una vida de preparación e introspección.

Uno de los momentos cruciales de estas historias es el encuentro de Zaratustra con Ahura Mazda, la deidad suprema. Se dice que el encuentro tuvo lugar en la orilla de un río, donde Zaratustra entró en un estado de trance y tuvo una visión de Ahura Mazda, rodeado por los Amesha Spentas. Fue allí donde recibió el mandato divino de difundir el mensaje de Asha (la verdad) y combatir la mentira y el caos representados por Angra Mainyu. Este acontecimiento es más que un simple momento de revelación; en las tradiciones orales, se describe como un acontecimiento cósmico, en el que el tiempo pareció detenerse y se alteró el curso futuro de la humanidad. Este encuentro místico se relata a menudo durante las reuniones religiosas, sirviendo como piedra angular de la identidad zoroástrica y símbolo del poder de la verdad divina.

La resistencia inicial a la que se enfrentó Zaratustra por parte de los gobernantes y sacerdotes de su época es otro tema que ocupa un lugar destacado en estos relatos orales. Según la tradición, las enseñanzas de Zaratustra fueron recibidas inicialmente con hostilidad, ya que desafiaban las prácticas religiosas establecidas y las estructuras de poder que se beneficiaban de ellas. Fue encarcelado y se enfrentó a juicios destinados a desacreditar su mensaje. Sin embargo, gracias a la intervención divina y a su inquebrantable compromiso con la verdad, Zaratustra superó estos obstáculos. Su triunfo se celebra en relatos en los que los elementos naturales acuden en su ayuda, como el relato de una inundación milagrosa que le liberó de sus cadenas. Estas narraciones ponen de relieve la resistencia del profeta y la victoria final de la justicia divina, reforzando la creencia zoroástrica en el poder de la rectitud.

Una parte clave de las tradiciones orales se refiere a la interacción de Zaratustra con el rey Vishtaspa, que se convertiría en su converso y mecenas más influyente. Según la leyenda, la entrada de Zaratustra en la corte de Vishtaspa fue recibida con escepticismo, ya que los sacerdotes rivales intentaron socavarlo. Para demostrar la veracidad de sus enseñanzas, Zaratustra realizó una serie de milagros, entre ellos la curación del amado caballo del rey, afectado por una enfermedad desconocida. El restablecimiento de la salud del caballo fue visto como una señal del favor de Ahura Mazda, lo que llevó al rey Vishtaspa a aceptar las enseñanzas de Zaratustra y declarar el zoroastrismo religión del estado. Este momento se relata a menudo con una sensación de triunfo, simbolizando el poder de la fe para superar la duda y la oposición.

Estas leyendas desempeñan un papel crucial en la conservación de la memoria cultural de los zoroastrianos, sobre todo en tiempos de adversidad. Durante los periodos de persecución, como la conquista islámica de Persia, estas historias se convirtieron en una fuente de resistencia, recordando a la comunidad sus orígenes y el favor divino que había guiado a su profeta. A medida que las comunidades zoroastrianas se dispersaban y se adaptaban a nuevas tierras, estos relatos se llevaban consigo, evolucionando con cada narración pero conservando siempre la esencia de la misión de Zaratustra. Se convirtieron en una forma de mantener vivo el espíritu del zoroastrismo, incluso cuando la práctica abierta de la fe estaba llena de peligros.

En estos relatos, Zaratustra no es sólo un profeta, sino también un símbolo de la eterna lucha contra la ignorancia y el engaño. Sus enseñanzas, transmitidas a través de textos sagrados, cobran vida y vitalidad gracias a las narraciones que las rodean. Las historias de sus encuentros con seres sobrenaturales, las batallas que libró contra la brujería y sus debates con quienes se le oponían sirven para ilustrar los retos a los que se enfrentan quienes tratan de defender la verdad en un mundo lleno de engaños. Estos relatos presentan a Zaratustra como una figura que encarna las cualidades a las que aspiran los zoroastrianos: valor, sabiduría y un compromiso inquebrantable con el camino de Asha.

Las tradiciones orales también han contribuido a llenar los vacíos dejados por la pérdida de muchos textos zoroastrianos a lo largo de los siglos. Las historias que nunca se escribieron, o que se perdieron en la agitación de los cambios históricos, sobrevivieron gracias a la narración. Las familias se reunían en festivales como el Nowruz y relataban la vida de Zaratustra, asegurándose de que, incluso en ausencia de registros escritos, perdurara la esencia de su mensaje. De este modo, las tradiciones orales en torno a Zaratustra actúan como un archivo viviente de los valores zoroastrianos, conformando la identidad de los fieles a través de las generaciones.

Estas historias también revelan las diversas interpretaciones del legado de Zaratustra en las distintas comunidades zoroastrianas. En algunas versiones se le describe como un místico que podía comunicarse con la naturaleza, mientras que en otras se le describe como un sabio filósofo cuya lógica y razón eran inatacables. Cada interpretación añade una capa de riqueza al tapiz zoroástrico, mostrando cómo la esencia de las enseñanzas de Zaratustra se ha adaptado para resonar en diferentes contextos culturales e históricos. Esta adaptabilidad ha permitido al zoroastrismo mantener su mensaje central y, al mismo tiempo, acoger las expresiones únicas de fe de sus diversos seguidores.

La veneración por Zaratustra en estas tradiciones es profunda, pero va unida al reconocimiento de su humanidad. Las historias describen a menudo momentos de duda o soledad durante su misión, momentos en los que se preguntaba si sus esfuerzos tendrían éxito. En estos relatos, Zaratustra se ve reconfortado por visiones de Ahura Mazda o signos que reafirman la rectitud de su camino. Este doble retrato -como profeta guiado por la divinidad y como hombre que tuvo que enfrentarse a las dificultades de la vida- hace que la historia de Zaratustra sea muy cercana. Recuerda a los fieles que incluso los más grandes líderes espirituales deben enfrentarse a la duda, y que la perseverancia ante la adversidad es en sí misma un camino hacia la verdad divina.

Las tradiciones orales y las leyendas de Zaratustra, transmitidas a lo largo de los siglos, forman parte integrante del patrimonio espiritual de los zoroastrianos. Entrelazan lo místico y lo histórico, ofreciendo una narración que trasciende el tiempo. A través de estos relatos, la memoria de Zaratustra no se limita a las páginas de las antiguas escrituras, sino que pervive en la palabra hablada, en las experiencias compartidas de las comunidades y en los corazones de quienes siguen buscando la luz de Asha en sus propias vidas. Estas narraciones sirven de puente entre la antigüedad y el presente, asegurando que las enseñanzas de Zaratustra sigan siendo una estrella guía en el cielo nocturno siempre cambiante de la experiencia humana.

A medida que los relatos de Zaratustra pasaban de generación en generación, evolucionaban con cada narración, adaptándose a las necesidades culturales y espirituales de las comunidades zoroastrianas. Estos relatos, aunque arraigados en la antigüedad, tienen una fluidez que les permitió integrar influencias e interpretaciones locales, proporcionando un rico tapiz de leyendas que revelan las diversas formas en que los zoroastrianos han conectado con su profeta. En esta evolución, la figura de Zaratustra se convirtió en algo más que un líder espiritual distante: se convirtió en un símbolo de resistencia y esperanza, encarnando cualidades que resuenan entre los fieles de distintas épocas y paisajes.

Un tema central de estos relatos es la transformación de Zaratustra de buscador solitario de la verdad en profeta venerado cuyas enseñanzas reconfiguraron toda una cultura. En las tradiciones más místicas, se considera que Zaratustra posee un profundo conocimiento de las fuerzas cósmicas que gobiernan el universo, capaz de percibir la sutil interacción entre la luz y la oscuridad. Se dice que podía comunicarse con la naturaleza y que los propios elementos -fuego, agua, tierra y aire- respondían a su presencia. En estos relatos, la conexión de Zaratustra con Ahura Mazda le permitía ver más allá del mundo material, en los reinos donde la batalla divina entre Asha (verdad) y Druj (mentira) se desarrollaba a gran escala.

Estos relatos místicos suelen hacer hincapié en la naturaleza extraordinaria de la vida de Zaratustra, pintando el retrato de un profeta que no fue simplemente elegido por la divinidad, sino que forjó activamente su propio destino mediante actos de valentía y perspicacia. Un relato popular narra su encuentro con seres demoníacos enviados por Angra Mainyu, el espíritu del caos, para disuadirle de su misión. Según la tradición, Zaratustra se enfrentó a estas entidades con una convicción inquebrantable, utilizando cánticos sagrados y oraciones para desterrarlas. La imagen de esta lucha, de la luz enfrentándose a la oscuridad en su forma más tangible, resuena profundamente entre los seguidores del zoroastrismo. Sirve como metáfora de las batallas cotidianas a las que se enfrentan contra la falsedad y las tentaciones, afirmando que el camino de la rectitud requiere fuerza y firmeza.

A medida que estas leyendas se extendieron, también absorbieron los contextos culturales de las regiones donde se asentaron los zoroastrianos, especialmente durante los periodos de migración. Por ejemplo, entre las comunidades parsis de la India, los relatos de Zaratustra adquirieron nuevas dimensiones, mezclándose con el folclore local y adquiriendo un sabor regional distintivo. En estas versiones, la sabiduría de Zaratustra se compara a menudo con las enseñanzas de otros sabios antiguos, creando un diálogo entre el zoroastrismo y las tradiciones espirituales del subcontinente indio. Este sincretismo es evidente en la forma en que se cuenta la historia de Zaratustra durante festivales como el Nowruz, en el que se celebran elementos de la cosmología zoroástrica junto con el cambio de las estaciones, haciendo hincapié en la renovación y el ciclo eterno de la vida.

La adaptación de estas leyendas no se limita a contextos religiosos o espirituales. También han calado en la literatura y la poesía persas, donde la figura de Zaratustra se invoca a menudo como símbolo de pureza espiritual y profundidad filosófica. Las obras de poetas como Ferdowsi en el Shahnameh y los escritos de los místicos medievales entretejen la historia de Zaratustra en la narrativa cultural más amplia de Persia, mezclando la historia con el mito. En esta tradición literaria, Zaratustra se convierte en un símbolo del espíritu iraní, que lucha eternamente contra la adversidad, busca el conocimiento y preserva la antigua sabiduría de la tierra. Estas representaciones ayudaron a mantener un sentido de continuidad con la cultura persa preislámica, proporcionando una piedra de toque para la identidad en tiempos de agitación cultural.

Sin embargo, aunque estas historias crecieron y se transformaron, mantuvieron un mensaje central: La inquebrantable dedicación de Zaratustra a la verdad y su visión de un mundo en el que Asha prevalece sobre Druj. En algunos relatos, sus luchas se consideran precursoras de los retos a los que se enfrentarían las comunidades zoroástricas en siglos posteriores, cuando tuvieron que hacer frente al surgimiento de nuevos imperios y religiones que reconfiguraron Oriente Próximo. La pervivencia de estas historias en tiempos de persecución y desplazamiento ilustra el poder de la tradición oral para mantener el espíritu de una comunidad, incluso cuando su presencia física en una tierra se vuelve tenue. Los relatos de las tribulaciones de Zaratustra reflejan así las experiencias de sus seguidores, creando un poderoso sentimiento de historia y destino compartidos.

Estas historias también contienen un profundo aspecto pedagógico, ya que sirven como medio para transmitir lecciones éticas y filosóficas a las generaciones más jóvenes. Los padres contaban a sus hijos historias sobre la sabiduría de Zaratustra y sus encuentros con desafíos tanto celestiales como terrestres, haciendo hincapié en las virtudes de la honestidad, la humildad y el valor. A través de estas narraciones, los complejos conceptos teológicos se hacían accesibles, enseñando los valores de los buenos pensamientos, las buenas palabras y las buenas acciones de una forma que resultaba cercana y atractiva. Aunque los relatos adquirían las características de un mito, conservaban su propósito didáctico, asegurando que los principios del zoroastrismo siguieran siendo relevantes para cada nueva generación.

La flexibilidad de estas leyendas también les ha permitido adaptarse a los retos de la modernidad. A medida que las comunidades zoroastrianas se han extendido por todo el mundo, asentándose en lugares tan diversos como Norteamérica, Europa y Australia, las historias de Zaratustra se han vuelto a contar de nuevas formas. Los zoroastrianos contemporáneos siguen reuniéndose en actos comunitarios y volviendo a contar las historias de su profeta, utilizándolas como una forma de conectar con su herencia al tiempo que adaptan los temas a las luchas modernas, ya sea la búsqueda de la identidad en un mundo multicultural o el reto de mantener las antiguas tradiciones en una sociedad que cambia rápidamente.

En los últimos años, algunos zoroastrianos han recurrido a medios como el cine, el teatro y la narración digital para mantener vivo el espíritu de estas leyendas. Estas nuevas interpretaciones a menudo exploran la relevancia de Zaratustra para los problemas contemporáneos, como la protección del medio ambiente y el uso ético de la tecnología, reflejando las preocupaciones cambiantes de la comunidad. Sin embargo, incluso en estos relatos modernos, la esencia de las historias originales permanece: la visión de un mundo donde la verdad triunfa sobre la falsedad, donde las elecciones de cada individuo contribuyen al equilibrio cósmico entre el bien y el mal. Estas adaptaciones demuestran el poder perdurable de la historia de Zaratustra para inspirar y guiar, trascendiendo las fronteras de tiempo y lugar.

A pesar de los cambios en su forma y contexto, las historias de Zaratustra siguen ocupando un lugar especial en la memoria colectiva de los zoroastrianos. Sirven como recordatorio de que su fe no es sólo una cuestión de doctrina y ritual, sino también una narración viva, entretejida en el tejido mismo de su identidad. Al contar y volver a contar estas historias, la comunidad zoroástrica encuentra un sentido de continuidad con su pasado, incluso cuando mira hacia el futuro. La historia de Zaratustra no es, pues, una mera reliquia de la historia, sino una tradición vibrante y evolutiva que sigue siendo fuente de fuerza e inspiración.

El legado de estas tradiciones orales también ofrece una visión más amplia del poder de la narración en las culturas humanas. A través del mito y la leyenda, las comunidades son capaces de preservar la esencia de sus creencias, adaptarse a nuevas realidades y encontrar sentido a sus luchas. Las leyendas de Zaratustra han logrado esto a lo largo de milenios, ayudando a mantener viva la fe zoroástrica tanto en periodos de prosperidad como de persecución. Las historias que comenzaron en las llanuras azotadas por el viento de la antigua Persia han viajado a través de los continentes, llevadas en los corazones de aquellos que se niegan a dejar que su luz se apague.

Al final, las leyendas de Zaratustra son un testimonio de la resistencia del espíritu zoroástrico. Reflejan una profunda comprensión de que la búsqueda de la verdad es un viaje sin fin, y que cada generación debe encontrar su propia manera de llevar la llama hacia adelante. A través de estas historias, Zaratustra sigue siendo un compañero para los fieles, guiándolos a través de la oscuridad con la promesa de un amanecer más brillante, donde Asha brilla cada vez más clara, y el mundo se acerca al orden divino previsto hace tanto tiempo por un profeta en las orillas de un río sagrado.

Capítulo 20
El fin de los tiempos

Uno de los aspectos más profundos y enigmáticos del zoroastrismo es su visión del fin de los tiempos, una narración que entrelaza batallas cósmicas, renovación divina y la promesa de un mundo transformado. En el corazón de la escatología zoroástrica se encuentra la profecía de una gran restauración, conocida como Frashokereti, en la que el universo se purifica, el mal es derrotado y el orden se restablece según la voluntad divina de Ahura Mazda. Es una visión que encierra tanto esperanza como solemnidad, ya que promete no sólo un glorioso mundo nuevo, sino también las pruebas y tribulaciones que deben precederlo.

Un elemento central de esta creencia es la llegada del Saoshyant, una figura salvadora profetizada para guiar a la humanidad en la lucha final contra las fuerzas de Angra Mainyu. Según la tradición zoroástrica, el Saoshyant surgirá en una época de gran agitación, un periodo en el que el caos y la falsedad parecen dominar la tierra. Esta figura no es un mero guerrero, sino un guía espiritual, encargado de unir a los justos y despertar a la humanidad a los principios de Asha: la verdad y el orden. En muchos sentidos, el Saoshyant es visto como el cumplimiento de las enseñanzas de Zaratustra, encarnando la misma misión divina de combatir el mal y traer la iluminación.

Las imágenes del final de los tiempos en el zoroastrismo son vívidas y describen una agitación cósmica en la que los reinos material y espiritual convergen en una batalla final. Los textos antiguos describen este periodo como uno en el que la tierra misma parece temblar, en el que los desastres naturales y las señales celestiales anuncian la proximidad del conflicto final. Se dice que los ríos se desbordarán, que el sol y la luna se oscurecerán y que el tejido mismo de la realidad se pondrá a prueba cuando las fuerzas opuestas de Asha y Druj se enfrenten en su última y desesperada lucha. Sin embargo, en medio de este caos, los fieles están llamados a permanecer firmes, ya que es su adhesión a la verdad y la rectitud lo que ayudará a inclinar la balanza a favor de lo divino.

El papel de Ahura Mazda durante este periodo escatológico es el de juez cósmico y orquestador del juicio final. A través de las revelaciones impartidas a Zaratustra y conservadas en el Avesta, los fieles zoroastrianos comprenden que la justicia de Ahura Mazda no es arbitraria, sino que se basa en las acciones acumuladas de cada alma. A medida que se acerca el final, se sopesan todas las acciones, pensamientos e intenciones humanas, y el destino de cada alma pende de un hilo. Este juicio se produce en el Puente Chinvat, un paso que cada alma debe cruzar después de la muerte: para los justos es un camino ancho y fácil, mientras que para los malvados es una travesía peligrosa que les conduce a reinos de sufrimiento.

Es a través de este prisma como se entiende el concepto zoroástrico de salvación, no como una cuestión de fe ciega, sino como una consecuencia de las elecciones morales de cada uno a lo largo de la vida. La llegada del Saoshyant y el desarrollo del fin de los tiempos sirven para recordar que la lucha cósmica entre el bien y el mal se refleja en las acciones cotidianas de los individuos. Cada elección de abrazar a Asha contribuye al triunfo final sobre Angra Mainyu, reforzando el énfasis zoroástrico en la responsabilidad personal y el poder del libre albedrío.

El papel del Saoshyant es catalizar este despertar global, convocando a los restos dispersos de los fieles para que se unan en la lucha contra la oscuridad. Las leyendas describen a esta figura realizando actos milagrosos, como resucitar a los muertos y curar la tierra de las cicatrices de la destrucción provocada por los seguidores de Angra Mainyu. Se cree que la resurrección, un momento crucial en la escatología zoroástrica, devuelve a todas las almas sus cuerpos físicos, permitiéndoles participar en la renovación final. Esta visión ofrece un profundo sentido de esperanza, sugiriendo que ningún alma está más allá de la redención y que todos tendrán la oportunidad de alinearse con el orden divino de Ahura Mazda.

La purificación del mundo, conocida como Frashokereti, se describe como un acontecimiento transformador en el que los reinos material y espiritual se funden en perfecta armonía. En este mundo renovado, el sufrimiento y la falsedad no tienen cabida, ya que los propios elementos -fuego, agua, tierra y aire- se purifican de la mancha de Druj. Es la visión de un mundo en el que todos los seres, desde la criatura más pequeña hasta la montaña más grande, cantan al unísono las alabanzas de Ahura Mazda. Los fieles tienen la seguridad de que sus luchas y sacrificios en esta vida no son en vano, pues contribuyen a la creación de este estado ideal.

La transición a este mundo perfeccionado, sin embargo, no está exenta de pruebas. Los textos hablan de un río de metal fundido que fluirá por la tierra, una prueba que todas las almas deben soportar. Para los justos, este río se describe como un baño cálido y purificador, mientras que para los malvados es un castigo abrasador, un ajuste de cuentas final por su alineación con la falsedad y el caos. Estas imágenes sirven para enfatizar la creencia zoroástrica en la justicia cósmica, donde las consecuencias de las elecciones vitales se experimentan directamente en la transición al nuevo mundo.

Al concluir la batalla final, Angra Mainyu y sus fuerzas demoníacas son atados y arrojados a las profundidades de la inexistencia, donde ya no pueden perturbar la armonía de la creación. En algunas interpretaciones, este acto se considera un retorno al estado primordial de orden, una restauración del mundo tal y como Ahura Mazda lo concibió antes de la corrupción del mal. La nueva era que sigue se caracteriza por la paz, la prosperidad y una conexión ininterrumpida entre los reinos divino y terrenal. La humanidad, unida bajo las enseñanzas de Zaratustra y la guía del Saoshyant, entra en una era en la que el sufrimiento, el engaño y la muerte no son más que recuerdos lejanos.

La visión zoroástrica del fin de los tiempos no es una mera profecía, sino un marco que configura la vida ética y espiritual de los fieles. Enseña que cada acción en el presente tiene un significado cósmico, que cada momento de elección moral es un paso hacia o lejos de la realización de una realidad divina. La narración del Saoshyant y la renovación venidera inspira a los creyentes a esforzarse por la pureza de pensamiento y obra, sabiendo que sus esfuerzos contribuyen a una victoria cósmica mayor. Sirve como llamada a la vigilancia, recordando a los fieles que, aunque la batalla entre Asha y Druj es antigua, su conclusión sigue inacabada, y cada alma tiene un papel que desempeñar para llevarla a un final justo.

La esperanza que encierra la escatología zoroástrica resuena especialmente en tiempos de penuria, ofreciendo una visión de la justicia última cuando la justicia mundana parece esquiva. Para quienes se han enfrentado a la persecución o el desplazamiento, la historia del fin de los tiempos ofrece una poderosa garantía de que su fidelidad no ha sido olvidada y de que una era más brillante aguarda más allá de las pruebas de este mundo. Es esta promesa de renovación la que ha permitido al zoroastrismo perdurar a través de siglos de adversidad, como un faro que guía a sus seguidores en los tiempos más oscuros.

Mientras las comunidades zoroastrianas contemplan su lugar en el mundo moderno, las antiguas enseñanzas sobre el fin de los tiempos siguen siendo relevantes. Desafían a los creyentes a considerar lo que significa vivir en consonancia con Asha en una época de rápidos cambios e incertidumbre. El mensaje del Saoshyant -que un mundo mejor es posible si la humanidad decide luchar por él- sigue siendo una fuente de inspiración, incluso cuando los fieles se enfrentan a las complejidades de la vida contemporánea.

En el despliegue del drama de la creación y la renovación, la visión del final de los tiempos del zoroastrismo sirve como recordatorio de que la lucha por la verdad y la rectitud es intemporal, y se extiende desde los albores de la creación hasta los últimos días de la existencia. La promesa de Frashokereti, de un mundo restaurado al orden divino, sigue resonando en los corazones de quienes buscan la luz de Ahura Mazda, ofreciendo la seguridad intemporal de que, por muy larga que sea la noche, el amanecer llegará, trayendo consigo la realización de todo lo que es bueno.

La visión zoroástrica del fin de los tiempos continúa con una exploración más profunda del juicio final y la transformación que aguarda tanto a los vivos como a los muertos. En esta narración cósmica, el destino de cada alma se entrelaza con el gran destino del universo mismo, revelando el vínculo íntimo entre los actos individuales y la lucha general entre el bien y el mal. El juicio final, o el cruce del Puente Chinvat, es un momento de ajuste de cuentas definitivo, en el que se mide con precisión infalible el peso de las acciones y elecciones de cada uno. Ahura Mazda, junto a entidades divinas como Mitra, preside este momento, guiando a las almas hacia sus merecidos resultados.

El Puente Chinvat sirve de umbral metafísico entre el mundo material y los reinos espirituales. Para aquellos cuyas vidas están alineadas con Asha -la verdad, la rectitud y el orden divino-, se dice que el cruce es suave y les conduce a reinos de luz y alegría. El Avesta describe esta experiencia con imágenes poéticas, en las que el alma es recibida por su Daena, una contraparte espiritual que adopta la forma de una hermosa doncella, encarnando las virtudes cultivadas durante la vida del individuo. Este viaje conduce a Garōdmān, la Casa de la Canción, donde los justos moran en comunión eterna con Ahura Mazda.

Por el contrario, aquellos que se desviaron del camino de Asha y abrazaron Druj -la falsedad, el engaño y el caos- encuentran la travesía peligrosa. Cuando intentan atravesar el Puente Chinvat, éste se estrecha bajo sus pies, transformándose en un pasadizo en forma de cuchilla que los sumerge en un abismo de oscuridad. Para estas almas, el Daena aparece como una figura aterradora y desfigurada, una manifestación de las acciones negativas acumuladas durante su existencia terrenal. Son arrastradas a un reino de sufrimiento, conocido como Duzakh o infierno zoroastriano, donde experimentan las consecuencias de sus actos en un estado purgatorial. Sin embargo, ni siquiera este estado es eterno, ya que el zoroastrismo cree en la posibilidad de la purificación final a través del Frashokereti.

El concepto de Frashokereti, o «hacer maravilloso», es fundamental para la esperanza escatológica del zoroastrismo. Este acontecimiento cósmico significa la restauración de la creación a su estado original e incorrupto. El Saoshyant, junto a otros líderes espirituales, desempeña un papel crucial en este proceso de renovación, liderando una batalla final contra los restos de la influencia de Angra Mainyu. No se trata de un mero enfrentamiento físico, sino de una lucha espiritual en la que las fuerzas de la luz y la verdad se esfuerzan por limpiar el universo del mal persistente. Es un proceso que trasciende el tiempo y que culmina con la victoria final del bien y la disolución de todas las formas de sufrimiento.

Durante el Frashokereti, el fuego del juicio se enciende sobre la tierra, símbolo de la purificación divina. El río fundido, que fluye sobre la tierra, quema las impurezas, refinando tanto el mundo físico como la esencia espiritual de todos los seres. Para los justos, este fuego es una caricia, un cálido abrazo que solidifica su conexión con Asha. Para los malvados, es una prueba abrasadora que les obliga a enfrentarse a las consecuencias de sus elecciones. Sin embargo, en el pensamiento zoroástrico, incluso este sufrimiento sirve a un propósito redentor, ya que prepara a todas las almas para la unidad final con el orden divino.

En medio de esta purificación, se dice que el Saoshyant lleva a cabo la resurrección de los muertos, devolviendo a todas las almas a sus cuerpos para que experimenten de primera mano la renovación del mundo. Este momento se representa como una reunión de los vivos y los difuntos, en la que las familias y las comunidades se reúnen de nuevo, compartiendo la alegría de un mundo renacido. Se describe la tierra como un lugar de equilibrio perfecto, donde los elementos -tierra, agua, fuego y aire- existen en su forma más pura, libres de la corrupción de la influencia de Angra Mainyu.

Con la derrota de Angra Mainyu, el propio tiempo se transforma. El concepto del tiempo como un ciclo interminable de creación y destrucción da paso a una nueva era de dicha inmutable. Este periodo, al que a menudo se hace referencia como el «Nuevo Tiempo», está marcado por el cese de todas las formas de decadencia y muerte. En esta era, el mundo ya no sufre el paso del tiempo, sino que existe en un estado de eterna primavera, donde la naturaleza florece y todos los seres viven en armonía. La presencia de Ahura Mazda se realiza plenamente, impregnando todos los aspectos de la existencia, y la distinción entre los reinos material y espiritual se disuelve en la unidad.

Esta visión de un mundo eterno y armonioso no es sólo un concepto teológico, sino también una profunda guía ética para los zoroastrianos. Refuerza la importancia de contribuir a esta eventual renovación mediante acciones cotidianas, alineándose con Asha y resistiendo a las tentaciones de Druj. La promesa de Frashokereti sirve como recordatorio de que cada pequeño acto de bondad, cada elección hacia la verdad, es un paso hacia la transformación final del mundo. Inspira a los creyentes a vivir como agentes del cambio cósmico, sabiendo que sus esfuerzos forman parte de una narrativa divina que se extiende más allá de sus vidas.

Las enseñanzas zoroastrianas sobre el final de los tiempos también subrayan la naturaleza comunitaria de esta esperanza escatológica. La renovación del mundo no es una experiencia solitaria, sino un viaje colectivo. Cuando las comunidades se reúnen en previsión del Frashokereti, reflexionan sobre las historias de antiguos héroes y mártires que resistieron la invasión de las tinieblas. Esta memoria compartida refuerza su determinación, vinculando sus luchas actuales a la gran saga del cosmos. Festivales como el Nowruz, que marca el Año Nuevo persa, se convierten en momentos para celebrar no sólo la renovación de la naturaleza, sino también la promesa de un futuro en el que toda la creación será restaurada.

Sin embargo, esta visión cósmica encierra una dimensión profundamente personal. El viaje hacia el final de los tiempos es, en última instancia, un camino que cada individuo debe recorrer. Las enseñanzas sobre el Saoshyant y el Frashokereti desafían a cada creyente a enfrentarse a sus propias luchas interiores, a discernir cuál es su posición entre Asha y Druj. La noción de que el Saoshyant puede surgir de cualquier persona con verdadera convicción sirve como llamada a la acción, instando a cada seguidor a esforzarse por alcanzar la excelencia moral y la perspicacia espiritual. Es un mensaje que trasciende las fronteras del tiempo, resonando con aquellos que buscan un significado en un mundo siempre cambiante.

En un contexto moderno, la visión zoroástrica del fin de los tiempos ofrece una contranarrativa a la desesperación y el nihilismo. Propone que los retos del presente, por abrumadores que sean, no son sino el preludio de una transformación más profunda. Es una llamada a perseverar en la adversidad, a ver más allá de la superficie de los acontecimientos y a reconocer el funcionamiento oculto de la justicia divina. Para muchos zoroastrianos de hoy, estas enseñanzas constituyen un ancla espiritual en medio de las incertidumbres de la diáspora y las cambiantes mareas del cambio global.

El poder duradero de esta visión reside en su capacidad para equilibrar la gravedad de la lucha cósmica con un mensaje de esperanza. No rehúye reconocer la realidad del sufrimiento, pero insiste en que este sufrimiento no carece de propósito. A través de la lente de Frashokereti, el dolor y la pérdida se convierten en parte de un proceso de refinamiento, que conduce a un futuro en el que todas las cosas encuentran su lugar legítimo en el orden de Asha. Esta creencia en una reconciliación final entre el bien y el mal, en la que incluso las fuerzas más obstinadas del caos son finalmente sometidas, ofrece una sensación de cierre al largo y arduo viaje de la existencia.

Mientras las enseñanzas sobre el final de los tiempos siguen conformando la práctica zoroástrica, recuerdan a los creyentes que la historia de la creación sigue desarrollándose. Los últimos capítulos aún no se han escrito, y cada individuo tiene un papel que desempeñar para determinar cómo la narración llega a su conclusión. La promesa de un mundo renovado por Frashokereti no es una fantasía lejana, sino una tradición viva, transmitida a lo largo de los siglos, que espera hacerse realidad a través de las acciones de los fieles. Es una llamada a permanecer vigilantes, a alimentar la llama sagrada de la sabiduría de Ahura Mazda y a prepararse para el amanecer de una nueva era en la que ya no habrá oscuridad.

De este modo, la visión zoroástrica del final de los tiempos sigue siendo un profundo testimonio de la resistencia del espíritu humano, una declaración de que, a pesar de las pruebas de la historia, la esperanza perdura. Invita a todos los que escuchan su mensaje a mirar más allá del momento presente, a ver los patrones divinos entretejidos en el tejido de la realidad y a confiar en que, al final, la luz triunfará.

Capítulo 21
Cantos rituales

En el zoroastrismo, los cantos e himnos sagrados que forman parte de sus prácticas rituales son más que meras palabras; son puentes que conectan el reino terrenal con el divino. Cada sonido, cada entonación, conlleva una potencia espiritual, que se cree que resuena con el orden cósmico establecido por Ahura Mazda. Entre ellos destaca el Yasna, un canto litúrgico que constituye la piedra angular del culto zoroástrico. Es una oración profunda que invoca a los elementos, los espíritus y los seres divinos que supervisan el orden del mundo. La Yasna no es sólo una recitación, sino una representación ritual, en la que la palabra hablada se convierte en una herramienta para invocar energías espirituales y fomentar la armonía entre los mundos material y espiritual.

Se cree que los cantos del zoroastrismo, entonados tradicionalmente en avestán, la antigua lengua litúrgica, poseen un poder intrínseco. En estas invocaciones, cada sílaba se considera una fuerza vibratoria que interactúa con los reinos invisibles, guiando la mente del practicante hacia la alineación con Asha. Esta tradición se ha conservado a lo largo de los siglos mediante la transmisión precisa de maestro a discípulo, haciendo hincapié en la importancia de la precisión en la pronunciación y la melodía. Los antiguos Mobeds, o sacerdotes, dedican años a dominar estas recitaciones, comprendiendo que su papel como custodios de estos cantos es crucial para mantener el vínculo entre la humanidad y lo divino.

La ceremonia del Yasna en sí es un intrincado ritual que requiere concentración y disciplina. En torno a un fuego central, se prepara el haoma, una planta sagrada a la que se atribuyen propiedades espirituales. Mientras el sacerdote canta los versos sagrados, el haoma se consagra y se ofrece al fuego, simbolizando un puente entre los elementos físicos y la luz espiritual de Ahura Mazda. A través de este proceso, los cantos rituales purifican el espacio, creando un refugio espiritual donde se puede sentir la presencia divina. Este acto de canto no sólo consagra las ofrendas, sino que también purifica los corazones de los participantes, renovando su conexión con Asha.

Además del Yasna, otros cantos, como los Gathas, ocupan un lugar especial en el culto zoroástrico. Se cree que los Gathas son las propias palabras de Zaratustra, y su recitación se considera una forma de comunión con las enseñanzas del profeta. Estos himnos reflejan la visión de Zaratustra de un mundo gobernado por los principios de la verdad, la rectitud y la justicia, y se dice que su melodía es portadora de la esencia de sus revelaciones espirituales. Los Gathas no sólo se recitan, sino que se viven, y cada verso ofrece capas de significado que se despliegan a través de la cadencia rítmica del canto. Para los fieles zoroastrianos, el acto de cantar los Gathas es una forma de interiorizar la sabiduría del profeta, permitiendo que guíe sus acciones diarias.

En el zoroastrismo, el canto suele ser colectivo, lo que convierte la devoción individual en un acto de culto comunitario. En los templos de fuego, las voces de la comunidad se alzan juntas, tejiendo un tapiz de sonido que se cree que limpia el ambiente de energías negativas. Este aspecto comunitario refuerza los lazos entre los miembros de la comunidad zoroastriana, creando un espacio compartido de refugio espiritual. Los cantos sirven para recordar la responsabilidad colectiva de mantener Asha y resistir las influencias de Druj, fomentando un sentimiento de unidad que trasciende al individuo.

El poder del sonido en los rituales zoroástricos está profundamente relacionado con el concepto de Manthra, un término que se refiere a una oración sagrada que encarna el poder espiritual. Manthra no sólo se refiere a las palabras en sí, sino a la intención que hay detrás de ellas, al estado interior del practicante mientras habla. Se dice que un Manthra pronunciado correctamente puede invocar bendiciones divinas, ofreciendo protección contra el caos de Angra Mainyu. En este sentido, el acto de cantar se convierte en un acto de creación, dando forma a la realidad a través de la palabra hablada y alineando el espíritu del practicante con el orden cósmico.

La conexión entre el canto y la naturaleza también se pone de relieve en la práctica zoroástrica. Muchos de los himnos honran los elementos naturales -agua, tierra, aire y fuego- reconociéndolos como manifestaciones sagradas de la creación de Ahura Mazda. Se cree que estos cantos mantienen la armonía entre los seres humanos y el mundo natural, garantizando que cada elemento permanezca en equilibrio. La reverencia mostrada a estos elementos a través de los cantos sagrados pone de relieve el compromiso zoroastriano de preservar el mundo natural, parte integrante de su deber espiritual.

A lo largo de los siglos, los cantos zoroástricos se han adaptado a los contextos culturales y geográficos de la diáspora. En la India, entre la comunidad parsi, la tradición de los cantos se ha conservado con una devoción meticulosa, garantizando que las antiguas melodías sigan resonando en templos de fuego alejados de sus orígenes persas. Esta adaptación no es sólo preservación, sino también resistencia, una forma de que la comunidad zoroástrica mantenga su identidad en un mundo que ha cambiado drásticamente desde los tiempos de Zaratustra. Los cantos se convierten en un vínculo vivo con el pasado, un medio de trasladar al presente la esencia de la espiritualidad zoroástrica.

Los cantos también desempeñan un papel en los ritos de paso, que marcan momentos significativos en la vida de un zoroastriano. Desde la ceremonia de iniciación del Navjote, en la que se da la bienvenida a la fe a un niño, hasta las solemnes recitaciones que acompañan el viaje de un alma más allá del Puente Chinvat, estos cantos proporcionan consuelo, guía y un sentido de continuidad. Recuerdan a la comunidad que cada vida individual forma parte de un viaje espiritual mayor, interconectado con la lucha cósmica entre Asha y Druj.

A medida que el zoroastrismo navega por las complejidades del mundo moderno, el papel de los cantos rituales sigue evolucionando. La conservación de estas antiguas melodías en una época de rápidos cambios se considera un deber sagrado, un testimonio de la resistencia de la cultura zoroástrica. Sin embargo, más allá de la preservación, se reconoce que los cantos deben seguir siendo relevantes, ofreciendo alimento espiritual a las nuevas generaciones que buscan sentido en un mundo acelerado. El reto consiste en equilibrar la necesidad de mantener intactas estas tradiciones con el deseo de hacerlas accesibles a una comunidad globalizada de creyentes.

En una época en la que muchos jóvenes zoroastrianos crecen lejos de los templos de Irán y la India, los esfuerzos por enseñar estos cantos han adoptado nuevos métodos. Las grabaciones del Yasna y los Gathas se comparten en línea, para llegar a quienes no pueden asistir a los rituales en persona. Talleres y reuniones en todo el mundo se centran en enseñar la pronunciación y comprensión correctas de los manthras, asegurando que la profundidad espiritual de los cantos no se pierda en la traducción. Estos esfuerzos reflejan un compromiso más amplio para mantener viva la llama del zoroastrismo, garantizando que los sonidos sagrados que una vez resonaron en los antiguos templos de fuego sigan resonando en los corazones de los fieles.

Así, la tradición de los cantos rituales zoroástricos sigue siendo un hilo vital en el tapiz de la fe, que conecta al practicante moderno con un linaje que se remonta a los albores del tiempo. Es un recordatorio de que, en un mundo en constante cambio, algunas cosas perduran, como el poder de una palabra sagrada, pronunciada con devoción, que se eleva como incienso hacia la luz eterna de Ahura Mazda.

El papel del canto ritual en el zoroastrismo está entretejido en el tejido de la vida espiritual, extendiéndose más allá de la mera recitación al reino de la profunda resonancia metafísica. Cada canto lleva consigo el peso de la tradición, un hilo que vincula a cada generación con las antiguas prácticas inspiradas por las enseñanzas de Zaratustra. Aunque el Yasna y los Gathas ocupan un lugar central, otros cantos -cada uno con su propia melodía y entonación- desempeñan funciones específicas en el marco espiritual de los rituales zoroástricos. Estos cantos tienen el poder de consagrar, purificar e invocar la presencia divina durante los momentos de oración y meditación.

Entre ellos están el Niyash y el Yashts, oraciones que rinden homenaje a los espíritus divinos asociados a los elementos naturales y a los seres celestiales. Cada canto es una invocación, una llamada a las energías divinas que gobiernan la creación. El Niyash, por ejemplo, se canta en honor del sol, la luna y las aguas, reconociendo sus poderes vivificantes y su lugar en el orden cósmico. A través de estos cantos, los zoroastrianos expresan gratitud y reverencia por los dones divinos de la naturaleza, reafirmando su papel como administradores de la creación de Ahura Mazda. Los patrones melódicos del Niyash se hacen eco de los ritmos del mundo natural, creando una sensación de unidad entre el devoto y lo divino.

Los Yashts, por su parte, son himnos más intrincados dedicados a divinidades individuales, como Mitra, el guardián de los pactos, o Anahita, la diosa de las aguas. Cada Yasht es un tapiz de antiguas narraciones mitológicas, alabanzas e invocaciones, que mezclan lo poético con lo místico. Cuando se cantan durante ceremonias especiales, se cree que los yashts invocan el favor de estas entidades espirituales, ofreciéndoles protección, bendiciones y guía. Las cadencias de los Yashts, con sus diferentes tempos y entonaciones, crean una atmósfera espiritual dinámica que eleva la mente para contemplar los misterios divinos.

El arte de cantar en el zoroastrismo tiene que ver tanto con la pronunciación y el ritmo correctos como con el estado interior del recitador. La disposición espiritual, o la pureza de corazón, se consideran esenciales para la eficacia de los cantos. En este sentido, la antigua práctica de mantener la disciplina espiritual antes de entrar en el templo del fuego o participar en las ceremonias es de suma importancia. Los mobeds, custodios de estas tradiciones, se someten a un riguroso entrenamiento no sólo para dominar las complejas melodías, sino también para cultivar una alineación interior con Asha, la verdad y el orden que tratan de manifestar a través de cada palabra pronunciada. Sus voces tienen una resonancia que se considera capaz de unir lo temporal con lo eterno.

La transmisión de estas técnicas de canto de maestro a discípulo ha sido históricamente un proceso de profunda tutoría, en el que la atención no se centra sólo en aprender, sino en encarnar los principios espirituales que representan los cantos. En esta tradición, el acto de escuchar es tan importante como el de recitar. Es escuchando la voz de un Mobed experimentado como se asimilan las sutilezas de cada canto, lo que permite al iniciado captar toda la profundidad del ritual. Esta tradición oral subraya que el conocimiento sagrado se transmite mejor a través de la experiencia que del mero estudio textual.

En las comunidades zoroastrianas de todo el mundo, la preservación de los cantos se ha enfrentado a retos, especialmente en la era moderna, en la que muchas familias viven lejos de los centros de culto tradicionales. En respuesta, ha habido un esfuerzo creciente por documentar estos cantos mediante grabaciones, asegurando que las generaciones más jóvenes puedan acceder y aprender estas melodías sagradas aunque estén lejos de un templo de fuego. Las plataformas en línea se han convertido en depósitos de estas prácticas ancestrales, donde se comparten grabaciones de la Yasna, los Yashts y otros cantos, tendiendo un puente entre la tradición y la modernidad.

Esta adaptación de los cantos antiguos a los medios digitales es un reflejo de la naturaleza evolutiva del culto zoroástrico, donde tradición y tecnología se encuentran. Estas grabaciones, a menudo acompañadas de explicaciones sobre su significado e importancia espiritual, ayudan a los zoroastrianos más jóvenes a conectar con su herencia de un modo que se ajusta a la vida contemporánea. En la diáspora, donde los zoroastrianos están repartidos por todos los continentes, este ha sido un medio crucial para mantener el sentido de comunidad, a pesar de las distancias geográficas. Para muchos, escuchar estos cantos se convierte en una forma de reconectar con las raíces de su fe, de oír las mismas palabras que resonaban en los antiguos templos de Persia.

Sin embargo, la digitalización de las tradiciones también plantea cuestiones de autenticidad y fidelidad. El delicado equilibrio entre preservar las entonaciones antiguas y adaptarse a los contextos de las nuevas generaciones requiere una cuidadosa consideración. Los mobeds y los líderes comunitarios debaten a menudo sobre la mejor manera de mantener la integridad de estos cantos y, al mismo tiempo, garantizar su accesibilidad a quienes quizá nunca pisen un templo de fuego. Esta conversación forma parte de un diálogo más amplio dentro del zoroastrismo sobre la preservación de la tradición en un mundo cambiante, donde el deseo de conexión espiritual debe coexistir con las realidades de la vida moderna.

A pesar de estos desafíos, la esencia del canto permanece inalterable: una práctica destinada a elevar, purificar y conectar el alma con lo divino. Incluso en la tranquila soledad de un hogar, lejos de la presencia de un Mobed, un zoroastriano puede entonar las sencillas palabras del Ashem Vohu o el Yatha Ahu Vairyo, dos de los mantras más antiguos y poderosos de la fe. Estas breves invocaciones destilan la esencia de la filosofía zoroástrica, centrándose en la verdad, la rectitud y la eterna lucha por alinearse con Asha. Para muchos zoroastrianos, la repetición de estos mantras es un recordatorio diario de su camino espiritual, un momento para centrarse en medio de las distracciones de la vida cotidiana.

El poder de los cánticos se extiende a los ritos de paso, momentos que marcan las etapas de la vida de los zoroastrianos. La ceremonia de Navjote, la iniciación de un joven zoroastriano en la fe, va acompañada del canto de versos sagrados, un ritual que simboliza la transmisión del conocimiento espiritual de una generación a otra. Del mismo modo, durante las ceremonias matrimoniales, los cantos bendicen la unión e invocan la protección divina para el viaje juntos de la pareja. En los ritos finales, cuando un zoroastriano fallece, los cantos sagrados guían el alma hacia el puente Chinvat, ofreciendo consuelo a los afligidos y asegurando que el difunto esté acompañado por las palabras sagradas de su fe.

El impacto de los cantos va más allá de lo espiritual y afecta a los aspectos comunitarios y culturales de la vida zoroastriana. En festivales como el Nowruz, el Año Nuevo persa, los cantos llenan el aire de renovación y esperanza. Durante estas reuniones, el acto de cantar juntos refuerza los lazos entre los miembros de la comunidad, convirtiendo el simple acto de recitar en una poderosa experiencia colectiva. Es en estos momentos cuando se hace evidente toda la profundidad del ritual zoroástrico, una fe que trata tanto de la experiencia comunitaria de lo divino como del viaje individual hacia la iluminación espiritual.

A medida que las comunidades zoroastrianas siguen adaptándose a un mundo globalizado, la tradición de los cánticos les sirve de recordatorio de su conexión duradera con la antigua sabiduría de Zaratustra. Es una forma de mantener vivas las ideas espirituales que se han transmitido durante milenios, asegurando que no se desvanezcan en los ecos de la historia. Por el contrario, estos cantos siguen resonando, a veces en los antiguos templos de fuego de Irán, a veces en las pequeñas reuniones de las comunidades de la diáspora y a veces a través de los altavoces digitales de quienes aprenden de nuevo sus oraciones ancestrales.

En todas sus formas, el canto sigue siendo un testimonio del espíritu vivo del zoroastrismo, una línea ininterrumpida de sonido que se remonta a los albores de la fe y se extiende hacia un futuro desconocido. Encarna la creencia zoroástrica de que la palabra hablada tiene poder, un poder que puede moldear, transformar y elevar tanto al individuo como al mundo. A través de esta perdurable tradición, los cantos sagrados del zoroastrismo ofrecen un camino hacia la conexión, un recordatorio de que dentro de cada voz yace el potencial de tocar la luz eterna de Ahura Mazda.

Capítulo 22
La diáspora

La historia de la diáspora zoroástrica es una historia de resistencia, adaptación y preservación cultural. Cuando la conquista árabe remodeló el paisaje persa, muchos zoroastrianos se enfrentaron a profundos cambios en su estatus social, religioso y político. Sin embargo, incluso ante la adversidad, la fe y las tradiciones culturales de esta antigua comunidad encontraron la forma de sobrevivir y acabaron arraigando en nuevas tierras. Este capítulo profundiza en los viajes que llevaron a los zoroastrianos más allá de las fronteras de Persia, sus luchas por mantener sus creencias en entornos extranjeros y la creación de nuevas comunidades que aseguraran la continuidad de su herencia espiritual.

Las oleadas iniciales de migración zoroástrica comenzaron poco después de la conquista islámica de Persia en el siglo VII. A medida que los nuevos gobernantes imponían restricciones a las prácticas religiosas y los zoroastrianos se enfrentaban a una creciente presión para convertirse, un número significativo de creyentes buscó refugio en regiones donde pudieran preservar sus costumbres. Muchos huyeron a las zonas montañosas del norte de Irán, donde perduraron durante siglos focos de práctica zoroástrica. Otros viajaron más lejos, embarcándose en las peligrosas rutas marítimas que les llevaron a las costas occidentales de la India, donde acabaron estableciendo una próspera comunidad conocida como los parsis.

La migración parsi es uno de los capítulos más significativos de la historia de la diáspora zoroástrica. Los parsis llegaron a Gujarat alrededor del siglo VIII o IX y negociaron con los gobernantes locales el derecho a practicar libremente su fe. Una leyenda muy conocida cuenta que los sacerdotes parsis se reunieron con un rey local y, al ofrecerle un recipiente lleno de leche hasta el borde, le dijeron que su presencia sería como añadir azúcar a la leche, que la aumentaría pero no la saturaría. Esta garantía metafórica simbolizaba el compromiso de los parsis de integrarse en su nueva patria preservando al mismo tiempo su identidad religiosa. Con el tiempo, los parsis construyeron templos de fuego, establecieron comunidades y se convirtieron en parte integrante del tejido cultural de la India.

El traslado a la India permitió al zoroastrismo florecer en un nuevo contexto, lejos de las presiones que sufría en Irán. Sin embargo, los parsis también se enfrentaron al reto de adaptar sus costumbres para encajar en una sociedad predominantemente hindú y musulmana. Esta adaptación exigió una cuidadosa negociación entre el mantenimiento de los principios básicos de su fe y la aceptación del nuevo entorno cultural. Conservaron los elementos esenciales de los rituales zoroástricos, desde el fuego sagrado hasta la ceremonia Navjote, al tiempo que adaptaban ciertas prácticas a su nuevo entorno. El resultado fue una vibrante cultura parsi que mantuvo su carácter religioso distintivo al tiempo que contribuía a la sociedad india en general a través de la filantropía, la educación y el comercio.

Los retos de la diáspora no se limitaron a las prácticas religiosas, sino que se extendieron a la conservación de la lengua y la tradición. La comunidad parsi se esforzó por conservar el uso del avestán y el pahlavi, las antiguas lenguas de sus escrituras, dentro de su contexto religioso, incluso cuando el guyaratí y otras lenguas regionales se convirtieron en la lengua común de la vida cotidiana. Esta dualidad lingüística se convirtió en un sello distintivo de la resistencia cultural de la comunidad, que simbolizaba su vínculo con una patria lejana y su compromiso de mantener un linaje espiritual milenario.

Mientras tanto, en Irán, las comunidades zoroastrianas seguían sufriendo discriminación y dificultades económicas bajo las sucesivas dinastías musulmanas. Aun así, pequeñas poblaciones zoroastrianas lograron sobrevivir en ciudades como Yazd y Kerman, regiones conocidas por su perdurable devoción a la antigua fe. Aquí mantuvieron vivas las antiguas costumbres en secreto, protegiendo sus templos de fuego y reuniéndose para los rituales bajo la sombra constante de la persecución. Estas comunidades, aunque disminuidas, servían de conexión viva con el pasado zoroastriano de Persia, preservando tradiciones que más tarde inspirarían un sentimiento de orgullo y renacimiento entre los zoroastrianos de todo el mundo.

Los siglos XIX y XX trajeron nuevos cambios, ya que las comunidades zoroastrianas de Irán y la India intentaron restablecer sus vínculos entre sí y con el resto del mundo. En este periodo aumentaron las interacciones entre los parsis y los zoroastrianos de Irán, que a menudo ofrecían ayuda económica a sus homólogos iraníes. Estos intercambios eran algo más que actos de caridad: eran esfuerzos por reconstruir un sentimiento de unidad entre zoroastrianos separados por el tiempo, la geografía y las circunstancias históricas. Estas interacciones ayudaron a reforzar una identidad compartida, recordando a las comunidades su herencia común y las enseñanzas universales de Zaratustra.

La era moderna también trajo consigo nuevas migraciones, ya que las oportunidades económicas y las convulsiones políticas llevaron a los zoroastrianos a establecerse en países occidentales como Estados Unidos, Canadá, Reino Unido y Australia. Estas nuevas comunidades de la diáspora se encontraron en otra fase de adaptación, integrándose en la sociedad occidental al tiempo que se esforzaban por transmitir sus tradiciones a la siguiente generación. Para muchos, el traslado a Occidente representaba una oportunidad de escapar de los prejuicios persistentes a los que se enfrentaban en Irán o de encontrar nuevas oportunidades de educación y crecimiento profesional.

La dispersión de los zoroastrianos por diversas partes del mundo presentó tanto oportunidades como retos. En ciudades como Los Ángeles, Toronto y Londres, los zoroastrianos formaron nuevas asociaciones y construyeron centros culturales para mantener su espíritu comunitario. Estos centros se convirtieron en lugares de reunión, donde las familias podían celebrar juntas el Nowruz, los jóvenes podían aprender sobre su herencia y los ancianos podían transmitir las historias de sus antepasados. Al mismo tiempo, las presiones de la asimilación y el menor tamaño de estas comunidades hacían cada vez más difícil mantener a las generaciones más jóvenes comprometidas con la fe.

En la diáspora occidental, los zoroastrianos se enfrentan a menudo al delicado equilibrio entre la libertad de practicar su religión abiertamente y el riesgo de perder a las generaciones más jóvenes por las influencias seculares de sus nuevos países de origen. Muchas familias se enfrentan a cuestiones de identidad, tratando de preservar los principios básicos de su fe y asegurándose de que sus hijos se sientan parte de un contexto social más amplio. El resultado es una comprensión dinámica y evolutiva de lo que significa ser zoroastriano en el siglo XXI, una comprensión que se inspira en las enseñanzas ancestrales a la vez que se adapta a las realidades de un mundo globalizado.

La historia de la diáspora zoroástrica es también un relato de intercambio cultural. En cada nuevo entorno, los zoroastrianos han contribuido a las sociedades en las que habitan, desde las influyentes iniciativas empresariales y filantrópicas de los parsis en la India hasta las aportaciones académicas y culturales de los zoroastrianos en Occidente. Estas comunidades se han convertido en ejemplos vivos de los principios zoroastrianos de Asha y Vohu Manah, aportando orden, verdad y buenas intenciones a sus interacciones con los demás. Su énfasis en la educación, la caridad y la integridad ha dado a los zoroastrianos la reputación de ser miembros industriosos y con principios de la sociedad, sin importar dónde se hayan asentado.

Sin embargo, con cada generación, el reto de mantener la identidad zoroástrica se hace más acuciante. Los líderes y ancianos de la comunidad son muy conscientes de la necesidad de mantener encendido el antiguo fuego, no sólo en el sentido literal de las llamas sagradas de sus templos, sino como símbolo de la perdurable luz espiritual de Ahura Mazda. Este reto ha inspirado a muchos a desarrollar nuevos enfoques, desde plataformas en línea donde los jóvenes zoroastrianos pueden conectarse y aprender sobre su fe, hasta iniciativas que promueven el entendimiento intercultural y el conocimiento de la historia y la filosofía zoroastrianas.

La resistencia de la diáspora zoroástrica es, en última instancia, un testimonio de la fuerza perdurable de una fe que ha resistido siglos de cambios. Refleja la adaptabilidad de una comunidad que ha transportado la antigua sabiduría de Zaratustra a través de océanos y fronteras, preservándola a través de innumerables transformaciones. Cada generación de la diáspora, ya sea en Irán, en la India o en rincones remotos de Occidente, se ha enfrentado a la pregunta de qué significa ser zoroastriano en su tiempo, y cada una ha encontrado la manera de responderla, manteniendo vivo el espíritu de su antigua tradición al tiempo que abrazaba las oportunidades del mundo que le rodeaba.

La persistencia de la diáspora zoroástrica está marcada no sólo por la adaptación, sino también por un esfuerzo continuo por tejer su antigua fe en el tejido de las nuevas patrias. A medida que la comunidad se extendía por la India, Occidente y más allá, los retos de mantener su patrimonio cultural y religioso evolucionaban. Cada nuevo contexto requería un delicado equilibrio: conservar la esencia de sus creencias y navegar al mismo tiempo por la modernidad, adoptando nuevas identidades sin perder los valores fundamentales que enseñaba Zaratustra. Este capítulo profundiza en las contribuciones, adaptaciones culturales y luchas identitarias de las comunidades zoroastrianas de la diáspora, explorando sus continuos esfuerzos por mantener una conexión con su pasado.

En la India, la comunidad parsi se convirtió en una parte importante del panorama social y económico, contribuyendo notablemente a la industria, la educación y las artes. Pioneros como Jamsetji Tata y Dadabhai Naoroji desempeñaron un papel decisivo en la configuración del entorno industrial y político de la India moderna, aunque sus contribuciones siempre estuvieron profundamente entrelazadas con sus valores zoroástricos. Su filantropía, impulsada por el principio de «Hvarshta» (buenas acciones), dejó un legado duradero en forma de instituciones educativas, hospitales y fundaciones culturales que siguen sirviendo a la sociedad. El énfasis de los parsis en la caridad y el bienestar social se convirtió en un sello distintivo de su identidad en la India, reflejo del principio zoroástrico de promover el bienestar de toda la creación.

Sin embargo, este espíritu de generosidad y servicio a la comunidad iba acompañado de una tensión interna: el deseo de mantener una identidad propia en medio de la sociedad india. A medida que aumentaban los matrimonios mixtos y la asimilación de prácticas culturales más amplias, la comunidad se enfrentaba a debates sobre lo que significaba ser auténticamente parsi. Estos debates giraban a menudo en torno a cuestiones como la conservación de los rituales, el uso del avestán en las ceremonias religiosas y la adhesión a la vestimenta y las costumbres tradicionales. La cuestión de quién podía considerarse zoroastriano o parsi, especialmente en los casos de herencia mixta, suscitó apasionados debates, revelando la profunda preocupación por la dilución de sus antiguas tradiciones.

En Irán, las luchas de las comunidades zoroastrianas restantes adquirieron un carácter diferente. Bajo la sombra de una marginación secular, se encontraron luchando por mantener sus costumbres con recursos limitados. Frente a las presiones culturales, los zoroastrianos de Yazd, Kerman y Teherán se esforzaron por mantener vivas sus prácticas religiosas, salvaguardando los fuegos sagrados y reuniéndose para celebrar rituales comunitarios, aun cuando muchos se enfrentaban al aislamiento social. El periodo posrevolucionario de Irán, centrado en los valores islámicos, trajo consigo nuevos retos, pero también despertó un sentimiento de orgullo y solidaridad entre los zoroastrianos decididos a proteger su identidad. En las últimas décadas, se ha producido un renacimiento del orgullo cultural, y los zoroastrianos de Irán han hecho hincapié en la conservación de los lugares históricos y en el aumento de los esfuerzos para educar a los jóvenes sobre su patrimonio.

Cuando las comunidades zoroastrianas se establecieron en Occidente, encontraron nuevas vías para expresar su identidad y compartir su rico patrimonio con los demás. En ciudades como Nueva York, Londres y Toronto, las asociaciones y centros culturales zoroastrianos se han convertido en centros neurálgicos de la vida comunitaria. En ellos, los zoroastrianos se reúnen para celebrar festivales tradicionales como el Nowruz y el Gahambars, organizan campamentos juveniles y entablan diálogos interreligiosos que introducen a otros en la sabiduría de Zaratustra. Estos esfuerzos no se limitan a preservar rituales, sino que representan una misión más amplia para mantener los valores zoroástricos de verdad, rectitud y armonía en un mundo globalizado.

El compromiso de la diáspora zoroástrica con la tecnología moderna ha sido fundamental en sus esfuerzos por preservar y difundir su patrimonio. Las plataformas de medios sociales, las reuniones de oración en línea y los archivos digitales han permitido a los miembros de la fe permanecer conectados a través de los continentes. Esta presencia digital ha permitido una nueva concepción de la comunidad, que trasciende las fronteras geográficas y fomenta un sentimiento de unidad entre los zoroastrianos de todo el mundo. Los jóvenes zoroastrianos, sobre todo los nacidos en países occidentales, han utilizado estas herramientas para explorar su identidad, buscando un equilibrio entre su herencia y su lugar en sociedades multiculturales. Para muchos, esta conexión con sus raíces ha tomado la forma de exploración de textos antiguos, aprendizaje de cantos avestanes y participación en debates sobre cómo los valores zoroastrianos pueden abordar retos contemporáneos como la sostenibilidad medioambiental y la justicia social.

La experiencia de la diáspora zoroástrica también se ha visto moldeada por las contribuciones de figuras influyentes que han actuado como puentes culturales. Eruditos, escritores y líderes de la diáspora han trabajado para interpretar las enseñanzas zoroástricas de forma que resuenen en el público moderno. Sus escritos y compromisos públicos han puesto de relieve la relevancia atemporal de conceptos zoroástricos como Asha (verdad y orden) y Spenta Mainyu (el espíritu de la creatividad y el crecimiento). Al enmarcar el zoroastrismo como una tradición que valora la elección individual, la protección del medio ambiente y la búsqueda del conocimiento, estos líderes del pensamiento han ayudado a la diáspora a ver su fe no sólo como un legado antiguo, sino como una filosofía con profundas implicaciones para la vida moderna.

Sin embargo, incluso con estos avances, la diáspora zoroástrica sigue siendo muy consciente de los retos demográficos a los que se enfrenta su comunidad. La población zoroástrica mundial es pequeña y, con cada generación que pasa, la cuestión de la continuidad se hace más acuciante. Las tasas de natalidad de la comunidad son bajas y las normas que rigen los matrimonios mixtos han reducido aún más su número. Esto ha impulsado una serie de iniciativas encaminadas a la construcción de la comunidad y el compromiso. Programas como los campamentos de liderazgo juvenil, las asociaciones de estudiantes zoroastrianos y los talleres interculturales han surgido como medios para fomentar el sentimiento de pertenencia entre los miembros más jóvenes. Estos programas hacen hincapié en la idea de que, aunque los rituales y prácticas del zoroastrismo son antiguos, la forma en que se viven puede evolucionar para satisfacer las necesidades de un mundo cambiante.

Para muchos zoroastrianos de la diáspora, la preservación de su fe es también una cuestión de salvaguardar su memoria cultural. Esto incluye esfuerzos para documentar la historia de su migración, las luchas a las que se enfrentaron en sus nuevos países de origen y las contribuciones que han hecho a diversas sociedades. Esta documentación no sólo sirve como registro histórico, sino también como fuente de inspiración, recordando a las generaciones más jóvenes la resistencia y adaptabilidad de sus antepasados. Proyectos como las grabaciones de historia oral y los archivos comunitarios han sido cruciales para captar las diversas experiencias de los zoroastrianos, garantizando que su historia siga siendo accesible para las generaciones futuras.

Los retos de la diáspora, aunque desalentadores, también han despertado un sentimiento de renovación en la comunidad. En los últimos años, se ha producido un movimiento hacia la reinterpretación del zoroastrismo de forma que hable de los valores contemporáneos y los retos globales. Esto incluye un enfoque en la ética medioambiental, que resuena con las crisis ecológicas de hoy en día. El énfasis zoroástrico en preservar la naturaleza, respetar la pureza de los elementos y vivir en armonía con la Tierra ha encontrado una nueva relevancia, inspirando a las generaciones más jóvenes a ver su fe como una guía para el activismo medioambiental.

Esta renovación también es evidente en el creciente interés de los estudiosos y el público en general por la historia y las enseñanzas del zoroastrismo. La apertura de la comunidad a compartir su patrimonio a través de festivales culturales, conferencias públicas y colaboraciones académicas ha contribuido a elevar el perfil del zoroastrismo en la escena mundial. Al hacer hincapié en los temas universales de su fe -como la lucha entre el bien y el mal, el poder de la elección individual y la búsqueda de la verdad-, los zoroastrianos han posicionado su antigua tradición como una fuente de sabiduría que habla de la experiencia humana compartida.

En el paisaje moderno, la diáspora zoroástrica encarna una paradoja viviente: una pequeña comunidad que perpetúa una antigua tradición al tiempo que se enfrenta a las complejidades de la modernidad global. Su historia no trata simplemente de la supervivencia, sino de la creación activa de un futuro en el que las enseñanzas de Zaratustra sigan inspirando. A través de su resistencia cultural, su compromiso con la educación y la comunidad, y su voluntad de adaptarse sin perder de vista sus raíces espirituales, los zoroastrianos de todo el mundo han encontrado formas de mantener vivas sus tradiciones, ofreciendo un testimonio del poder perdurable de la fe y la memoria cultural.

Así, la diáspora representa la continuación de un viaje que comenzó con las revelaciones de Zaratustra en la antigua Persia, un viaje que ha cruzado mares y atravesado continentes, pero que sigue profundamente arraigado en los principios intemporales de Asha y Vohu Manah. Para la comunidad zoroástrica, el futuro es a la vez incierto y prometedor, y en cada rincón del mundo donde arde un fuego sagrado, la historia de resistencia y esperanza continúa desarrollándose.

Capítulo 23
La conquista islámica de Persia

La conquista islámica de Persia en el siglo VII supuso profundos cambios en el panorama cultural y religioso de la región y marcó un punto de inflexión en la historia del zoroastrismo. A medida que las fuerzas árabes avanzaban, se encontraron con una tierra profundamente arraigada en las antiguas enseñanzas de Zaratustra, donde los templos del fuego zoroástricos salpicaban el paisaje y el Avesta servía de guía tanto para la vida espiritual como para la cotidiana. Sin embargo, con la llegada de los nuevos gobernantes islámicos, el orden social se alteró irrevocablemente y el zoroastrismo se enfrentó a su mayor desafío.

Al principio, la conquista estuvo marcada por la resistencia y el conflicto, ya que las fuerzas persas, lideradas por el Imperio sasánida, lucharon por defender sus territorios. A pesar de sus esfuerzos, el Imperio sasánida acabó desmoronándose, abrumado por el poderío militar y la perspicacia estratégica de los ejércitos árabes. La caída de Ctesifonte, la capital sasánida, simbolizó el fin de una era para los zoroástricos, ya que allanó el camino al dominio islámico sobre Persia. La derrota no sólo significó un cambio político, sino que marcó el comienzo de una transformación en la vida religiosa de la región.

Las primeras secuelas de la conquista se caracterizaron por un periodo de tolerancia, en el que se concedió a los zoroastrianos el estatus de dhimmis, no musulmanes que podían seguir practicando su religión bajo el dominio islámico a cambio de pagar la jizya, un impuesto especial. Sin embargo, la imposición de este impuesto supuso una carga económica para las comunidades zoroastrianas, lo que llevó a muchos a enfrentarse a la difícil disyuntiva de convertirse al islam o sufrir penurias económicas. Para algunos, la conversión ofrecía un camino hacia la movilidad social y el alivio de los impuestos, pero para otros suponía el sacrificio de sus creencias más arraigadas.

A medida que los nuevos gobernantes islámicos consolidaban su poder, introdujeron cambios que afectaron al tejido de la vida comunitaria zoroastriana. La influencia del zoroastrismo empezó a decaer a medida que las mezquitas sustituían a los templos de fuego, y el árabe suplantó gradualmente al persa medio como lengua de la administración y la erudición. La pérdida de la corte sasánida, que había sido una firme defensora del zoroastrismo, dejó a la comunidad sin un patrón central que defendiera sus tradiciones. Los sacerdotes zoroastrianos, los mobeds, tuvieron cada vez más dificultades para mantener sus fuegos sagrados y transmitir las enseñanzas del Avesta a las nuevas generaciones.

Sin embargo, a pesar de estas presiones, el zoroastrismo no desapareció. Las comunidades de las zonas rurales y de regiones como Yazd y Kerman se convirtieron en refugios para los fieles. En estas zonas remotas, los zoroastrianos trataban de preservar sus costumbres en secreto, lejos de los ojos vigilantes de los nuevos gobernantes. Las familias se reunían en sus casas para susurrar oraciones, recitar versos del Avesta y compartir las historias de sus antepasados que habían seguido el camino de Zaratustra. Los templos de fuego que quedaron se convirtieron no sólo en lugares de culto sino en símbolos de resistencia e identidad, donde las llamas sagradas representaban un vínculo continuo con su herencia y la presencia divina de Ahura Mazda.

En este nuevo contexto, las comunidades zoroastrianas tuvieron que adaptar sus prácticas para sobrevivir. Los rituales que antes se celebraban abiertamente en los grandes templos del Imperio sasánida se realizaban ahora con discreción. Las celebraciones del Nowruz, que durante mucho tiempo habían sido un acontecimiento público que marcaba la renovación de la vida, se convirtieron en asuntos más tranquilos, pero conservaron su significado como momento para reflexionar sobre la resistencia de su fe. El deber sagrado de preservar la pureza del fuego, el agua y la tierra adquirió un nuevo significado, ya que los zoroastrianos trataban de mantener la integridad de sus creencias incluso bajo la sombra de una cultura dominante que pretendía remodelar su mundo.

La adaptación a esta nueva realidad también conllevó cambios en la forma en que los zoroastrianos entendían su lugar en el universo. Las enseñanzas de Asha (orden cósmico) y la eterna lucha contra Druj (caos) adquirieron una resonancia más profunda a medida que los zoroastrianos interpretaban sus circunstancias cambiantes como parte de esta batalla cósmica. La supervivencia de su comunidad en medio de la adversidad se veía como una manifestación de su papel como guardianes de Asha, un compromiso de mantener la verdad y la rectitud a pesar de los retos impuestos por el nuevo orden social. Esta creencia se convirtió en una fuente de fortaleza que guió a los zoroastrianos durante los periodos de incertidumbre y pérdida.

Los retos de preservar el zoroastrismo bajo el dominio islámico se extendieron más allá de las prácticas religiosas, a la vida cotidiana. Los zoroastrianos se vieron marginados y limitadas sus oportunidades de educación, comercio y vida pública. Muchos sufrían discriminación y ostracismo social, lo que reforzaba aún más la sensación de ser una comunidad aparte. Esta sensación de aislamiento estrechó los lazos comunitarios entre los zoroastrianos, que se apoyaban unos en otros para forjar una fuerte identidad colectiva que les ayudó a soportar los siglos de cambios y agitación que siguieron.

Con el tiempo, a medida que más persas se convertían al islam, la población zoroástrica disminuía y el conocimiento de sus antiguos textos y tradiciones corría cada vez más peligro. La pérdida de manuscritos y tradiciones orales durante este periodo supuso una grave amenaza para la conservación del patrimonio zoroástrico. Sin embargo, gracias a la dedicación de unos pocos fieles mobeds y eruditos, se hicieron esfuerzos por recopilar y preservar lo que quedaba de los textos sagrados. La literatura pahlavi, que recogía gran parte del pensamiento teológico y filosófico zoroástrico, se convirtió en una fuente crucial de conocimiento, actuando como puente entre el antiguo pasado preislámico y el futuro de la fe.

La conquista islámica de Persia no fue sólo una historia de declive para el zoroastrismo; fue un testimonio de la resistencia y adaptabilidad de una comunidad decidida a conservar su identidad espiritual. En medio de la transformación política y social, los zoroastrianos mantuvieron su conexión con las antiguas enseñanzas de Zaratustra, adaptando sus prácticas a las realidades de su nuevo entorno sin abandonar nunca los principios básicos de su fe. Mediante la perseverancia, consiguieron mantener viva la esencia de sus creencias, garantizando que la llama de su tradición siguiera ardiendo, aunque más tenuemente que antes.

Este capítulo explora la compleja dinámica de este periodo, reflexionando sobre las estrategias de supervivencia y adaptación que emplearon los zoroastrianos mientras navegaban por un mundo transformado por nuevos gobernantes y nuevas ideologías. Arroja luz sobre las experiencias de quienes decidieron mantenerse fieles a su antiguo camino a pesar de los desafíos, y sobre cómo su resistencia se convirtió en la base de las comunidades zoroastrianas que continuarían perdurando, tanto en Persia como más allá de sus fronteras.

La conquista islámica, por tanto, constituye un momento crucial en la historia del zoroastrismo, no sólo como una época de pérdidas, sino como un crisol en el que se reformó y reafirmó la identidad de la comunidad. Sentó las bases para la migración de los zoroastrianos a nuevas tierras, como la India, donde se les conocería como parsis, y para el surgimiento de una diáspora que llevaría sus creencias al futuro. Es una historia de lucha, de adaptación y, sobre todo, de un compromiso perdurable con los ideales de Asha y las enseñanzas de Zaratustra, incluso cuando se enfrentan a la formidable marea de la historia.

Las secuelas de la conquista islámica de Persia dejaron profundas huellas en la comunidad zoroástrica, transformando sus prácticas religiosas, su identidad cultural y sus funciones sociales. Este capítulo profundiza en la resistencia y las estrategias de supervivencia de los zoroastrianos durante el largo periodo de dominación islámica, destacando cómo preservaron, adaptaron y, en ocasiones, ocultaron sus tradiciones mientras navegaban por un entorno difícil y a menudo hostil.

A medida que la influencia islámica se consolidaba en Persia, las condiciones para los zoroastrianos se hacían cada vez más difíciles. Aunque la conquista inicial permitió cierta libertad religiosa gracias al estatus de dhimmi, en periodos posteriores se intensificó la presión para que se ajustaran a las normas islámicas de los nuevos gobernantes. Los zoroastrianos, al ser una minoría en una sociedad predominantemente musulmana, se enfrentaban no sólo a cargas económicas como el impuesto de la jizya, sino también a restricciones y estigmas sociales. Sus prácticas religiosas, que antes florecían abiertamente en grandes templos de fuego, ahora se realizaban discretamente para evitar la persecución o la injerencia de las autoridades.

A pesar de estas dificultades, la comunidad zoroástrica mantuvo su compromiso con los principios básicos de su fe, conservando la esencia de sus rituales y creencias. Un aspecto clave de esta preservación fue el papel de los Mobeds, o sacerdotes zoroastrianos, que se convirtieron no sólo en líderes espirituales sino también en guardianes del conocimiento. Memorizaban y transmitían meticulosamente los versos del Avesta, manteniendo la tradición oral incluso cuando los textos escritos escaseaban y a menudo se ocultaban para evitar su confiscación o destrucción por quienes los consideraban reliquias de una religión superada.

En comunidades aisladas, lejos de los centros políticos de los califatos islámicos, los zoroastrianos encontraron cierta seguridad para continuar con sus prácticas. Ciudades como Yazd y Kerman se convirtieron en bastiones de la cultura zoroástrica, donde aún podían oírse los rituales del Yasna y las oraciones a Ahura Mazda. Estos enclaves servían de santuarios donde se conservaban los templos del fuego, aunque con mucha menos grandeza que en tiempos del Imperio sasánida. Los fuegos sagrados, símbolos de la presencia divina, siguieron ardiendo, convirtiéndose en potentes símbolos de la resistencia zoroástrica.

En estos tiempos de adversidad, la teología zoroástrica evolucionó para reflejar las experiencias de la comunidad. El concepto de Asha (orden, verdad) y su eterna lucha contra Druj (caos, falsedad) adquirió nuevas capas de significado, ya que los zoroastrianos interpretaban su marginación social y política como parte de una lucha cósmica. Esta perspectiva proporcionó una fuente de resistencia, ya que la comunidad se veía a sí misma como defensora de la verdad en un mundo cada vez más dominado por otras creencias. Esta visión también fomentó un sentimiento de aislamiento espiritual, pero reforzó la determinación de la comunidad de preservar su identidad única.

La adaptación de los rituales a las nuevas condiciones fue un elemento crucial en la continuidad del zoroastrismo. Aunque las celebraciones públicas como el Nowruz se redujeron, muchas familias continuaron celebrándolas en la intimidad de sus hogares, transmitiendo las costumbres a las generaciones más jóvenes. Los gahambars -festivales estacionales que celebraban la creación de elementos como el agua, la tierra y el fuego- siguieron siendo fundamentales en el calendario zoroástrico, aunque con ritos más sencillos. Estas celebraciones servían como momentos de solidaridad comunitaria, donde se volvían a contar historias de Zaratustra y de los antiguos reyes de Persia, manteniendo viva la memoria de su herencia.

El secretismo que rodeaba las prácticas zoroástricas se extendía al estudio de los textos religiosos. Las escrituras pahlavi, escritas en una lengua que ya no se hablaba, se convirtieron tanto en un depósito de sabiduría antigua como en una herramienta para mantener el conocimiento religioso oculto a quienes no pertenecían a la comunidad. Textos como el Denkard y el Bundahishn, que ofrecían comentarios teológicos y conocimientos cosmológicos, se copiaban y estudiaban en rincones tranquilos, asegurándose de que las enseñanzas de Zaratustra no se perdieran en el tiempo. El énfasis de la comunidad zoroástrica en la educación, incluso en este contexto restringido, ayudó a mantener la conexión con sus raíces espirituales.

A medida que los zoroastrianos se adaptaban a sus nuevas circunstancias, sus interacciones con la cultura islámica que les rodeaba provocaron cambios sutiles en sus prácticas. Algunas costumbres zoroástricas absorbieron influencias de las tradiciones islámicas persas, mezclando elementos y manteniendo al mismo tiempo su marco teológico distintivo. Esta mezcla no era un signo de rendición, sino una estrategia de supervivencia que permitía a los zoroastrianos navegar por su doble identidad como súbditos persas de un califato islámico y como seguidores de una antigua fe. Aun así, se mantuvieron vigilantes para preservar los aspectos fundamentales de su religión, como la reverencia por el fuego, la recitación de oraciones antiguas y los principios éticos de los buenos pensamientos, las buenas palabras y las buenas acciones.

La pervivencia del zoroastrismo durante este periodo también dependió de su capacidad para adaptarse a las cambiantes estructuras sociales y económicas. Muchos zoroastrianos se dedicaron al comercio y la artesanía, a menudo como artesanos, tejedores y comerciantes, ocupaciones que les permitían operar con cierta independencia de las actividades económicas dominadas por los gremios musulmanes. Gracias a estos oficios, pudieron mantener cierta estabilidad económica y garantizar que su comunidad pudiera mantener los templos del fuego que quedaban y educar a las generaciones futuras en la doctrina zoroástrica.

Los desafíos de la era islámica también estimularon la emigración, lo que llevó a algunos zoroastrianos a buscar refugio más allá de las fronteras de Persia. Este movimiento, especialmente hacia la India, sentó las bases para la aparición de la comunidad parsi, que se convertiría en un vibrante centro de la vida zoroástrica en los siglos venideros. Sin embargo, los que permanecieron en Persia siguieron manteniendo sus tradiciones, a pesar de las presiones de la asimilación. La historia de su perseverancia es un testimonio de su arraigado compromiso con las enseñanzas de Zaratustra y de su esperanza de que llegue el momento en que su fe pueda florecer de nuevo abiertamente.

La supervivencia del zoroastrismo frente a la conquista islámica ilustra una compleja interacción entre adaptación y resistencia. Los zoroastrianos de Persia no aceptaron pasivamente la disminución de su estatus, sino que encontraron formas de negociar su lugar en una sociedad transformada. Se aferraron a sus tradiciones, incluso cuando se adaptaron a las nuevas realidades, asegurándose de que el núcleo de sus creencias perdurara a lo largo de los siglos. Su resistencia permitió que el zoroastrismo persistiera, incluso en un mundo en el que sus antiguos templos y textos sagrados parecían a punto de desaparecer.

Este capítulo destaca cómo, a través de estas sutiles formas de resistencia, la comunidad zoroástrica preservó su esencia espiritual y sentó las bases para futuros esfuerzos de revitalización. Las estrategias que emplearon -desde el culto clandestino hasta la reinterpretación de sus luchas como parte de una narrativa cósmica más amplia- demuestran el poder duradero de la fe y la identidad frente a una profunda agitación cultural. Aunque la conquista islámica reconfiguró fundamentalmente el paisaje de Persia, no extinguió la llama de la creencia zoroástrica, que continuó ardiendo, ofreciendo un faro de esperanza y continuidad a quienes aún seguían el camino de Zaratustra.

Capítulo 24
La filosofía del libre albedrío

En la cosmovisión zoroástrica, el concepto de libre albedrío es fundamental, pues configura el paisaje espiritual y ético en el que cada individuo navega por su existencia. A diferencia de las tradiciones deterministas, el zoroastrismo pone un profundo énfasis en el poder de elección, considerándolo un don divino otorgado por Ahura Mazda. Este capítulo profundiza en cómo las enseñanzas de Zaratustra articulan este principio y la forma en que se entrelaza con la lucha cósmica entre Asha (orden, verdad) y Druj (caos, falsedad).

Desde los primeros pasajes de los Gathas, los himnos de Zaratustra dentro del Avesta, el tema del libre albedrío emerge como un aspecto definitorio de la relación de la humanidad con lo divino. El mensaje de Zaratustra es claro: cada persona tiene la capacidad de elegir entre el bien y el mal, y esta elección no es sólo un privilegio, sino un deber sagrado. El mundo, tal y como lo conciben las enseñanzas zoroástricas, es un campo de batalla en el que las elecciones humanas inclinan la balanza a favor del orden o del caos, alineándose con las fuerzas de la luz o de la oscuridad.

En el centro de esta filosofía está el papel de los seres humanos como agentes morales dentro del gran orden cósmico. Ahura Mazda, como deidad suprema, creó un mundo en el que la batalla entre la verdad y la mentira está siempre presente. Sin embargo, no dictó el resultado, sino que confió a cada alma la responsabilidad de elegir. Esta idea contrasta con otras creencias antiguas que a menudo ponían el destino en manos de dioses caprichosos o fuerzas cósmicas predeterminadas. En el zoroastrismo, los seres humanos son considerados co-creadores de su destino, capaces de moldearlo a través de sus pensamientos, palabras y acciones.

Esta creencia en la capacidad moral de los individuos se resume en la tríada «Humata, Hukhta, Hvarshta»: buenos pensamientos, buenas palabras, buenas acciones. Este principio rector subraya que cada pensamiento, cada palabra pronunciada y cada acción realizada tienen consecuencias, no sólo para el individuo sino para el mundo en general. Por lo tanto, actuar de acuerdo con Asha no es sólo una elección moral personal, sino una contribución al mantenimiento del orden cósmico. Por el contrario, sucumbir a Druj se considera una ayuda a las fuerzas de la oscuridad, que contribuye al desequilibrio del universo.

La noción de libre albedrío también está estrechamente vinculada a la concepción zoroástrica de la recompensa y el castigo tras la muerte. El cruce del puente Chinvat, donde se juzga al alma, no es una mera prueba de adhesión a las leyes religiosas, sino una evaluación de la suma total de las elecciones realizadas a lo largo de la vida. Es aquí donde el peso de las propias decisiones determina si el alma asciende a la Casa de la Canción (el Cielo) o cae en el abismo de las tinieblas. El puente, estrecho para los malvados y ancho para los justos, simboliza la claridad o la confusión de una vida vivida en la verdad o en la falsedad.

Sin embargo, la doctrina del libre albedrío en el zoroastrismo no se enmarca como una fuente de ansiedad o carga. Por el contrario, es un mensaje de empoderamiento, que ofrece la esperanza de que incluso el más pequeño acto de bondad contribuye al triunfo de la luz sobre la oscuridad. Las enseñanzas de Zaratustra celebran el potencial de cada individuo para lograr el cambio, tanto en su mundo interior como en la lucha cósmica más amplia. La creencia de que cada acción es importante refuerza el sentido de la finalidad y la acción, y guía a los zoroastrianos para que se vean a sí mismos como participantes activos en el plan divino y no como receptores pasivos del destino.

Este sentido de la acción va más allá del individuo y se extiende a las responsabilidades colectivas de la comunidad. El zoroastrismo hace hincapié en que los fieles, al unirse en actos de culto, caridad y mantenimiento de los templos de fuego, fortalecen Asha colectivamente. El papel de la comunidad es animar a cada miembro a tomar decisiones que reflejen los valores de la verdad, la pureza y la armonía con el mundo natural, que también se considera una encarnación del orden divino. Esta responsabilidad compartida cultiva una cultura en la que la libertad de elegir se equilibra con la comprensión de que cada elección ondula a través del tejido del universo.

El papel de Ahura Mazda en este marco no es el de un dios distante o punitivo, sino el de un creador compasivo que desea una asociación con su creación. La sabiduría divina de Mazda ofrece orientación, a través de los textos sagrados y las enseñanzas de los Mobeds, pero no dicta. Por el contrario, invita a los individuos a ejercer su libre albedrío sabiamente, a alinearse con el orden divino y a convertirse en guerreros de la luz en la batalla continua contra el engaño de Angra Mainyu. Esta perspectiva sitúa a Ahura Mazda como una figura que respeta la autonomía humana, ofreciendo apoyo a través de la perspicacia espiritual al tiempo que permite a cada alma labrar su propio camino.

La lucha entre Asha y Druj no es sólo externa sino profundamente interna, una batalla que se libra en el corazón y la mente de cada seguidor. Las enseñanzas zoroastrianas a menudo comparan esto con el cuidado de un fuego sagrado dentro de cada persona. Al igual que las llamas de los templos de fuego requieren cuidado y vigilancia para mantenerse puras y brillantes, los individuos también deben proteger sus pensamientos y deseos de la invasión de la oscuridad. El libre albedrío es la herramienta con la que los fieles zoroastrianos mantienen vivo su fuego interior, quemando la falsedad y encendiendo la luz de la verdad.

A través de esta comprensión del libre albedrío, el zoroastrismo presenta una profunda filosofía moral que entrelaza las elecciones individuales con el orden cósmico. Enseña que cada decisión, por pequeña que sea, contribuye al equilibrio del universo. Esta filosofía se erige como una llamada a la acción, instando a cada persona a reconocer su capacidad para dar forma al mundo que le rodea, a ver cada momento como una oportunidad para afirmar la vida, la verdad y la presencia perdurable de la luz en medio de las sombras.

Como se analiza en este capítulo, el énfasis en el libre albedrío del pensamiento zoroástrico no sólo ha conformado la visión del mundo de sus seguidores, sino que también ha resonado en tradiciones filosóficas más amplias que tratan de comprender la naturaleza de la elección y la responsabilidad humanas. Este compromiso con el concepto de libre albedrío proporciona una base para el siguiente capítulo, que profundizará en las tensiones entre la libertad y el destino dentro de la filosofía zoroástrica, explorando cómo estas ideas siguen evolucionando en las interpretaciones modernas de la fe.

La interacción entre el libre albedrío y el destino en el pensamiento zoroástrico ofrece un rico tapiz de contemplación filosófica. En el centro de esta exploración se encuentra una tensión: la libertad inherente concedida a los humanos por Ahura Mazda y la gran visión de un mundo moldeado por fuerzas cósmicas. Este capítulo profundiza en el modo en que el zoroastrismo ha navegado por esta tensión, reflexionando sobre las antiguas enseñanzas, los debates entre eruditos y las interpretaciones modernas que mantienen la vigencia de estas ideas en la actualidad.

Uno de los debates centrales de la filosofía zoroástrica se refiere a los límites de la libertad humana en el contexto de un plan cósmico divinamente orquestado. Aunque las enseñanzas zoroastrianas elevan la capacidad de los individuos para elegir su camino, también afirman que Ahura Mazda, el sabio creador, ha previsto la victoria final de la luz sobre la oscuridad. Esta aparente paradoja, en la que las acciones humanas son libres pero el resultado de la lucha cósmica está predeterminado, ha inspirado a generaciones de pensadores zoroastrianos a reflexionar sobre la naturaleza del destino.

En el pensamiento zoroástrico, el concepto de Frashokereti, la renovación del mundo, representa el punto final de este plan divino. Es el momento en que toda la creación es purificada y restaurada a un estado de armonía bajo el gobierno de Ahura Mazda. Sin embargo, el camino hacia esta renovación no es un simple desenvolvimiento del destino. Se concibe como un viaje que requiere la participación activa de la humanidad. Los fieles están llamados a alinear su voluntad con los principios de Asha, a combatir las fuerzas de Druj y a esforzarse por alcanzar este futuro divino a través de sus elecciones cotidianas.

Las enseñanzas de Zarathustra sugieren que, si bien el Frashokereti es inevitable, no lo es el papel que cada individuo desempeña en el proceso. Las escrituras subrayan que el momento y la naturaleza de esta renovación dependen de las elecciones morales acumulativas de los seres humanos. Así pues, la voluntad divina no es coercitiva, sino que invita a la cooperación, ofreciendo un destino que la humanidad debe elegir abrazar. Es a través de esta alineación voluntaria con Asha como los zoroastrianos participan en el plan divino, acelerando el triunfo del bien.

A lo largo de los siglos, los eruditos zoroastrianos han tratado de articular este equilibrio entre predestinación y libre albedrío. Algunos lo han comparado con un jardinero que cuida un jardín. Ahura Mazda, como jardinero divino, establece las condiciones -sol, tierra, lluvia- para que las plantas crezcan, pero es la elección de cada semilla, el esfuerzo de cada planta, lo que determina su crecimiento. Así pues, los seres humanos son como semillas en el jardín del mundo, que crecen según sus elecciones, aunque el jardinero divino vigile el desarrollo más amplio de las estaciones.

Esta analogía también se extiende al concepto del Puente Chinvat, que conecta el reino terrenal con el mundo espiritual. El juicio al que se enfrentan las almas al cruzar el puente refleja la suma de sus acciones libremente elegidas. Sin embargo, incluso en este caso, las enseñanzas zoroástricas dan cabida a la misericordia divina, reconociendo que, aunque los seres humanos están limitados por sus elecciones, la sabiduría de Ahura Mazda trasciende la comprensión humana, permitiendo un equilibrio entre justicia y compasión. Esta perspectiva ha sido un punto de consuelo para muchos zoroastrianos, ya que ofrece la esperanza de que, incluso cuando las elecciones humanas flaquean, la visión divina sigue siendo la de la restauración final.

En las interpretaciones contemporáneas del zoroastrismo, el énfasis en el libre albedrío sigue resonando, especialmente cuando la fe se encuentra con ideas modernas sobre la autonomía, la ética y la responsabilidad personal. Los zoroastrianos de hoy reflexionan a menudo sobre cómo su antigua tradición aborda cuestiones como la protección del medio ambiente, la justicia social y los derechos individuales. El mensaje de que las decisiones de cada persona pueden repercutir en el mundo en general coincide con los movimientos contemporáneos que abogan por una ciudadanía activa y una vida ética.

Para muchos zoroastrianos modernos, la lucha entre Asha y Druj se interpreta no sólo como una batalla metafísica, sino como un llamamiento a abordar cuestiones tangibles como el cambio climático, la desigualdad social y la conservación del patrimonio cultural. El concepto de libre albedrío permite a los creyentes verse a sí mismos como agentes del cambio, haciéndose eco de la antigua llamada de Zaratustra a elegir el camino de la verdad y la rectitud. Este compromiso dinámico con el mundo permite al zoroastrismo mantener una voz relevante en las conversaciones éticas globales, destacando la importancia duradera de sus enseñanzas sobre la libertad y la responsabilidad.

Sin embargo, este énfasis moderno en la autonomía también plantea nuevos interrogantes. ¿Cómo se puede mantener un sentido de libertad individual al tiempo que se reconoce el peso de una tradición que habla de destino cósmico? ¿Cómo se adaptan los principios del zoroastrismo a un mundo en el que muchos ven el destino menos divino y más determinado por fuerzas sociopolíticas? Estas preguntas reflejan los diálogos internos que durante tanto tiempo han dado forma a las comunidades zoroastrianas, fomentando una tradición viva que evoluciona sin dejar de estar arraigada en sus valores fundamentales.

La experiencia zoroastriana moderna refleja el deseo de armonizar la acción personal con la búsqueda comunitaria de Asha. En las comunidades de la diáspora, donde a menudo es necesaria la adaptación a nuevos contextos culturales, el énfasis en el libre albedrío se convierte en una fuente de fortaleza. Permite a los zoroastrianos superar los retos de mantener la identidad al tiempo que se integran en sociedades diversas, animándoles a tomar decisiones que honren tanto su herencia como las realidades de sus nuevos hogares.

Para las generaciones más jóvenes de zoroastrianos, las reflexiones filosóficas sobre el libre albedrío se convierten en un puente entre la tradición y la modernidad. Encuentran en las enseñanzas de Zaratustra una validación de su deseo de una vida con sentido, en la que sus acciones tengan significado más allá del individuo y resuenen con la narrativa cósmica más amplia. La idea de que las elecciones de cada persona contribuyen al desarrollo de un plan divino proporciona un sentido de finalidad en un mundo que a menudo se siente incierto y fragmentado.

La exploración que se hace en este capítulo del libre albedrío en el zoroastrismo, tanto en sus raíces antiguas como en sus interpretaciones modernas, subraya la interacción dinámica entre el albedrío humano y la sabiduría divina. Se trata de una filosofía que alienta tanto la humildad como el empoderamiento, pidiendo a los fieles que reconozcan sus limitaciones al tiempo que abrazan su poder para dar forma al mundo. Esta dualidad, en la que coexisten el libre albedrío y el destino divino, constituye una piedra angular de la identidad zoroástrica, que invita a los creyentes a recorrer un camino que es a la vez autodirigido y alineado con las verdades eternas de Asha.

A medida que nos alejamos de este terreno filosófico, la narración avanza hacia el impacto cultural más amplio del zoroastrismo en la sociedad persa. El próximo capítulo comenzará a rastrear cómo estos principios espirituales de libre albedrío, orden y lucha cósmica han dejado su huella en el arte, la arquitectura y la literatura de Persia, revelando el legado indeleble del pensamiento zoroástrico en el tejido cultural de la región. A través de este viaje, veremos cómo los valores zoroástricos han trascendido las fronteras religiosas, dando forma a un patrimonio cultural que sigue inspirando al mundo de hoy.

Capítulo 25
Influencia en la cultura persa

Los hilos del zoroastrismo están profundamente entretejidos en el rico tapiz de la cultura persa. Desde la grandiosa arquitectura de los antiguos palacios hasta la intrincada poesía que resuena a través de los siglos, la influencia de esta antigua fe ha conformado la identidad cultural de Persia de manera profunda. Rastrear este impacto es seguir la sombra de las enseñanzas de Zaratustra a través de los siglos, observando cómo los valores de Asha, la lucha cósmica contra Druj y la reverencia por lo divino encuentran su expresión en las artes, las estructuras sociales e incluso en los valores tácitos que definen la vida persa.

En el centro de esta influencia cultural se encuentra el énfasis zoroástrico en la dualidad: la eterna interacción entre la luz y la oscuridad, el bien y el mal. Este concepto no es sólo una construcción teológica, sino que ha inspirado el simbolismo de las artes visuales persas. En los antiguos relieves y motivos arquitectónicos persas, el tema de la lucha entre el orden y el caos aparece con frecuencia. La imagen del Faravahar, con su forma alada que representa el viaje del alma humana hacia la verdad divina, es un motivo que ha perdurado en la iconografía persa, simbolizando la conexión entre lo terrenal y lo espiritual.

En la arquitectura de la antigua Persia se hace evidente la veneración zoroástrica por elementos naturales como el fuego y el agua. Los templos del fuego, con sus llamas sagradas, servían no sólo como lugares de culto sino como centros de cohesión comunitaria y cultural. Su diseño refleja el principio zoroástrico de que el fuego, como símbolo de pureza, debe protegerse de los elementos, pero sin dejar de ser un vínculo visible con Ahura Mazda. Este interés por proteger lo sagrado al tiempo que se permite que su luz brille hacia el exterior refleja los valores de equilibrio y respeto que impregnan la sociedad persa. Incluso en el Irán moderno, pueden verse restos de estos antiguos templos y de su influencia en el diseño arquitectónico de los espacios públicos y privados, donde el equilibrio entre forma y función tiene ecos de estos antiguos principios.

La influencia del zoroastrismo se extiende más allá de la piedra y la estructura; canta a través de la poesía y la literatura de Persia. Las obras de los poetas clásicos persas, como el Shahnameh de Ferdowsi -la epopeya de los reyes persas-, contienen rasgos de la cosmología y los valores morales zoroástricos. Ferdowsi, que escribió mucho después de que el zoroastrismo dejara de ser la religión del Estado, se basó en los antiguos mitos e historias de héroes zoroastrianos y batallas entre la luz y la oscuridad. Sus versos, entretejidos con la imaginería de la justicia divina y la eterna lucha contra el engaño, se hacen eco de los imperativos morales que predicaba Zaratustra. A través de estas obras, los ideales zoroástricos del valor, la verdad y la lucha por la justicia se preservaron y celebraron, incluso cuando el panorama religioso de Persia se transformó.

La celebración de festivales como el Nowruz, el Año Nuevo persa, también revela una herencia zoroástrica milenaria anterior al Islam. El Nowruz, arraigado en la cosmología zoroástrica, marca el renacimiento de la naturaleza y el triunfo de la luz sobre la oscuridad con la llegada de la primavera. Aunque hoy en día la celebran muchos grupos culturales y religiosos diferentes, las raíces zoroástricas de la fiesta son evidentes en los rituales que la acompañan: rituales que honran a los elementos, encienden velas y se centran en la renovación y la purificación. Esta celebración no es sólo un momento de alegría, sino un reflejo de la antigua creencia en la naturaleza cíclica de la existencia, donde cada renovación es una oportunidad para alinearse más estrechamente con Asha.

En el ámbito del gobierno, el antiguo concepto persa de la realeza estaba muy influido por los ideales zoroástricos. La noción del Shahanshah, o «Rey de Reyes», estaba entrelazada con la idea de que un gobernante debía encarnar los principios de

Asha. Se esperaba que un rey justo fuera un reflejo del orden divino en la tierra, gobernando con sabiduría y equidad como siervo de Ahura Mazda. Esta creencia dio forma a la ideología imperial persa, desde el Imperio aqueménida hasta la dinastía sasánida, en la que los reyes se presentaban a menudo como elegidos por Ahura Mazda, luchando contra las fuerzas del caos. Los grabados rupestres y las inscripciones de estas épocas, como las de Persépolis, dan testimonio de esta dimensión espiritual del gobierno, donde el poder terrenal se considera una extensión de la armonía cósmica.

La influencia del zoroastrismo también se manifiesta en las prácticas culturales cotidianas de la sociedad persa, sobre todo en el respeto por la limpieza y el énfasis en decir la verdad, principios centrales de las enseñanzas de Zaratustra. Prácticas como el uso del incienso para la purificación en los hogares, la observancia de rituales para honrar a los elementos y la importancia concedida a decir la verdad reflejan una continuidad de los valores zoroástricos que han persistido sutilmente a través de las generaciones, incluso cuando el contexto religioso de Persia ha evolucionado. Estos valores han conformado las normas sociales, fomentando una cultura que valora el honor, la hospitalidad y las responsabilidades éticas del individuo hacia su comunidad.

Incluso el jardín tradicional persa, conocido como paraíso o pairi-daeza, se inspira en el simbolismo zoroástrico. Estos jardines se diseñaban para representar el ideal de un orden celestial en la tierra: un oasis de armonía, donde el agua fluye libremente y las plantas crecen en exuberante abundancia, reflejando la creación divina tal y como la concibió Ahura Mazda. El espacio cerrado del jardín simbolizaba la lucha por mantener el orden y la belleza contra el caos del desierto, como la batalla espiritual contra Druj. Esta estética de armonía con la naturaleza sigue siendo un elemento apreciado en el arte y la arquitectura persas, que influye en todo, desde el diseño urbano hasta la disposición de los patios familiares.

Además, el impacto cultural del zoroastrismo puede apreciarse en la música persa, que, al igual que los antiguos cantos rituales, a menudo intenta tender un puente entre el mundo material y el espiritual. Las melodías tradicionales son un eco de las invocaciones a Ahura Mazda y celebran temas como la naturaleza, el amor y la eterna danza entre la luz y la oscuridad. La música ha servido como vehículo de transmisión de los temas zoroástricos, ofreciendo un recuerdo sutil pero perdurable de la antigua visión del mundo que una vez guió al pueblo de Persia.

Al explorar estas capas de influencia, queda claro que el zoroastrismo ha dejado una huella indeleble en el paisaje cultural persa. Formó una visión del mundo que es a la vez mística y práctica, donde lo cósmico y lo mundano están entrelazados. Esta influencia perdura, no sólo en los vestigios pétreos de los templos antiguos o en las palabras de poetas venerados, sino en el ritmo mismo de la vida en el Irán moderno, donde aún pueden oírse los antiguos ecos de las enseñanzas de Zaratustra, incluso en medio de los cambios que ha traído el tiempo.

El próximo capítulo continuará esta exploración, profundizando en cómo el zoroastrismo influyó en las corrientes intelectuales y artísticas de la literatura y la filosofía persas clásicas, y cómo los ecos de esta antigua fe siguen conformando la identidad iraní moderna. A medida que avancemos, la narración revelará el perdurable legado del pensamiento zoroástrico, rastreando cómo se ha entretejido en el corazón cultural e intelectual de Persia, dando forma a un patrimonio que trasciende las fronteras religiosas y el tiempo.

Los ecos del pensamiento zoroástrico se extienden más allá de los monumentos físicos y las estructuras históricas, y resuenan profundamente en las tradiciones intelectuales y artísticas de la literatura persa clásica. Esta influencia es algo más que un vestigio de antiguas creencias; es una corriente que dio forma a la imaginación filosófica y poética de Persia, aportando una profundidad única a su legado literario. Poetas, filósofos y eruditos persas se basaron en temas zoroástricos, explorando los misterios de la existencia, la naturaleza del bien y del mal y el orden cósmico a través de la lente de las antiguas enseñanzas de Zaratustra.

En la poesía de Rumi, Hafez y Saadi, el dualismo que define la cosmología zoroástrica -luz y oscuridad, verdad (Asha) y engaño (Druj)- encuentra una expresión renovada, aunque estos poetas escribieran en el contexto de la Persia islámica. Sus versos, llenos de metáforas de la luz como verdad divina que ilumina el alma y de la oscuridad como velo de ignorancia, transmiten un sentido subyacente de la lucha eterna que el zoroastrismo articuló siglos antes. Las imágenes del fuego como símbolo de pureza espiritual y el anhelo del alma por reunirse con una luz superior son un eco de los rituales zoroástricos, en los que el fuego es el medio a través del cual se manifiesta lo divino. Esta sutil continuidad muestra cómo las ideas zoroástricas impregnaron el pensamiento persa, dando forma a un paisaje espiritual rico en capas de significado.

El concepto de orden divino, central en el zoroastrismo, también impregna la filosofía persa. Pensadores como Avicena (Ibn Sina) y Suhrawardi profundizaron en la idea de un universo ordenado, inspirándose tanto en la antigua cosmología zoroástrica como en las nuevas tradiciones filosóficas que se mezclaron en Persia. La filosofía de la iluminación de Suhrawardi, por ejemplo, está impregnada de la metáfora de la luz como símbolo del conocimiento y la verdad divina. Aunque Suhrawardi trabajaba dentro de un marco islámico, su énfasis en la emanación de la luz desde una fuente central guarda un sorprendente parecido con los conceptos zoroástricos de Ahura Mazda como la luz de la creación, una presencia que impregna y da orden al cosmos.

En la literatura clásica persa, las narraciones épicas como el Shahnameh son algo más que crónicas de reyes y héroes: son un testimonio de la influencia de la cosmovisión zoroástrica en la ética de la realeza y el liderazgo. Las figuras legendarias de Rustam y otros héroes no sólo se describen como guerreros, sino también como defensores de Asha, que luchan por mantener la justicia y el equilibrio en el mundo. Ferdowsi, al entretejer estos antiguos relatos, se aseguró de que el sentido zoroástrico de la responsabilidad moral -donde la lucha contra el caos es un deber divino- siguiera siendo una parte esencial de la identidad persa. A través de su epopeya, las antiguas historias de la creación, la batalla entre el bien y el mal y las enseñanzas de Zaratustra siguieron resonando entre los lectores persas mucho después de la caída oficial del zoroastrismo como religión del Estado.

Esta influencia no se limita a la literatura y la filosofía, sino que se extiende a los códigos sociales y éticos que han conformado la cultura persa a lo largo de los milenios. Los conceptos de mehr (amor, amistad) y dad (justicia) que sustentan la ética persa reflejan los ideales zoroástricos y subrayan la importancia de la armonía comunitaria, la caridad y la justicia social. Estos valores, derivados de las enseñanzas de Zaratustra, están arraigados en la forma en que la sociedad persa ha enfocado tradicionalmente la hospitalidad y el respeto mutuo, creando una cultura que valora la interconexión de toda la vida.

A medida que la cultura persa evolucionó, siguió mezclando y reinterpretando estos elementos zoroástricos con nuevas influencias, creando una identidad sincrética única. Por ejemplo, las tradiciones místicas persas a menudo describen el viaje del alma como un camino hacia la luz, una búsqueda de la llama interior que refleja las nociones zoroástricas de la chispa divina dentro de cada individuo. Este viaje se ve como un retorno a la unidad primigenia, haciéndose eco de las ideas zoroástricas sobre la responsabilidad del alma de alinearse con Asha y rechazar las tentaciones de Druj. Incluso cuando el misticismo persa adoptó formas islámicas, el enfoque zoroástrico de la luz, el fuego y la purificación interior siguió siendo una capa fundamental dentro de las narrativas espirituales de la época.

La influencia del zoroastrismo en la configuración de la lengua persa es otro testimonio de su perdurable legado. Muchos términos y modismos de la lengua persa que se refieren a conceptos de verdad, orden y pureza tienen su origen en el vocabulario teológico zoroástrico. Palabras como Asha (verdad, rectitud) han evolucionado pero conservan su resonancia, guiando sutilmente el marco moral en el que la sociedad persa debate sobre la virtud y la ética. Incluso expresiones utilizadas en la vida cotidiana, como las bendiciones o las referencias a los elementos naturales, tienen ecos de la reverencia zoroástrica por las dimensiones físicas y espirituales del mundo.

La continuidad de los elementos zoroástricos en la cultura persa también ha desempeñado un papel en la conformación de la identidad iraní moderna, especialmente en la forma en que los iraníes se ven a sí mismos como guardianes de una herencia antigua anterior al Islam. En el Irán moderno, festivales zoroástricos como el Nowruz se celebran no sólo por su significado cultural, sino como símbolo de continuidad, recordatorio de un pasado en el que los reyes persas gobernaban con mandato divino bajo los principios de Asha. Estos festivales se han convertido en un motivo de orgullo y un marcador de identidad cultural, que subraya una profunda conexión con las raíces preislámicas del país. Este sentimiento de continuidad cultural es evidente en el orgullo que muchos iraníes sienten por las antiguas ruinas de Persépolis y la reverencia con que consideran a figuras como Ciro el Grande, cuyo gobierno se basó en los ideales zoroástricos de justicia y rectitud.

También en la diáspora, los símbolos y valores zoroástricos siguen sirviendo de puente entre el pasado y el presente, ofreciendo una fuente de identidad a quienes buscan mantener una conexión con su herencia. Las comunidades persas de todo el mundo han recurrido a los conceptos zoroástricos para desenvolverse en nuevas tierras, utilizando estas antiguas enseñanzas como brújula moral y vínculo con sus raíces culturales. Esto ha permitido al zoroastrismo mantener su relevancia, no como un sistema de creencias estático, sino como una tradición viva que se adapta y evoluciona.

La síntesis filosófica y cultural que surgió en Persia ha creado un legado en el que el zoroastrismo, aunque ya no sea la fe dominante, sigue configurando el panorama espiritual e intelectual. Es un legado en el que las antiguas enseñanzas se mezclan a la perfección con las tradiciones más recientes, donde los ecos de las palabras de Zaratustra resuenan en los cánticos de los poetas, los diseños de los jardines y las meditaciones de los filósofos. Es un legado que persiste en la forma en que la cultura persa valora el equilibrio entre el mundo material y el espiritual, entre la acción y la reflexión, entre la búsqueda del conocimiento y la búsqueda de la verdad interior.

De este modo, el zoroastrismo ha demostrado ser más que un capítulo de la historia de Persia; es un hilo que recorre todo el tejido de la cultura iraní, una constante que perdura en medio del cambio. Ha dejado una huella indeleble en las expresiones artísticas e intelectuales de la civilización persa, influyendo en la forma en que los iraníes se ven a sí mismos y su lugar en el mundo. Esta profunda huella cultural sigue siendo testimonio de la perdurable sabiduría de Zaratustra, cuyas enseñanzas continúan iluminando el espíritu persa, guiándolo hacia una visión del mundo en la que la luz y la verdad se persiguen eternamente.

Los próximos capítulos explorarán la perspectiva zoroástrica sobre la naturaleza, la ética medioambiental y la profunda conexión entre el deber espiritual y el mundo natural, destacando cómo los principios antiguos siguen ofreciendo ideas para la conciencia ecológica moderna. Al dirigir nuestra mirada hacia estas enseñanzas, descubriremos las formas en que el respeto por la creación, central en el pensamiento zoroástrico, se alinea con los esfuerzos contemporáneos por honrar y proteger el medio ambiente.

Capítulo 26
Ética medioambiental

En el zoroastrismo, la naturaleza no es un mero telón de fondo de la existencia humana, sino una parte integral del orden cósmico, un reflejo de la creación divina de Ahura Mazda. Esta antigua fe considera el mundo como un espacio sagrado, donde cada elemento, desde la más pequeña gota de agua hasta las imponentes montañas, está imbuido de significado espiritual. La tierra, el cielo, el agua, las plantas y el fuego se consideran sagrados, y los zoroastrianos tienen la profunda responsabilidad de proteger estos elementos, reconociendo su papel como administradores de la creación.

La reverencia por la naturaleza en las enseñanzas zoroastrianas proviene de la comprensión de que el mundo físico es una manifestación de Asha, el principio de la verdad, el orden y la rectitud. Asha rige no sólo la moralidad humana, sino las propias leyes de la naturaleza, alineando los ciclos de las estaciones, el crecimiento de las cosechas y el caudal de los ríos con un propósito divino. El mundo se ve como un campo de batalla en el que las fuerzas del orden, representadas por Asha, deben sostenerse continuamente contra el caos de Druj, o falsedad. En este contexto, el cuidado del medio ambiente no es sólo una elección ética, sino un deber espiritual, un acto de devoción que mantiene el equilibrio cósmico.

Para la ética medioambiental zoroastriana es fundamental el concepto de Khvarenah, o gloria divina, que se cree que está presente en todos los aspectos de la creación. Esta energía sagrada infunde el mundo natural, convirtiéndolo en una fuente de alimento espiritual para la humanidad. Cuando los zoroastrianos cuidan un jardín, protegen una fuente de agua o cuidan de los animales, están realizando actos que honran la presencia divina en el mundo que les rodea. Esta perspectiva fomenta una relación armoniosa entre los seres humanos y su entorno, promoviendo un sentido de interconexión en el que el bienestar de la naturaleza está directamente vinculado al bienestar del alma.

El agua, por ejemplo, ocupa un lugar especialmente apreciado en la cosmología zoroástrica. Es venerada como purificadora y símbolo de vida, representando el flujo de las bendiciones de Ahura Mazda. La antigua práctica del Ab-Zohr, una ofrenda ritual al agua, pone de manifiesto el profundo respeto que los zoroastrianos sienten por este elemento. En regiones de Persia donde la escasez de agua siempre ha sido un problema, esta reverencia se tradujo en una cuidadosa gestión de los recursos hídricos. La construcción de qanats -sistemas de riego subterráneos- por parte de las comunidades zoroastrianas en la antigüedad refleja el deseo de utilizar los recursos naturales de forma sostenible, garantizando la conservación de este preciado elemento para las generaciones futuras.

Del mismo modo, la tierra se considera una entidad viva que debe protegerse de la contaminación y la profanación. Las escrituras zoroastrianas, como la Vendidad, contienen instrucciones sobre cómo tratar la tierra con respeto, haciendo hincapié en que no debe contaminarse con residuos o prácticas nocivas. La eliminación de cadáveres, por ejemplo, se lleva a cabo mediante el uso de dakhmas o «Torres del Silencio», donde los muertos se exponen a la intemperie en lugar de enterrarlos, para evitar contaminar el suelo. Esta práctica, aunque mal entendida por los forasteros, hunde sus raíces en el profundo respeto zoroastriano por la pureza de la tierra y su papel como fuerza dadora de vida.

El fuego, otro elemento crucial de la práctica zoroástrica, no es sólo un símbolo de iluminación espiritual, sino también un recordatorio de la energía que alimenta el mundo natural. El cuidado que se da a los fuegos sagrados en los templos zoroastrianos refleja el que debe darse a las fuentes naturales de energía, como el calor del sol y las fuerzas vitales que sustentan la vida. El imperativo ético de proteger el fuego de la contaminación se extiende metafóricamente al deber más amplio de mantener la pureza y la sostenibilidad de los recursos de la Tierra.

La veneración de los animales también forma parte de la ética medioambiental zoroastriana. Criaturas como los perros y las vacas gozan de un estatus especial, ya que se cree que poseen una conexión directa con el orden divino. La matanza de animales beneficiosos se considera un grave pecado en el zoroastrismo, ya que rompe el equilibrio de la creación. En su lugar, se anima a los zoroastrianos a cuidar de los animales, proporcionándoles alimento y protección, lo que refleja una ética más amplia de compasión y respeto por todos los seres vivos. Este enfoque es evidente en los antiguos textos zoroastrianos que abogan por el trato ético del ganado, reconociendo su papel en el mantenimiento de la vida humana a través de la agricultura y la alimentación.

Más allá de estas prácticas específicas, la cosmovisión zoroástrica fomenta un estilo de vida que minimiza el daño al medio ambiente. La sencillez de los rituales zoroástricos, que suelen incluir ofrendas de flores, fruta e incienso, contrasta con las prácticas que podrían explotar o degradar los recursos naturales. Esta moderación se considera una forma de asha en acción, un esfuerzo consciente por vivir en armonía con el mundo en lugar de ejercer dominio sobre él.

Las enseñanzas zoroástricas también hacen hincapié en la importancia de mantener un entorno limpio y puro, tanto externa como internamente. Los actos rituales de limpieza y purificación se extienden a los espacios físicos que habitan los zoroastrianos, ya sean hogares, templos o lugares públicos. Esta atención a la limpieza no es sólo una cuestión de higiene, sino una disciplina espiritual que refleja la lucha cósmica más amplia contra la impureza y el desorden. Al mantener limpio su entorno, los zoroastrianos creen que contribuyen a la lucha contra las fuerzas de Druj, oponiéndose simbólicamente al caos y la decadencia.

En el mundo moderno, donde la crisis ecológica plantea un profundo desafío a la supervivencia de nuestro planeta, estos antiguos principios ofrecen una perspectiva oportuna. El respeto del zoroastrismo por el mundo natural, su énfasis en la administración de los recursos y su reconocimiento del carácter sagrado de toda la creación resuenan profundamente con el ecologismo contemporáneo. Mientras las sociedades luchan contra el cambio climático, la contaminación y el agotamiento de los recursos, la llamada zoroástrica a vivir en armonía con la naturaleza sirve como recordatorio de la dimensión espiritual de la responsabilidad ecológica.

Para los zoroastrianos de hoy, adaptar estas antiguas enseñanzas a las realidades contemporáneas implica equilibrar la tradición con la innovación. Aunque no todas las prácticas de sus antepasados puedan aplicarse en contextos modernos, los principios subyacentes de respeto por la naturaleza y vida sostenible siguen guiando su enfoque de las cuestiones medioambientales. En comunidades de todo el mundo, los zoroastrianos participan en campañas de plantación de árboles, conservación del agua y defensa del medio ambiente, tratando de cumplir el antiguo mandato de proteger y valorar la creación de Ahura Mazda.

Este sentido del deber hacia la Tierra, transmitido a lo largo de milenios, subraya la perdurable relevancia de la ética medioambiental zoroastriana. Ofrece una visión en la que la espiritualidad y la sostenibilidad no están separadas, sino entrelazadas, en la que el cuidado del mundo se ve como un reflejo del cuidado del propio orden divino. Esta perspectiva anima no sólo a los zoroastrianos, sino a toda la humanidad, a reimaginar su relación con la naturaleza, reconociendo que al proteger la Tierra también están preservando un fideicomiso sagrado.

A medida que la exploración de la ética medioambiental zoroastriana continúe en el próximo capítulo, profundizaremos en las formas específicas en que estas enseñanzas se han practicado a lo largo de la historia y en su potencial para inspirar los enfoques modernos de la gestión ecológica. El viaje a través de la sabiduría antigua revela caminos que pueden guiarnos a la hora de abordar los urgentes retos medioambientales de nuestro tiempo, sacando fuerzas de los perdurables principios de Asha y del respeto intemporal por el mundo natural.

A lo largo de los siglos, el enfoque zoroastriano de la preservación del medio ambiente ha evolucionado, reflejando tanto la sabiduría ancestral como los cambiantes retos a los que se enfrentan sus comunidades. Los principios de reverencia por la naturaleza y administración responsable han permanecido constantes, pero la aplicación de estas ideas se ha adaptado a los contextos de las distintas épocas, especialmente a medida que los zoroastrianos emigraban y se enfrentaban a nuevos paisajes y condiciones medioambientales.

La diáspora zoroástrica, sobre todo los parsis de la India, llevaban consigo un respeto por la naturaleza profundamente arraigado en su fe. En el subcontinente indio, el paisaje difería significativamente del terreno seco y accidentado de la antigua Persia, y los zoroastrianos tuvieron que encontrar nuevas formas de expresar sus valores medioambientales. El antiguo principio de mantener la pureza de elementos como el agua y la tierra seguía siendo crucial, y los parsis adoptaron prácticas que preservaran la santidad de estos elementos en su nuevo hogar.

Un aspecto notable es la adaptación de las dakhmas, o «Torres del Silencio». En la India, estas estructuras se colocaban cuidadosamente en entornos naturales, permitiendo que los elementos -la luz del sol, el aire y los pájaros- devolvieran al difunto al ciclo de la naturaleza sin contaminar la tierra. Aunque la práctica de los enterramientos en el cielo se enfrentó a retos en la época moderna, como la urbanización y la preocupación por la disminución de la población de aves carroñeras, la filosofía subyacente se mantiene: el difunto debe ser devuelto a la naturaleza sin alterar el equilibrio natural. Este enfoque ejemplifica el deseo zoroastriano de alinear los rituales de la muerte con la ética medioambiental, minimizando el impacto sobre la tierra.

Además de las prácticas funerarias, el cultivo de espacios sagrados como los templos Atash Behram y los jardines que los rodean pone de relieve el énfasis zoroástrico en la vegetación y la conservación de la naturaleza. Estos jardines, a menudo repletos de exuberantes plantas y serenos juegos de agua, sirven de recordatorio de la conexión entre la práctica espiritual y la naturaleza. Proporcionan un espacio para la contemplación y la reunión de la comunidad, donde se honra el carácter sagrado de la tierra mediante el cuidado de los seres vivos. El cuidado de estos jardines refleja el compromiso zoroastriano más amplio de mantener la armonía con el medio ambiente.

En las últimas décadas, a medida que ha aumentado la conciencia mundial sobre la degradación del medio ambiente, las comunidades zoroastrianas han encontrado nuevas formas de integrar los principios ancestrales con los movimientos ecologistas contemporáneos. Esta adaptación es evidente en iniciativas como las campañas de plantación de árboles organizadas por asociaciones zoroastrianas, los esfuerzos para conservar el agua en regiones áridas y los programas educativos que subrayan la importancia de proteger los ecosistemas locales. Estas actividades modernas se consideran extensiones del antiguo deber de defender Asha, aplicando la sabiduría del pasado para abordar las acuciantes preocupaciones del presente.

El énfasis en la conservación del agua sigue siendo particularmente fuerte, haciéndose eco de las enseñanzas del Avesta, que ensalzan el agua como una fuerza vital que debe protegerse de la contaminación. En lugares como Irán, donde la sequía y la escasez de agua son problemas importantes, los zoroastrianos han participado en proyectos comunitarios para gestionar los recursos hídricos de forma sostenible. Esto implica no sólo prácticas tradicionales como el mantenimiento de los qanats -los antiguos acueductos subterráneos-, sino también el apoyo a métodos modernos de reciclaje del agua y riego eficiente. La veneración espiritual por el agua encuentra así una nueva expresión en soluciones tecnológicas destinadas a preservar este precioso recurso para las generaciones futuras.

Los principios de ética medioambiental del zoroastrismo también han encontrado eco en los movimientos mundiales de preservación ecológica y desarrollo sostenible. Conceptos como la eco-teología -la idea de que las creencias religiosas pueden inspirar el activismo medioambiental- han ganado adeptos, y los zoroastrianos ofrecen una perspectiva única arraigada en sus antiguas tradiciones. Al hacer hincapié en la interconexión de todas las formas de vida y en la responsabilidad moral de proteger el planeta, los zoroastrianos aportan una voz que combina la espiritualidad con la conciencia ecológica, abogando por un mundo en el que se reconozca y respete el carácter sagrado de la naturaleza.

Además, la creencia zoroástrica en la renovación cíclica del mundo, encarnada en el concepto de Frashokereti, encierra un poderoso mensaje para el ecologismo contemporáneo. Esta visión escatológica describe un futuro en el que el mundo es purificado y restaurado a su estado original de perfección, libre de la corrupción del mal y la decadencia. Esta esperanza de una renovación de la creación se alinea con las aspiraciones modernas de un futuro sostenible, en el que las acciones humanas puedan conducir a la curación de los daños ecológicos y al restablecimiento del equilibrio en el mundo natural.

En las regiones a las que han emigrado los zoroastrianos, como Norteamérica, Australia y Europa, su ética medioambiental se ha visto aún más influida por los esfuerzos locales de conservación y el énfasis en la reducción de la huella de carbono. Los jóvenes zoroastrianos, en particular, se han implicado en el activismo medioambiental, creando diálogos entre su herencia religiosa y los enfoques contemporáneos del cambio climático basados en la ciencia. Este compromiso refleja la voluntad de reinterpretar las antiguas enseñanzas a la luz de los nuevos conocimientos, garantizando que los valores fundamentales de respeto por la naturaleza sigan guiando sus acciones.

El papel de los festivales también ha adquirido un nuevo significado en el contexto de la conciencia medioambiental. Celebraciones como el Nowruz, el Año Nuevo persa, han incluido tradicionalmente rituales que honran la llegada de la primavera y la renovación de la vida. En los tiempos modernos, los zoroastrianos han aprovechado estas ocasiones para promover la conciencia medioambiental, organizando actos que destacan la importancia de plantar árboles, limpiar los espacios públicos y fomentar un aprecio más profundo por el mundo natural. Estas actividades sirven de puente entre las dimensiones espiritual y ecológica del zoroastrismo, conectando antiguos ritos estacionales con llamamientos contemporáneos a la protección del medio ambiente.

La evolución de estas prácticas no ha estado exenta de dificultades. La tensión entre mantener las costumbres tradicionales y adaptarse a los nuevos contextos medioambientales ha provocado a veces decisiones difíciles dentro de la comunidad. Sin embargo, la capacidad de adaptarse sin renunciar a los principios básicos ha sido una característica definitoria de la resistencia zoroastriana. Refleja la creencia de que la esencia de Asha permanece inalterable, aunque las formas en que se expresa puedan cambiar con el tiempo y las circunstancias.

La ética medioambiental zoroastriana ofrece un marco de visión del mundo que trasciende la mera gestión de los recursos. Es una visión en la que el mundo natural es a la vez un don y una responsabilidad, una fuente de inspiración espiritual que requiere cuidado y respeto. Mientras las comunidades mundiales se enfrentan a la realidad del cambio climático, la contaminación y la pérdida de biodiversidad, la sabiduría ancestral del zoroastrismo nos recuerda que la búsqueda de la sostenibilidad no es sólo una tarea práctica, sino profundamente espiritual.

Al explorar la profundidad de estas enseñanzas, descubrimos que el zoroastrismo fomenta una perspectiva en la que los seres humanos no son dominadores de la Tierra, sino partícipes de su historia divina: se les confía un papel humilde y sagrado. Esta perspectiva invita a todas las personas, independientemente de su origen, a considerar la preservación del medio ambiente como un deber moral compartido y a buscar formas de vivir en armonía con el mundo natural.

A medida que vayamos avanzando en los próximos capítulos, seguiremos descubriendo la relevancia perdurable de estos principios medioambientales. La integración de las creencias ancestrales con los retos ecológicos contemporáneos ofrece un camino a seguir, sugiriendo que la sabiduría del pasado puede iluminar el camino hacia un futuro más sostenible y en sintonía espiritual. A través de la lente del zoroastrismo, la llamada a proteger nuestro mundo resuena no sólo como una cuestión de supervivencia, sino como un acto de devoción a los principios perdurables que unen a toda la vida.

Capítulo 27
Verdad y honestidad

En el zoroastrismo, la verdad no es un mero concepto, sino la esencia misma del orden cósmico, encarnada en el principio de Asha. Asha es la verdad fundamental que subyace a toda la creación, una ley universal que rige el equilibrio entre la luz y la oscuridad, el bien y el mal, el orden y el caos. No se trata sólo de una realidad pasiva, sino de una fuerza dinámica que moldea las acciones de todo creyente, guiándolo hacia la rectitud y la integridad moral. Por tanto, la concepción zoroástrica de la verdad impregna todos los aspectos de la vida y constituye el núcleo de la práctica espiritual y los valores sociales.

En el corazón de la ética zoroástrica se encuentra la tríada Humata, Hukhta, Hvarshta: buenos pensamientos, buenas palabras y buenas acciones. Esta tríada representa la encarnación de Asha en la conducta humana, instando a los individuos a alinear sus pensamientos, palabras y acciones con el orden cósmico. Pensar verazmente es armonizar el mundo interior de uno con los principios divinos de Ahura Mazda; hablar verazmente es traer claridad y honestidad al mundo; y actuar verazmente es manifestar Asha en las interacciones diarias.

La importancia de la verdad en el zoroastrismo se extiende a las responsabilidades de la comunidad y el liderazgo. Desde las antiguas cortes de los emperadores persas hasta las modernas reuniones de las asociaciones zoroastrianas, la expectativa de que los líderes defiendan Asha es primordial. Las palabras de Zaratustra, recogidas en los Gathas, hacen hincapié en el deber de los gobernantes de actuar como pastores de su pueblo, garantizando que su gobierno esté arraigado en la justicia y la verdad. Esta expectativa no se limita a la autoridad política, sino que también se observa en el papel de los Mobeds, los sacerdotes encargados de interpretar los textos sagrados y guiar a la comunidad. Para un Mobed, la veracidad es esencial no sólo en la realización de rituales, sino en la preservación de las enseñanzas de Zaratustra, garantizando que la sabiduría del Avesta se transmita sin distorsiones.

En la vida cotidiana, la búsqueda de la verdad es un compromiso personal de cada zoroastriano. Este compromiso es más evidente en el énfasis que se pone en la honestidad en todos los tratos, ya sea en los negocios, en las relaciones familiares o en las interacciones sociales. En las comunidades zoroastrianas tradicionales, la reputación de un individuo está estrechamente ligada a su adhesión a los principios de Asha. Ser conocido como una persona de verdad e integridad se considera uno de los más altos honores, reflejo de una vida que refleja el orden cósmico.

El respeto de los zoroastrianos por la verdad también es evidente en sus tradiciones jurídicas, en las que decir la verdad es un principio fundamental. En la antigua Persia, los procedimientos legales se entrelazaban con los valores religiosos, y los testigos debían prestar juramento en presencia del fuego, que simbolizaba la luz de Ahura Mazda. El acto de decir falsedades se consideraba no sólo un crimen contra la comunidad, sino una traición a la confianza divina, un acto que rompía el equilibrio de Asha e invocaba las fuerzas de Druj: la mentira y el engaño.

Las enseñanzas de Zaratustra ponen de relieve la lucha cósmica entre Asha y Druj, no sólo como un conflicto mitológico, sino como una batalla que se libra en el interior de cada individuo. Cada decisión de defender la verdad, por pequeña que sea, se considera una lucha contra la oscuridad del engaño. Para los zoroastrianos, el camino de Asha es un camino de disciplina interior, en el que la mente debe estar alerta ante las tentaciones de la falsedad, el autoengaño y el compromiso moral. Esta vigilancia se considera una forma de guerra espiritual, en la que el alma se alinea con las fuerzas de la luz y se opone a las sombras que la invaden.

Incluso en la esfera privada, la influencia de Asha da forma al enfoque zoroástrico de la reflexión personal y la superación personal. Se anima a los seguidores a examinar regularmente sus propios pensamientos y acciones, preguntándose si se ajustan a los principios de la verdad. Esta introspección no pretende inducir a la culpa, sino fomentar un espíritu de crecimiento constante, un deseo de sintonizar cada vez más con la voluntad de Ahura Mazda. A través de la oración y la meditación, los zoroastrianos tratan de purificar sus mentes de pensamientos que puedan llevarles por mal camino, reafirmando su compromiso con una vida vivida de acuerdo con el orden divino.

Una de las formas en que se manifiesta esta atención a la verdad es a través del calendario zoroástrico, en particular en festivales como Mehregan y Nowruz, que celebran la renovación de la creación y el triunfo de la luz sobre la oscuridad. Durante estas celebraciones, se fomentan los actos de reconciliación y la revelación de la verdad. Las comunidades se reúnen para resolver disputas, reparar relaciones rotas y reafirmar lazos de honestidad y confianza. Esta práctica refleja la creencia de que la armonía colectiva es inseparable de la integridad individual; que el bienestar de la comunidad está directamente relacionado con el carácter moral de sus miembros.

En la diáspora zoroástrica, donde las comunidades se han encontrado en contextos culturales diversos, el valor de la verdad ha proporcionado una brújula moral. Al vivir como minorías, a menudo en regiones donde sus tradiciones son desconocidas, los zoroastrianos han confiado en el atractivo universal de la veracidad como forma de salvar las diferencias culturales y establecer relaciones con sus vecinos. Este compromiso con la verdad, la honestidad y el trato justo ha ayudado a los zoroastrianos a ganarse una reputación de dignos de confianza y éticos, ya sea en el comercio, la educación o el servicio público.

A medida que el mundo ha evolucionado, también lo han hecho los desafíos para mantener la veracidad. En la sociedad contemporánea, los zoroastrianos se enfrentan a las complejidades de la comunicación moderna, donde la desinformación y las medias verdades pueden propagarse fácilmente. Sin embargo, las enseñanzas de Asha siguen siendo una luz que guía, ofreciendo un estándar atemporal con el que deben medirse todas las afirmaciones. Para muchos zoroastrianos, esto significa ser consumidores críticos de información, aplicar una mirada perspicaz a los medios de comunicación que consumen y denunciar las falsedades tanto en la esfera pública como en la privada.

La centralidad de la verdad en el zoroastrismo también se extiende al concepto de Daena, que puede entenderse como «visión religiosa» y «conciencia interior». Daena representa la luz de la perspicacia que guía la comprensión de Asha por parte del individuo. Es a través de Daena que una persona percibe la verdad del mundo y su propio lugar en él. En el pensamiento zoroástrico, Daena no es estático; se nutre del estudio, la oración y la vida ética. Un Daena fuerte permite percibir la unidad subyacente de Asha en el universo, incluso en medio del caos y las complejidades de la vida cotidiana.

Así, el compromiso con la verdad en el zoroastrismo no consiste simplemente en evitar la mentira o el engaño. Es un modo de vida holístico que busca la alineación con las verdades más profundas de la existencia. Al vivir de acuerdo con Asha, un zoroastriano se esfuerza por traer armonía tanto a su mundo interior como al mundo que le rodea, encarnando las enseñanzas de Zaratustra en cada interacción. De este modo, la verdad se convierte en un puente entre lo terrenal y lo divino, un medio por el que los humanos pueden participar en la danza eterna entre el orden y el caos.

A medida que nos adentramos en la exploración del zoroastrismo, el próximo capítulo examinará cómo se ponen en práctica estos principios de veracidad en diversos contextos, arrojando luz sobre los retos y las recompensas de vivir según Asha en un mundo complejo y en constante cambio.

Los principios zoroástricos de la verdad y la honestidad van más allá del ámbito de la moralidad personal y afectan a todos los aspectos de la vida social y espiritual, influyendo profundamente en la forma en que los seguidores de la fe se desenvuelven en sus interacciones con el mundo en general. Para los zoroastrianos, vivir de acuerdo con Asha, o la verdad cósmica, significa encarnar la honestidad no sólo como una virtud individual, sino como un ethos comunitario, que da forma a la manera en que las comunidades crean confianza y afrontan los retos de la modernidad.

En los negocios y el comercio, los zoroastrianos han gozado durante mucho tiempo de una reputación de integridad, a menudo considerados socios fiables que dan prioridad a la equidad y la transparencia. Este legado, que se remonta a la antigua Persia, refleja un profundo valor cultural que considera el engaño en los tratos económicos como una manifestación de Druj, la mentira cósmica. Engañar en el comercio es romper el equilibrio de Asha, introduciendo el desorden en el tejido de las interacciones humanas. Históricamente, esto ha llevado a los comerciantes zoroastrianos a establecer códigos de conducta que hacen hincapié en el comercio justo, la comunicación honesta y el respeto de los contratos, creando una base de confianza que se extiende a lo largo de generaciones.

La aplicación de estos principios en los negocios no es simplemente una opción pragmática, sino una práctica espiritual. Cada transacción honesta es vista como una oportunidad para alinearse con la visión de Ahura Mazda de un mundo justo y armonioso. De este modo, las acciones cotidianas se convierten en una forma de adoración, un medio de traer el orden divino de Asha al mundo material. El compromiso con la honestidad se refleja en las historias y proverbios que se transmiten en las comunidades zoroastrianas, en los que se subraya que la riqueza obtenida por medios veraces conlleva una bendición, mientras que las ganancias adquiridas mediante el engaño conllevan un coste oculto.

Dentro de la unidad familiar, la honestidad es la piedra angular de las relaciones. Las enseñanzas zoroastrianas fomentan la comunicación abierta entre padres e hijos, cónyuges y familiares. Esta franqueza se considera una forma de alimentar el entendimiento mutuo y de fomentar un entorno familiar que refleje la claridad y la transparencia de Asha. Los desacuerdos deben abordarse con un espíritu de sinceridad, en el que cada parte intente comprender y transmitir su punto de vista con honestidad, sin manipulaciones ni agendas ocultas. El hogar, en este sentido, se convierte en un reflejo de la gran lucha cósmica, donde la verdad y la transparencia son las herramientas para mantener la armonía contra la invasión de la incomprensión y la discordia.

Sin embargo, el camino de la honestidad no está exento de complejidades. En los tiempos modernos, los zoroastrianos, como otros, se enfrentan a dilemas éticos en los que la verdad puede entrar en conflicto con la compasión o la privacidad. Las enseñanzas de Zaratustra no prescriben respuestas rígidas para cada situación, sino que hacen hincapié en la importancia de la intención y la búsqueda de la rectitud. Cuando se enfrentan a decisiones difíciles, se anima a los zoroastrianos a reflexionar sobre los principios de Asha, buscando un curso de acción que defienda el espíritu de la verdad al tiempo que tiene en cuenta el bienestar de los demás. Este enfoque matizado reconoce que la veracidad no siempre es directa y que la sabiduría debe guiar su práctica.

Un ejemplo de ello es el enfoque zoroastriano de los secretos familiares y las verdades delicadas. En situaciones en las que revelar ciertas verdades podría causar daño o angustia innecesarios, se puede emplear la discreción, siempre y cuando la intención se alinee con la compasión y la búsqueda más amplia de Asha. Este equilibrio entre verdad y bondad ilustra la profundidad de la ética zoroástrica, que busca armonizar los principios en lugar de imponerlos rígidamente.

En los entornos comunitarios, el valor de la honestidad es fundamental para mantener la unidad y la confianza. Las reuniones comunitarias zoroastrianas, como las que tienen lugar durante festivales como el Nowruz o ceremonias religiosas, son momentos en los que se refuerzan los lazos de confianza dentro de la comunidad. Durante estas reuniones, el intercambio de historias, enseñanzas y experiencias personales suele girar en torno a la importancia de defender la verdad frente a los desafíos externos, ya sean políticos, sociales o culturales. A través de estas narraciones, los miembros de la comunidad recuerdan su compromiso compartido con Asha y la fuerza que proviene de la integridad colectiva.

En la diáspora zoroástrica, el énfasis en la honestidad ha desempeñado un papel crucial en el mantenimiento de la identidad de la fe en medio de una diversidad de culturas y religiones. A medida que los zoroastrianos se asentaban en nuevas regiones, desde la India hasta Occidente, llevaban consigo la reputación de ser personas de palabra, dignas de confianza, diligentes y justas. Esta reputación no sólo les ayudó a establecer relaciones sólidas con otras comunidades, sino que también les sirvió para preservar su identidad cultural y religiosa. La honestidad se convirtió en un puente que permitió a los zoroastrianos integrarse conservando sus valores fundamentales, demostrando que la adhesión a Asha no es un obstáculo para la coexistencia, sino un camino hacia el respeto mutuo.

En la era digital, los zoroastrianos se enfrentan a nuevos retos a la hora de defender la verdad en un mundo en el que la información es abundante, pero a menudo poco fiable. Las enseñanzas de Zaratustra, con su énfasis en el discernimiento y la claridad, ofrecen una guía para navegar por las complejidades de los medios de comunicación modernos. Se anima a los zoroastrianos a cuestionar las fuentes, a buscar conocimientos que se ajusten a los principios de Asha y a evitar la difusión de falsedades. Este compromiso con la verdad en el ámbito digital se considera una extensión de la antigua batalla entre Asha y Druj, donde las mentiras y los engaños de la desinformación amenazan con distorsionar la realidad y crear división.

Al mismo tiempo, las comunidades zoroastrianas han utilizado las plataformas digitales para promover la transparencia y el diálogo dentro de sus propias filas, abordando cuestiones de gobernanza, liderazgo y bienestar comunitario. De este modo, la esfera digital se convierte en un espacio en el que los valores de la verdad y la honestidad pueden reimaginarse y adaptarse, garantizando que los principios intemporales de Asha sigan siendo relevantes en un mundo en constante cambio.

Las tradiciones jurídicas del zoroastrismo, que han evolucionado paralelamente a sus enseñanzas éticas, siguen insistiendo en que decir la verdad es un deber fundamental. En los sistemas jurídicos zoroastrianos tradicionales, los juramentos y votos se consideran sagrados y conllevan consecuencias espirituales y sociales. Romper un voto o dar falso testimonio se considera no sólo una transgresión contra la sociedad, sino un acto que altera la armonía espiritual del universo. Las comunidades zoroastrianas modernas, incluso las que están integradas en sistemas legales seculares, mantienen un profundo respeto por el poder de la palabra hablada, considerando las promesas y los compromisos como extensiones de su pacto con Ahura Mazda.

El concepto de Frashokereti, la renovación final del mundo en la escatología zoroástrica, está profundamente ligado a la práctica de la verdad. Se cree que en los días finales, el poder de Asha prevalecerá sobre todas las formas de Druj, dando lugar a un mundo donde la verdad es absoluta e indiscutible. Esta visión de un futuro en el que el engaño ya no prevalece inspira a los zoroastrianos a luchar por la verdad en sus propias vidas, viendo cada acto honesto como un paso hacia esta restauración divina. Creen que su compromiso con la verdad en el presente contribuye a una narrativa cósmica mayor, en la que la lucha entre la luz y la oscuridad culminará en un mundo de perfecta claridad.

Así pues, la verdad y la honestidad en el zoroastrismo no son meras recomendaciones éticas, sino compromisos profundos que conforman la identidad y el destino de cada seguidor. Son hilos que tejen las dimensiones personal, comunitaria y cósmica de la vida, creando un tejido que conecta lo mundano con lo divino. A través de su dedicación a estos valores, los zoroastrianos siguen honrando el legado de Zaratustra, manteniendo viva la llama de Asha en un mundo que pone constantemente a prueba la resistencia de la verdad.

Esta exploración de la verdad dentro de la tradición zoroástrica revela un enfoque matizado y evolutivo de la honestidad, que se adapta a las necesidades de cada época sin dejar de estar anclado en principios intemporales. A medida que profundicemos, los capítulos siguientes se volverán hacia el futuro, examinando cómo afronta el zoroastrismo los retos de preservar sus tradiciones y adaptarse a la dinámica cambiante del mundo moderno.

Capítulo 28
El futuro del zoroastrismo

El zoroastrismo, una de las religiones vivas más antiguas del mundo, se enfrenta a una compleja red de desafíos en su avance hacia el futuro. Aunque arraigada en antiguas tradiciones y rica en enseñanzas que han guiado a sus seguidores durante milenios, la fe se enfrenta ahora a importantes amenazas para su continuidad. Entre ellas destacan la disminución del número de fieles, la dispersión geográfica de las comunidades y la necesidad de adaptarse a los rápidos cambios culturales y sociales de la era moderna.

El reto principal es la disminución del número de zoroastrianos en todo el mundo. En Irán, su patria, donde el zoroastrismo ocupó un lugar destacado, la comunidad se ha reducido drásticamente como consecuencia de siglos de persecuciones, migraciones y presiones de conversión tras la conquista islámica. Hoy, la población zoroástrica de Irán es una pequeña fracción de lo que fue, confinada a unas pocas ciudades y aldeas donde los ecos de los antiguos rituales aún resuenan, pero en tonos más apagados. Esta contracción ha provocado temores de extinción, con los ancianos de la comunidad preocupados por la pérdida de la lengua, las prácticas culturales y los ritos religiosos que se han transmitido de generación en generación.

Fuera de Irán, la India se ha convertido en un centro fundamental de la vida zoroástrica a través de la comunidad parsi. Los parsis, que huyeron de Persia para evitar la persecución religiosa hace más de mil años, han prosperado en la India, convirtiéndose en una de las comunidades zoroástricas más destacadas de la diáspora. Pero incluso entre los parsis preocupa el declive demográfico. Con una población pequeña y bajas tasas de natalidad, la comunidad se ha enfrentado a debates internos sobre cuestiones como los matrimonios mixtos y la inclusión de nuevos miembros, luchas que reflejan la tensión entre preservar la tradición y abrazar el cambio. La cuestión de quién se considera zoroastriano se ha convertido en un tema delicado, que divide opiniones y condiciona el futuro de la fe.

La dispersión de las comunidades zoroastrianas, desde Norteamérica hasta Australia, añade otra capa de complejidad. Aunque la diáspora ha proporcionado nuevas oportunidades para el intercambio cultural y la difusión de los ideales zoroastrianos más allá de sus fronteras tradicionales, también ha conducido a la fragmentación. Comunidades que antes prosperaban gracias a estructuras sociales muy unidas se encuentran ahora repartidas por continentes, cada una adaptándose a los contextos locales mientras se esfuerza por mantener una identidad compartida. Esta dispersión ha hecho necesarios nuevos enfoques para mantener la cohesión de la comunidad, con una creciente dependencia de la comunicación digital y de los servicios religiosos en línea para salvar la brecha geográfica. Las plataformas virtuales han permitido conectar a zoroastrianos de distintas partes del mundo, pero también ponen de relieve el reto de mantener un sentimiento de unidad frente a las diversas influencias culturales.

En este panorama cambiante, algunas de las preocupaciones más acuciantes giran en torno a la adaptación de las prácticas ancestrales a la vida contemporánea. Los rituales, oraciones y costumbres que se han conservado fielmente durante siglos a menudo requieren una reinterpretación para seguir siendo relevantes. Por ejemplo, las generaciones más jóvenes de zoroastrianos, sobre todo los que se han criado en países occidentales, buscan formas de integrar su fe en su vida cotidiana de manera que resuene con los valores y estilos de vida modernos. Esto ha dado lugar a debates sobre el papel de la igualdad de género en el zoroastrismo, la interpretación de las leyes de pureza tradicionales y la incorporación de la conciencia medioambiental a la práctica religiosa. Mientras que algunos consideran que estos cambios son necesarios para la supervivencia de la fe, otros los ven como posibles compromisos para la integridad de las enseñanzas zoroastrianas.

Al mismo tiempo, la supervivencia del zoroastrismo depende no sólo de la adaptación, sino también de un profundo sentimiento de orgullo cultural y del deseo de volver a conectar con sus raíces. En Irán ha resurgido el interés de algunos jóvenes iraníes por su herencia preislámica, que incluye el zoroastrismo. Esto ha llevado a una renovada apreciación del papel de la religión en la conformación de la historia y la identidad persas, así como a un mayor interés por los antiguos lugares y prácticas zoroástricos. Para muchos, esto representa una forma de resistencia cultural y de reivindicación de una identidad que se ha visto ensombrecida por siglos de presiones externas.

Más allá de Irán y la India, han surgido organizaciones zoroastrianas mundiales que trabajan para unificar a las comunidades dispersas y garantizar que las enseñanzas zoroastrianas no se pierdan en el tiempo. Estas organizaciones, como el Congreso Zoroastriano Mundial, celebran actos y conferencias con regularidad, reuniendo a zoroastrianos de distintas partes del mundo para compartir sus experiencias y debatir los retos a los que se enfrentan. A través de estos encuentros, los zoroastrianos han tratado de encontrar un terreno común en cuestiones como la educación, la conservación de la cultura y el papel de la religión en un mundo que a menudo parece reñido con las creencias ancestrales.

En este contexto, el uso de la tecnología se ha convertido en un arma de doble filo. Las plataformas digitales han permitido la conservación de textos sagrados, las reuniones de oración en línea y el intercambio de enseñanzas, haciendo la fe más accesible a quienes viven lejos de los centros de culto tradicionales. Sin embargo, el mundo digital también presenta desafíos, ya que el reino virtual puede diluir el sentido de comunidad física que ha sido tan fundamental para la identidad zoroástrica. La transición de los templos de fuego, con sus llamas sagradas tangibles, al culto en línea plantea cuestiones sobre cómo mantener la santidad de los rituales en un espacio virtual.

Cuando el zoroastrismo mira hacia el futuro, también debe enfrentarse a la cuestión de cómo atraer y retener a las generaciones más jóvenes. Muchos jóvenes zoroastrianos sienten una profunda conexión con su herencia, pero luchan por encontrar un lugar para sus creencias en un mundo cada vez más secular y acelerado. Las iniciativas dirigidas a la participación de los jóvenes han tratado de colmar esta laguna, ofreciendo campamentos, programas educativos y actividades culturales que hacen hincapié en la relevancia de la ética zoroástrica, como el cuidado del medio ambiente y la justicia social, para los problemas globales contemporáneos. Estos esfuerzos están diseñados no sólo para educar, sino también para inspirar un sentido de propósito y conexión con la fe.

Además, el énfasis del zoroastrismo en el libre albedrío y la responsabilidad individual sigue siendo un potente mensaje para los tiempos modernos. El concepto de elegir Asha -la verdad y la rectitud- sobre Druj -la falsedad y el caos- resuena entre quienes buscan claridad ética en medio de las complejidades de la vida moderna. Esta lucha atemporal ofrece un marco espiritual que puede resultar especialmente atractivo para quienes se sienten desconectados de otras tradiciones religiosas o desilusionados con el materialismo. Presenta el zoroastrismo no como una reliquia del pasado, sino como una filosofía con una profunda relevancia contemporánea.

Sin embargo, a pesar de estos esfuerzos, en la comunidad subyace un sentimiento de urgencia. La perspectiva del declive demográfico y la asimilación cultural se cierne sobre la comunidad, lo que lleva a plantearse preguntas existenciales sobre cómo será el zoroastrismo dentro de un siglo. ¿Se conservará el núcleo de la fe mediante la adaptación o se transformará en algo irreconocible para sus antepasados? Las respuestas a estas preguntas siguen siendo inciertas y dependen de las decisiones de los individuos, las comunidades y los líderes que se enfrentan al equilibrio entre tradición y cambio.

El futuro del zoroastrismo es, pues, un tapiz tejido con hilos de esperanza, resistencia y el peso de la historia. A medida que el mundo cambia a su alrededor, el zoroastrismo se encuentra en una encrucijada en la que la perdurable sabiduría de Zaratustra debe responder a las exigencias de una nueva era. La historia que se desarrolla no es de decadencia sino de transformación, ya que la antigua llama de las enseñanzas de Ahura Mazda sigue encontrando formas de arder brillantemente, incluso en paisajes desconocidos.

El viaje hacia el futuro del zoroastrismo está marcado tanto por la incertidumbre como por la tranquila determinación de preservar su esencia. Aunque los retos demográficos y las presiones de la modernización plantean importantes obstáculos, también hay iniciativas y movimientos dentro de la comunidad zoroastriana mundial que tratan de rejuvenecer y revitalizar la fe. Estos esfuerzos combinan el respeto por la tradición con la voluntad de comprometerse con la sociedad contemporánea, ofreciendo la esperanza de un futuro en el que el zoroastrismo siga siendo relevante y, al mismo tiempo, se mantenga fiel a sus principios fundamentales.

Uno de los aspectos centrales de esta revitalización es el esfuerzo por reconectar a los zoroastrianos con su herencia a través de la educación. En todo el mundo se han establecido programas educativos para enseñar a las generaciones más jóvenes las enseñanzas de Zaratustra, los principios de Asha y la rica historia de la antigua Persia. Estos programas a menudo van más allá de la simple instrucción religiosa, integrando lecciones sobre la historia, la lengua y la cultura zoroástricas para fomentar un sentido más profundo de la identidad. En la era digital, esta educación se extiende a las plataformas en línea, donde los seminarios web, los debates virtuales y los archivos digitales permiten a los zoroastrianos acceder al conocimiento independientemente de su ubicación geográfica.

Los encuentros mundiales, como el Congreso Mundial de Jóvenes Zoroastrianos, desempeñan un papel vital en este proceso. Estos eventos proporcionan una plataforma para que los jóvenes zoroastrianos se reúnan, intercambien ideas y reflexionen sobre lo que significa ser zoroastriano en el mundo actual.

Ofrecen un espacio en el que los participantes pueden celebrar su herencia al tiempo que debaten los retos de mantener la fe en un entorno que cambia rápidamente. Estos congresos, a menudo repletos de talleres, conferencias e intercambios culturales, pretenden fomentar un sentimiento de unidad entre zoroastrianos de diversos orígenes, haciendo hincapié en que, a pesar de su reducido número, forman parte de una familia global.

Los esfuerzos por promover la inclusión y adaptarse a los valores sociales contemporáneos también han cobrado fuerza, especialmente en las comunidades de la diáspora. Durante muchos años, los debates sobre la admisión de individuos de herencia mixta en el redil del zoroastrismo han suscitado controversia. En lugares como la India, donde las normas tradicionales en torno a la identidad zoroástrica han sido más rígidas, estas discusiones han adquirido una nueva urgencia. Los grupos progresistas defienden una interpretación más integradora, sugiriendo que la atención debe centrarse en preservar las enseñanzas y los valores de la fe más que en mantener estrictamente las líneas de sangre. Esta perspectiva está impulsada por el reconocimiento de que la adaptación puede ser clave para garantizar la supervivencia de la religión a largo plazo.

Por el contrario, también hay voces dentro de la comunidad que subrayan la importancia de preservar las costumbres y prácticas ancestrales sin diluirlas. Para estos tradicionalistas, los rituales, las leyes de pureza y las prácticas en torno a los templos de fuego representan un vínculo directo con sus antepasados y con las enseñanzas originales de Zaratustra. Les preocupa que una adaptación excesiva corra el riesgo de perder la esencia del zoroastrismo, transformándolo en algo irreconocible. El diálogo entre estas perspectivas progresistas y conservadoras es uno de los rasgos definitorios de la evolución del zoroastrismo, ya que la comunidad busca un equilibrio que honre el pasado al tiempo que navega por las exigencias del presente.

La tecnología se ha convertido en un aliado inesperado en la preservación y promoción del zoroastrismo. El uso de las redes sociales, los sitios web y las comunidades en línea ha permitido a los zoroastrianos mantenerse conectados, compartir recursos y fomentar un sentimiento de comunidad incluso a grandes distancias. Plataformas en línea como Instagram, YouTube y aplicaciones dedicadas al zoroastrismo ofrecen enseñanzas de sacerdotes, debates sobre prácticas religiosas y visitas virtuales a lugares históricos zoroastrianos. Para muchos zoroastrianos jóvenes, estos espacios digitales son los primeros en los que encuentran los aspectos más profundos de su fe, lo que los convierte en una ayuda inestimable para salvar la brecha generacional.

Esta transformación digital se extiende también a las prácticas religiosas. Con la llegada de los grupos de oración en línea y los rituales virtuales, muchos zoroastrianos han encontrado nuevas formas de participar en el culto comunitario, aunque vivan lejos de un templo de fuego tradicional. Estas reuniones virtuales ofrecen un nuevo tipo de accesibilidad, haciendo posible que zoroastrianos que de otro modo se sentirían aislados participen en la vida espiritual de su comunidad. Sin embargo, este cambio no está exento de dificultades, ya que plantea cuestiones sobre cómo mantener la sacralidad y la energía espiritual de los rituales cuando se realizan a través de una pantalla en lugar de en los espacios sagrados de un templo.

En los últimos años, también se ha renovado el énfasis en los principios zoroástricos que se alinean estrechamente con las preocupaciones modernas, como el ecologismo y la responsabilidad social. El énfasis en Asha -que representa la verdad, la rectitud y el orden cósmico- resuena con fuerza en los movimientos globales centrados en la sostenibilidad y la preservación ecológica. Por ejemplo, algunos grupos zoroastrianos han iniciado proyectos destinados a proteger los recursos naturales, haciendo hincapié en que el cuidado de la Tierra es un reflejo de su deber como custodios de la creación de Ahura Mazda. Al enmarcar las antiguas enseñanzas en términos que abordan cuestiones contemporáneas, estas iniciativas ofrecen al zoroastrismo una forma de comprometerse con preocupaciones sociales más amplias.

No se puede subestimar el papel de la globalización en la configuración del futuro del zoroastrismo. A medida que las comunidades siguen extendiéndose y adaptándose, se encuentran interactuando con otras culturas, religiones y filosofías. Esta interacción tiene el potencial de enriquecer el zoroastrismo, introduciendo nuevas perspectivas y formas de interpretar los textos antiguos. Sin embargo, también plantea riesgos de asimilación cultural y dilución de identidades religiosas únicas. Muchos zoroastrianos se encuentran en la delicada disyuntiva de abrazar la ciudadanía global y mantener una identidad espiritual y cultural propia.

En este contexto global, la conservación de los conocimientos tradicionales es aún más crucial. La generación de más edad atesora un tesoro de tradiciones orales, historias e interpretaciones de textos sagrados que no siempre se encuentran en forma escrita. Se están haciendo esfuerzos para documentar estas historias orales, garantizando que la sabiduría y las experiencias de los mayores no se pierdan en el tiempo. Esta conservación del conocimiento oral complementa los textos escritos, como el Avesta, ofreciendo una comprensión más holística de las enseñanzas zoroastrianas, basada en la experiencia vivida.

Otra área de interés ha sido la promoción del zoroastrismo como fuente de orientación filosófica y ética en el mundo moderno. Los eruditos y pensadores de la comunidad han tratado de destacar los aspectos universales de la filosofía zoroástrica, como el énfasis en el libre albedrío, la importancia de la elección moral y la eterna lucha entre el bien y el mal. Estos temas, aunque profundamente arraigados en la cosmovisión zoroástrica, también ofrecen valiosas perspectivas sobre la condición humana, lo que los hace relevantes para un público más amplio, más allá de los confines de la propia religión.

De cara al futuro, es probable que el futuro del zoroastrismo esté determinado por un mosaico de esfuerzos: algunos encaminados a mantener las prácticas tradicionales, otros a reformular la sabiduría ancestral en contextos modernos y otros centrados en establecer conexiones entre la dispersa comunidad mundial. El resultado de estos esfuerzos sigue siendo incierto, pero el compromiso de mantener viva la llama del zoroastrismo arde con fuerza. Es un viaje definido tanto por la continuidad como por la transformación, en el que las oraciones antiguas se encuentran con las pantallas digitales, y los susurros de la voz de Zaratustra encuentran eco en el bullicioso mundo del siglo XXI.

Este capítulo de la historia del zoroastrismo aún se está escribiendo, y está siendo moldeado por innumerables elecciones individuales: familias que deciden enseñar a sus hijos las oraciones antiguas, jóvenes zoroastrianos que cuestionan y redefinen lo que significa pertenecer a una comunidad, y líderes comunitarios que se esfuerzan por mantener un sentimiento de unidad a través de los continentes. En medio de los desafíos, también hay una sensación de renovación, a medida que el zoroastrismo encuentra formas de adaptarse sin perder la esencia espiritual que ha guiado a sus seguidores durante miles de años.

En esta narrativa en evolución, el futuro del zoroastrismo sigue siendo un testimonio del poder perdurable de la fe, la tradición y la esperanza inquebrantable de que, a pesar de todo, las enseñanzas de Zaratustra seguirán guiando a los buscadores hacia la luz de Asha durante generaciones.

Capítulo 29
Reglas y prácticas cotidianas

El ritmo de la vida diaria de un zoroastriano está impregnado de rituales que mantienen una conexión con Ahura Mazda y refuerzan un sentido de disciplina espiritual. Estas prácticas forman la columna vertebral del viaje de un zoroastriano por el mundo, ofreciendo estructura y un sentido de propósito enraizado en la sabiduría antigua. Desde el momento en que uno se despierta hasta la hora del descanso, el día se desarrolla como una serie de oportunidades para expresar gratitud, mantener la pureza y alinearse con el orden cósmico de Asha.

Una parte esencial de las prácticas diarias es la recitación de oraciones, o manthras, que no son meras palabras, sino vibraciones sagradas que se cree que invocan el poder espiritual. El Avesta ofrece una gran cantidad de estas oraciones, entre las que destacan el Ashem Vohu y el Yatha Ahu Vairyo. Estas oraciones se recitan en distintos momentos a lo largo del día -al despertarse, antes de las comidas, durante el encendido del fuego sagrado y antes de dormir-, cada vez con la intención de renovar el vínculo con Ahura Mazda y los principios de la verdad y la rectitud. Recitar estos manthras es una forma de alinear los pensamientos con lo divino y recordar la eterna lucha contra la falsedad y el desorden.

La pureza, tanto física como espiritual, desempeña un papel importante en la vida cotidiana de los zoroastrianos. Las abluciones, conocidas como padyab, consisten en lavarse las manos, la cara y otras partes del cuerpo, a menudo acompañadas de la recitación de una oración. Este acto simboliza la limpieza no sólo de las impurezas físicas, sino también la eliminación de pensamientos o influencias negativas. Estos actos de purificación se realizan antes de la oración y otras obligaciones religiosas, reforzando el concepto de que la pureza de cuerpo y mente son requisitos previos para acercarse a lo divino.

El fuego, como símbolo de la luz divina, ocupa un lugar destacado en los rituales cotidianos. En casa, muchos zoroastrianos mantienen una pequeña llama o atash dadgah como punto focal de sus oraciones, en honor al elemento sagrado que representa la presencia de Ahura Mazda. El cuidado de esta llama -ya sea encendiendo una lámpara o prendiendo incienso- sirve como recordatorio del fuego divino que arde dentro y alrededor de toda la creación. Para quienes no pueden acceder diariamente a un templo del fuego, esta práctica se convierte en un altar personal, un espacio donde convergen la devoción y la reflexión.

En la estructura de un día típico, se observan tres momentos principales de oración, cada uno alineado con la progresión natural del sol: amanecer (Havan), mediodía (Rapithwin) y atardecer (Uzirin). Estas horas no son arbitrarias, sino que están profundamente relacionadas con los ciclos de la naturaleza, lo que refleja la creencia zoroástrica en el carácter sagrado de la creación. Las oraciones de la mañana celebran la salida del sol, que simboliza el triunfo de la luz sobre la oscuridad. Las oraciones del mediodía reconocen el apogeo del poder del sol, un momento para reafirmar la fuerza y la claridad. Las oraciones vespertinas, cuando el sol desciende, representan un momento para la introspección, la gratitud y la búsqueda de protección contra las fuerzas de la oscuridad. Estos ritmos conectan al individuo con el universo más amplio, convirtiendo cada día en un microcosmos de la lucha cósmica entre el orden y el caos.

La práctica de las oraciones del Kusti es otro aspecto fundamental de la vida cotidiana. El Kusti, un cordón sagrado tejido con lana, se enrolla alrededor de la cintura sobre el Sudreh, una prenda interior que representa el camino de la rectitud. El ritual de desatar y volver a atar el Kusti se realiza varias veces al día: al despertarse, antes de comer y antes de dormir, cada vez acompañado de oraciones específicas. El acto de volver a atar el Kusti simboliza un nuevo compromiso con la fe zoroástrica, con la tríada de buenos pensamientos, buenas palabras y buenas acciones. Para muchos, este ritual se convierte en un momento de pausa, una oportunidad para volver a centrarse en medio de las exigencias de la vida cotidiana y renovar su armadura espiritual contra las tentaciones del Druj.

Las costumbres dietéticas zoroastrianas también reflejan la filosofía religiosa más amplia, haciendo hincapié en la moderación, el respeto por la vida y la gratitud. Las comidas comienzan con una sencilla oración en la que se agradece la comida y se reconoce que es un regalo de Ahura Mazda. Este ritual subraya la interconexión entre los mundos material y espiritual, recordando a los fieles que todo acto, incluso comer, tiene una dimensión espiritual. En algunas tradiciones, los zoroastrianos evitan consumir ciertos alimentos que se cree que alteran el equilibrio espiritual, aunque las prácticas dietéticas pueden variar mucho de una comunidad a otra.

Además de los rituales estructurados, el zoroastrismo fomenta la práctica del Frashokereti en la vida cotidiana: la idea de trabajar por la renovación del mundo a través de las acciones individuales. Este concepto sugiere que cada pensamiento y acción contribuyen a la lucha más amplia por conseguir un mundo libre de sufrimiento y falsedad. Los actos de bondad, la generosidad hacia los necesitados y los esfuerzos por proteger el mundo natural se consideran extensiones de este deber divino. Así, el zoroastrismo integra la espiritualidad con la responsabilidad social, haciendo de la vida cotidiana una expresión continua de devoción y servicio.

Los zoroastrianos también son conscientes del cuidado de los difuntos, lo que refleja el énfasis en la pureza. La tradición de no enterrar a los muertos en la tierra, para evitar contaminar los elementos sagrados de la tierra y el fuego, conduce a la práctica única de la exposición en la Dakhma o Torre del Silencio. Aunque esta práctica no forma parte directamente de la rutina diaria, ilustra la visión más amplia del mundo en la que cada elemento de la naturaleza debe tratarse con reverencia. De este modo, la vida cotidiana está en constante sintonía con las leyes cósmicas y el equilibrio entre los reinos físico y espiritual.

Más allá de las oraciones y los rituales, el comportamiento cotidiano de un zoroastriano se guía por las enseñanzas morales de la religión. La veracidad, el respeto a los demás, la diligencia en el trabajo y el mantenimiento de un hogar pacífico se consideran manifestaciones de vivir de acuerdo con Asha. De este modo, incluso las actividades más mundanas -como las interacciones con los vecinos, la dirección de los negocios o el cuidado de la familia- están impregnadas de significado espiritual. La vida zoroástrica ideal es aquella en la que cada acción, por pequeña que sea, contribuye a la armonía del mundo y refleja los valores impartidos por Zaratustra.

El énfasis en la comunidad también desempeña un papel crucial en las prácticas cotidianas. Se anima a los zoroastrianos a reunirse para las oraciones comunitarias, los festivales y los actos benéficos, lo que refuerza el sentido de unidad y propósito compartido. Incluso en la diáspora, donde las distancias pueden separar a los individuos de los templos de fuego o de comunidades zoroastrianas más grandes, muchos mantienen vínculos a través de grupos en línea, asociaciones locales y reuniones de oración virtuales. Estas reuniones, ya sean presenciales o virtuales, proporcionan un espacio para la reflexión colectiva, el apoyo y el fortalecimiento de los lazos comunitarios. El sentimiento de pertenencia a una tradición milenaria ofrece una poderosa fuente de continuidad, especialmente frente a los desafíos modernos.

En el fondo, las prácticas cotidianas del zoroastrismo reflejan una profunda atención, una conciencia constante del papel de cada uno en el orden cósmico y de la responsabilidad que conlleva. En estas rutinas, los fieles encuentran un ritmo que les conecta con sus antepasados y con las enseñanzas de Zaratustra, incluso cuando navegan por las complejidades de la vida contemporánea. Los rituales, antiguos o adaptados, sirven para recordar que la lucha entre Asha y Druj no es sólo una gran batalla cósmica, sino una serie de decisiones que se toman cada día. A través de estas prácticas, los zoroastrianos se esfuerzan por vivir en armonía con la llama eterna, recorriendo un camino iluminado por la luz de Ahura Mazda.

Aunque las prácticas básicas de la vida cotidiana de los zoroastrianos se centran en rituales universales, oraciones y purificación, la diversidad dentro de la fe ha dado lugar a variaciones que adaptan estas tradiciones a las realidades culturales, sociales y geográficas de cada comunidad. En todo el mundo, los zoroastrianos de la diáspora han adaptado sus rutinas, equilibrando la adhesión a las antiguas tradiciones con los retos de vivir en entornos modernos, a menudo no zoroastrianos. Este capítulo profundiza en los matices de estas adaptaciones y en las formas en que las prácticas ancestrales siguen resonando, incluso cuando se transforman para satisfacer las necesidades contemporáneas.

Una de las variaciones más profundas en las prácticas cotidianas surge en la forma en que las distintas comunidades zoroastrianas mantienen los rituales de purificación. La práctica del padyab -lavado ritual- sigue siendo un principio fundamental, pero en lugares donde el agua puede escasear, como los centros urbanos o las regiones áridas, se han hecho adaptaciones. Algunas comunidades han introducido versiones simplificadas, utilizando un mínimo de agua o centrándose más en la recitación simbólica de oraciones que en el lavado físico en sí. Esta flexibilidad refleja el enfoque pragmático arraigado en el zoroastrismo, donde la esencia del ritual -la purificación del pensamiento y la intención- puede preservarse, aunque la forma deba evolucionar.

El ritual de mantener el Kusti y el Sudreh también ha adquirido nuevas interpretaciones entre las comunidades de la diáspora. Aunque el acto fundamental de atar el Kusti y recitar las oraciones que lo acompañan sigue siendo el mismo, la frecuencia y el momento de estas prácticas pueden variar. Para los zoroastrianos que tienen horarios de trabajo exigentes o viven en regiones con ritmos diarios diferentes, el ritual se adapta a veces a su estilo de vida. Sin embargo, incluso en estas formas adaptadas, la intención central -recordar diariamente el pacto con Ahura

Mazda y los valores de la verdad y la rectitud- permanece intacta. Para muchos, esta adaptabilidad es un testimonio de la resistencia del espíritu zoroástrico.

La presencia del fuego en la práctica zoroástrica, especialmente en el hogar, también ha sufrido cambios significativos en respuesta a las condiciones de vida modernas. En los entornos tradicionales, las familias mantenían un espacio dedicado a una lámpara o una pequeña hoguera, que simbolizaba la presencia de la luz divina. Sin embargo, en las viviendas urbanas contemporáneas o en regiones donde las llamas abiertas pueden plantear problemas de seguridad, muchos zoroastrianos han pasado a utilizar luces eléctricas o lámparas simbólicas. La llama, real o simbólica, sigue siendo el punto focal de las oraciones, un recordatorio del fuego eterno que significa la presencia de Ahura Mazda en todos los rincones del mundo.

Aunque estas adaptaciones permiten a los zoroastrianos continuar sus prácticas en diversos entornos, sigue existiendo un profundo sentimiento de reverencia por las costumbres originales. Este respeto por la tradición es especialmente visible durante los acontecimientos vitales que implican rituales específicos, como bodas, nacimientos y funerales. Las ceremonias de boda zoroastrianas, por ejemplo, combinan ritos antiguos, como el intercambio de anillos ante el fuego y la recitación de manthras, con elementos más modernos que reflejan la cultura de la región donde se celebra la ceremonia. Aunque estas ceremonias evolucionan, conservan su esencia: la celebración de la unión divina y la afirmación de los valores que guiarán la vida en común de la pareja.

Del mismo modo, las costumbres en torno a la muerte y el luto en el zoroastrismo han tenido que adaptarse. Tradicionalmente, la Dakhma o Torre del Silencio se utilizaba para los entierros en el cielo, pero en muchas partes del mundo estas prácticas no están legalmente permitidas. Por ello, algunas comunidades zoroastrianas han optado por la inhumación o la cremación, pero siempre haciendo hincapié en la pureza y el respeto a los elementos. Por ejemplo, los ritos funerarios pueden incluir la colocación del cuerpo en una tumba revestida de cemento para evitar el contacto con la tierra, lo que refleja el respeto permanente por el carácter sagrado del mundo natural. Estos ajustes muestran cómo los zoroastrianos navegan por el delicado equilibrio entre la adhesión a creencias ancestrales y la adaptación a las limitaciones legales y medioambientales contemporáneas.

Los tiempos de oración diaria también se enfrentan a retos de adaptación en un mundo en el que el ritmo de vida a menudo difiere significativamente del de las antiguas sociedades agrarias. Para muchos zoroastrianos, las horas tradicionales de oración al amanecer, al mediodía y al atardecer pueden ser difíciles de cumplir rígidamente debido a los compromisos laborales o escolares. En respuesta, algunos han encontrado soluciones creativas, como recitar versiones más cortas de los manthras durante los descansos o utilizar aplicaciones digitales de oración que proporcionan recordatorios a lo largo del día. Estas herramientas modernas actúan como puentes que conectan el pasado con el presente, permitiendo a los individuos llevar el ritmo de la devoción zoroástrica en el tejido de sus rutinas diarias.

Otro ejemplo de adaptación es la celebración de festivales zoroastrianos en distintas partes del mundo. En regiones donde los zoroastrianos son minoría, festivales como el Nowruz o el Yalda se celebran a menudo con pequeñas reuniones en casas particulares o centros comunitarios, en lugar de grandes festividades públicas. Sin embargo, incluso en estos entornos íntimos, se mantienen los elementos fundamentales: el encendido de velas, la ofrenda de oraciones, el reparto de comida y la narración de historias que conectan a la comunidad con sus raíces. Esta continuidad garantiza que la esencia de estas fiestas -la gratitud, la renovación y la celebración de la vida- siga siendo vibrante, aunque la escala de la celebración se adapte a las realidades de la vida en la diáspora.

El reto de mantener la pureza y la conducta ética en un mundo diverso también ha dado lugar a reflexiones en el seno de las comunidades zoroastrianas. Vivir en sociedades multiculturales a menudo significa comprometerse con costumbres y prácticas que difieren de los valores zoroastrianos tradicionales. Por ejemplo, mantener la pureza de la dieta, especialmente evitar ciertos alimentos o santificar ritualmente las comidas, puede ser difícil en un mundo globalizado en el que se pueden conseguir fácilmente alimentos de muchas culturas. En respuesta, algunos zoroastrianos se centran más en el espíritu de la práctica -expresar gratitud por todas las comidas y esforzarse por la moderación- que en adherirse estrictamente a las antiguas leyes dietéticas. Este enfoque en la intención por encima de la forma permite a los fieles adaptarse sin perder la esencia moral de sus prácticas.

En el contexto de la tecnología, muchos zoroastrianos han adoptado las plataformas en línea como medio para mantenerse conectados con su fe. Los templos de fuego virtuales, las reuniones de oración en línea y los archivos digitales de textos sagrados han surgido como recursos vitales para quienes viven lejos de los centros zoroastrianos físicos. Para las generaciones más jóvenes, estas plataformas ofrecen una forma de comprometerse con su herencia de una manera que les resulta accesible y relevante. Al mismo tiempo, plantean interrogantes sobre la evolución de la fe: ¿cómo trasladar a un espacio virtual la calidez y la intimidad de una comunidad reunida en torno al fuego? ¿En qué se diferencia la experiencia de recitar oraciones a solas frente a una pantalla de hacerlo en un espacio físico compartido?

A pesar de estas adaptaciones, la esencia de la práctica zoroástrica -su énfasis en mantener una conexión con lo divino, fomentar los lazos comunitarios y mantener una vida alineada con Asha- permanece inquebrantable. La creencia zoroastriana en el libre albedrío anima a cada individuo a elegir la mejor manera de integrar sus tradiciones en el mundo moderno, al tiempo que se esfuerza siempre por preservar los valores subyacentes enseñados por Zaratustra. Este enfoque permite que la fe sea dinámica, adaptándose a nuevos contextos sin sacrificar la sabiduría y la guía de las antiguas enseñanzas.

La vigencia de estas prácticas pone de relieve la resistencia y flexibilidad del zoroastrismo. Ya sea en una ciudad bulliciosa o en una aldea remota, la rutina diaria de cada zoroastriano es un testimonio del poder perdurable de una fe que valora tanto la tradición como la capacidad de renovación. Mientras navegan por las complejidades de la vida moderna, los zoroastrianos de todo el mundo siguen encontrando formas de mantener viva la llama de su fe, dejando que ilumine sus caminos como lo hizo con sus antepasados. A través de estas prácticas -antiguas y recientemente adaptadas- permanecen profundamente conectados a una herencia espiritual que abarca milenios, pero que está siempre presente en las decisiones que toman cada día.

Capítulo 30
Simbolismo

El zoroastrismo es rico en un lenguaje simbólico que trasciende las palabras, tejiendo un tapiz que conecta el mundo visible con los reinos espirituales. Entre estos símbolos, cada uno encierra capas de significado, un conducto a través del cual los fieles pueden comprender mejor los misterios del cosmos y su propio lugar en él. Desde la icónica imagen del Faravahar hasta la perdurable presencia del fuego sagrado, los símbolos zoroástricos ofrecen un mapa visual y espiritual que guía a sus seguidores en su viaje por la vida.

El Faravahar es quizá el símbolo más reconocible del zoroastrismo, una figura alada que encarna la esencia del espíritu humano y la guía divina. Su intrincado diseño, con una figura humana que emerge de un círculo con alas y una pluma en la cola, encierra múltiples capas de significado. La figura humana central representa el alma, que se extiende hacia Ahura Mazda, sugiriendo la naturaleza aspiracional del viaje del espíritu. El círculo que rodea la figura recuerda la eternidad, la naturaleza cíclica de la vida, la muerte y el renacimiento. Se cree que las dos alas, cada una compuesta por tres capas, representan Humata, Hukhta y Hvarshta -buenos pensamientos, buenas palabras y buenas acciones-, que guían a los fieles hacia la rectitud.

El Faravahar no es sólo una representación abstracta, sino un recordatorio práctico de los deberes morales y espirituales de todo zoroastriano. Fomenta la introspección y pide a los fieles que alineen sus acciones con los principios de Asha. Ya sea tallada en la piedra de los templos antiguos o llevada como colgante, sirve como símbolo constante de la búsqueda de la elevación espiritual, anclando a los zoroastrianos en sus luchas morales diarias. En los tiempos modernos, también se ha convertido en un emblema cultural, una conexión con la herencia persa para muchos, incluidos los que no profesan la fe zoroástrica, que simboliza valores de resistencia, dignidad y búsqueda de la sabiduría.

El fuego sagrado es igualmente central en el simbolismo zoroástrico, y ocupa un lugar de profunda reverencia dentro de la fe. El fuego no es sólo un elemento, sino que representa la luz divina de Ahura Mazda, que encarna la pureza, la verdad y la energía que sustenta la vida. En los templos, el fuego se mantiene encendido continuamente, representando la presencia eterna de Ahura Mazda. Para los zoroastrianos, el fuego es una entidad viva, una manifestación de la energía divina que puede purificar la mente y el espíritu. Su calor y su resplandor se consideran la encarnación física de la iluminación espiritual, que guía a los creyentes hacia la claridad y la comprensión en un mundo lleno de sombras.

Más allá del templo, el fuego también desempeña un papel en la vida cotidiana de los zoroastrianos. El encendido de una pequeña lámpara durante las oraciones en casa sirve de conexión con esta llama eterna, un reflejo personal del gran orden cósmico. La llama no es sólo un objeto de veneración, sino que participa en el diálogo del creyente con lo divino. Su luz parpadeante, que responde al soplo del viento, simboliza la interacción siempre presente entre los reinos material y espiritual. La capacidad del fuego para transformar lo físico -convertir la madera en ceniza, por ejemplo- refleja el viaje espiritual de la ignorancia a la iluminación, una transformación que cada alma debe experimentar.

El agua también tiene un profundo significado simbólico en el zoroastrismo. Representa la pureza y la fuerza vital de lo divino, complementando el poder purificador del fuego. Los manantiales y ríos sagrados se consideran recipientes de Asha, que encarnan el poder creador de Ahura Mazda. El agua es fundamental en muchos rituales zoroastrianos, desde el simple acto de lavarse las manos antes de rezar hasta ceremonias de purificación más elaboradas. Sirve como medio a través del cual los fieles pueden conectar con lo divino, lavando no sólo las impurezas físicas sino también las influencias sutiles de Druj, las fuerzas del engaño y el caos.

En la cosmología zoroástrica, cada elemento -fuego, agua, tierra y aire- forma parte de un equilibrio sagrado que refleja la interacción entre los mundos material y espiritual. Esta reverencia se extiende a las montañas, los árboles y otros elementos naturales, considerados como manifestaciones de la presencia divina en el mundo. Las montañas de Irán, por ejemplo, se han considerado durante mucho tiempo lugares de retiro espiritual, donde el aislamiento de la sociedad permite conectar más profundamente con la creación de Ahura Mazda. Durante siglos, los peregrinos zoroastrianos han buscado estos santuarios naturales para la contemplación y la oración, creyendo que las alturas físicas de las montañas les acercan a la iluminación espiritual.

Otro símbolo que resuena profundamente entre los creyentes zoroastrianos es el Asha Vahishta, la encarnación de la verdad y la rectitud. A diferencia del fuego o del Faravahar, Asha no es un símbolo físico, sino un principio rector que impregna la práctica y la filosofía del zoroastrismo. A menudo se visualiza en el equilibrio entre la luz y la oscuridad, o en el camino recto e inquebrantable, recordando a los fieles la lucha cósmica entre el orden y el caos. En oraciones y rituales, se invoca a Asha como una fuerza que alinea las acciones del individuo con el plan divino, una forma de vivir en armonía con el universo. Enseña que, al perseguir la verdad en cada pensamiento, palabra y obra, se contribuye al orden cósmico más amplio y al triunfo de la luz sobre la oscuridad.

La importancia de Asha también se refleja en el simbolismo de la ética zoroástrica, donde la verdad se convierte en un arma poderosa contra el engaño de Druj. El concepto de Mithra -contratos o acuerdos- desempeña aquí un papel crucial, simbolizando el carácter sagrado de la veracidad y las consecuencias morales de faltar a la palabra dada. Mithra es más que un principio legal; es un vínculo espiritual que mantiene unido el tejido de la sociedad. Cuando una persona cumple sus promesas, refuerza el tejido de Asha; cuando las rompe, invita al desorden de Druj en el mundo. Así, Mithra recuerda que la integridad no es sólo una virtud personal, sino un deber cósmico que vincula al individuo con la comunidad y lo divino.

En el zoroastrismo, los símbolos son también herramientas de meditación y contemplación, y ofrecen capas de significado que pueden explorarse a lo largo de la vida. Tomemos, por ejemplo, el hilo sagrado del Kusti, que se enrolla alrededor de la cintura sobre el Sudreh, una sencilla prenda blanca. El acto de atarse el Kusti es una reafirmación simbólica del compromiso del creyente con el camino de Asha, vinculándose al pacto divino. Es un símbolo exterior de un viaje interior, una forma de recordarse a uno mismo la batalla constante entre el bien y el mal que tiene lugar en el interior. Los hilos de la Kusti, entretejidos con oraciones, representan la interconexión del pensamiento, la palabra y la acción: cada hebra contribuye al tejido más amplio de la propia vida.

En este capítulo empezamos a ver cómo los símbolos del zoroastrismo -ya sean físicos, como el Faravahar y el fuego sagrado, o conceptuales, como el Asha- crean un lenguaje a través del cual se expresa la visión zoroastriana del mundo. No son meras reliquias de una fe antigua, sino símbolos vivos, continuamente interpretados y reinterpretados por cada generación de creyentes. Constituyen un puente entre las antiguas enseñanzas de Zaratustra y las experiencias de los zoroastrianos que viven en un mundo moderno y en rápida transformación. En ellos, la esencia de la filosofía zoroástrica cobra vida, ofreciendo un medio profundo para comprender el universo y el lugar que uno ocupa en él.

Estos símbolos transmiten un mensaje intemporal, que resuena a través de los tiempos: que la lucha entre la luz y la oscuridad, el orden y el caos, no es sólo una batalla cósmica, sino profundamente personal, que se libra en el corazón de cada creyente. A través de la lente de estos símbolos sagrados, los zoroastrianos encuentran tanto una conexión con sus antiguas raíces como una brújula para navegar por las complejidades del mundo actual. Sirven como recordatorio de que, incluso ante los profundos cambios, la esencia de la fe zoroastriana -su reverencia por lo divino, su búsqueda de la verdad y su compromiso con el camino de Asha- sigue siendo tan perdurable como la llama que ha ardido en los templos zoroastrianos durante milenios.

A medida que los símbolos del zoroastrismo despliegan sus capas, sirven como algo más que meras representaciones; son instrumentos que llevan las enseñanzas de la fe a la vida cotidiana de sus seguidores. Estos símbolos pasan a formar parte de los rituales, la arquitectura e incluso el arte que impregna las comunidades zoroastrianas. Moldean la forma en que los creyentes perciben su lugar en el universo, influyendo en sus acciones, su ética y la búsqueda de lo divino.

Uno de esos símbolos que extiende su presencia más allá de los templos y las oraciones es el Fuego de Ahura Mazda. No limitado a los espacios sagrados, este fuego inspira a menudo representaciones artísticas, apareciendo en el arte zoroástrico como una llama radiante rodeada de intrincados diseños. En tallas y relieves antiguos, el fuego sagrado aparece junto a reyes y sacerdotes, subrayando su papel de testigo divino de los acontecimientos terrenales. Estas representaciones artísticas del fuego sugieren su doble naturaleza -protectora y purificadora- y guían a gobernantes y devotos por igual. El resplandor de este fuego sagrado encierra la promesa tácita de que la luz divina guiará a la humanidad en los periodos de oscuridad.

En los templos del fuego, el Atash Behram y otros fuegos sagrados se guardan con meticuloso cuidado, y cada llama representa un nivel diferente de pureza ritual. La presencia de estos distintos grados de fuego -Atash Dadgah, Atash Adaran y Atash Behram- sirve para recordar que, incluso dentro de la pureza del fuego, existen jerarquías y caminos, al igual que los viajes espirituales de las personas. Las gradaciones del fuego sagrado simbolizan las etapas de elevación espiritual, sugiriendo que el viaje hacia Ahura Mazda es estratificado y progresivo. Esta jerarquía del fuego no es estática; es una tradición viva, que evoluciona con las necesidades de la comunidad, pero siempre enraizada en la antigua sabiduría de las enseñanzas de Zaratustra.

El Faravahar también ha encontrado su lugar más allá de los contextos religiosos, convirtiéndose en un símbolo de la identidad y la resistencia persas, especialmente entre la diáspora zoroastriana. Este doble papel -como guía espiritual y como emblema cultural- demuestra la adaptabilidad de los símbolos zoroástricos. Para los que viven en la diáspora, se convierte en un puente que los conecta con sus raíces espirituales y culturales, incluso cuando están lejos de sus tierras ancestrales. Cuando se graba en las paredes o se lleva como joya, el Faravahar trasciende los límites entre lo sagrado y lo cotidiano, ofreciendo un recordatorio silencioso del legado perdurable de los ideales zoroastrianos.

Además del fuego y el Faravahar, está el Khvarenah, un concepto que, aunque más abstracto, desempeña un papel crucial en el pensamiento zoroástrico. El Khvarenah representa la gloria o la fortuna divinas, un resplandor etéreo otorgado por Ahura Mazda a los individuos justos. Esta aura de gloria, a menudo representada como un halo luminoso o una energía radiante alrededor de reyes y héroes en el antiguo arte persa, significa el favor divino y la luz interior de la verdad. Para los zoroastrianos, Khvarenah no es simplemente un concepto místico; es un estado por el que luchar, que se alcanza mediante la devoción, la fortaleza moral y la alineación con Asha. Encarna la creencia de que el brillo espiritual se refleja en el mundo material, y quienes viven en armonía con el orden cósmico brillan con una luz interior que los demás pueden percibir.

La presencia de Khvarenah en los textos antiguos y su representación visual en el arte indican una profunda imbricación entre la aspiración espiritual y la autoridad mundana. Los reyes y líderes eran considerados portadores de la Khvarenah, responsables de mantener la ley divina en sus reinos. Esta concepción reforzaba la idea de que el poder terrenal debía alinearse con los principios espirituales, reflejando el ethos zoroástrico en el que el gobierno es un deber sagrado. En el contexto moderno, aunque las monarquías se han desvanecido, el concepto de Khvarenah sigue inspirando a los zoroastrianos a buscar un liderazgo que sirva al bien común, guiados por los mismos ideales de luz y rectitud.

En cuanto a los rituales, el Kusti y el Sudreh forman otra pareja simbólica vital, que encarna el compromiso de cada zoroastriano con su fe. El Sudreh, una prenda blanca de algodón que se lleva pegada al cuerpo, simboliza la pureza y la armadura espiritual contra las fuerzas de Druj. El Kusti, un largo cordón de lana, se enrolla tres veces alrededor de la cintura, simbolizando los tres principios de los buenos pensamientos, las buenas palabras y las buenas acciones. El acto de desatar y volver a atar el Kusti durante las oraciones diarias se convierte en un momento de renovación, una realineación consciente con el camino de Asha.

Este ritual diario transforma lo mundano en sagrado, convirtiendo el acto de vestirse en una práctica espiritual. Sirve para recordar que la batalla entre Asha y Druj no es sólo una lucha cósmica, sino interna, que se desarrolla en las elecciones y acciones de cada individuo. Cada vez que un zoroastriano recita la oración mientras se ata el Kusti, reafirma su compromiso de luchar contra las influencias de la falsedad y el caos, afianzándose en la antigua tradición que ha guiado a sus antepasados durante milenios.

El simbolismo zoroástrico también es evidente en la arquitectura, sobre todo en el diseño de los templos del fuego. Estas estructuras se construyen a menudo con un enfoque en la simplicidad y la armonía con la naturaleza, encarnando la reverencia zoroástrica por el mundo físico como una manifestación de la creación divina. Dentro del templo, el fuego sagrado se aloja en un santuario abovedado, donde el techo curvo representa la bóveda celeste y el orden cósmico. Este diseño arquitectónico no es meramente funcional, sino que crea un espacio donde el devoto siente el abrazo del universo, situado entre la tierra y el cielo mientras ofrece sus plegarias.

En la antigua arquitectura persa, a menudo se tallan en la piedra motivos de cipreses y leones, símbolos de vida, fuerza y protección divina. El ciprés, siempre verde y perdurable, simboliza el espíritu eterno que resiste los ciclos del tiempo. El león, fiero y majestuoso, representa la custodia del orden divino, como el papel de Ahura Mazda como protector de la verdad. Estos símbolos, que se ven en palacios y ruinas antiguas, conectan las enseñanzas zoroastrianas con los espacios físicos donde antaño se reunían las comunidades, ofreciendo un vínculo tangible con los ideales espirituales que dieron forma a su mundo.

Aunque las manifestaciones materiales de estos símbolos permiten vislumbrar la visión zoroástrica del mundo, su poder reside en el modo en que conforman la vida interior de los creyentes. No son imágenes estáticas, sino expresiones dinámicas que se reinterpretan constantemente a medida que el mundo cambia. Los símbolos sirven como lenguaje a través del cual se comunican los misterios del universo, recordando a cada generación los principios eternos que yacen en el corazón de su fe.

La adaptabilidad de estos símbolos ha permitido al zoroastrismo sobrevivir a siglos de cambios y desafíos, desde los antiguos imperios persas hasta la diáspora actual. Son un espejo del alma, reflejo de la creencia zoroástrica de que el mundo es un reflejo del orden divino y de que cada acción realizada en el reino físico tiene su eco en el espiritual. Cuando los zoroastrianos encienden una vela, se ponen el Sudreh y el Kusti, o contemplan la llama eterna dentro de un templo de fuego, participan en una tradición que trasciende el tiempo, encontrando en estos antiguos símbolos una fuente de fuerza y un camino para comprender los misterios de la existencia.

A través de esta intrincada red de símbolos, el zoroastrismo habla de la búsqueda humana universal de sentido, tejiendo una conexión entre lo temporal y lo eterno. Cada símbolo sirve de hilo conductor, adentrando a los fieles en el tejido de su tradición y guiándoles a través de las complejidades de la vida con la promesa de la presencia y el orden divinos. En estos símbolos brilla la luz perdurable de Ahura Mazda, proyectando sus rayos a través de los siglos, iluminando el camino hacia un mundo donde Asha prevalece sobre la oscuridad de Druj.

Capítulo 31
Conexión con la Ciencia y la Filosofía

Las enseñanzas del Zoroastrismo, aunque profundamente arraigadas en la antigua espiritualidad, tienen una resonancia única con el pensamiento científico moderno y la investigación filosófica. Hay un orden inherente en la visión zoroástrica del mundo -un plano cósmico diseñado por Ahura Mazda- que encuentra paralelismos en la comprensión científica del universo. Este capítulo explora estas intersecciones, revelando cómo los conceptos zoroástricos se alinean con las ideas contemporáneas sobre el mundo natural y el lugar de la humanidad en él, y a veces las anticipan.

Un elemento central de la cosmología zoroástrica es la creencia en un universo ordenado, regido por los principios de Asha, o verdad y orden. Esta visión de un cosmos intrincadamente estructurado comparte afinidades con las exploraciones científicas de las leyes que rigen la realidad física. Al igual que Asha representa una armonía cósmica en el zoroastrismo, la ciencia trata de descubrir los patrones subyacentes que dan coherencia al universo, desde la danza de las partículas subatómicas hasta las fuerzas gravitatorias que dan forma a las galaxias. Para los zoroastrianos, el universo no es una colección aleatoria de materia, sino una creación impregnada de propósito, donde cada elemento, desde la gota de agua más pequeña hasta la estrella más lejana, sigue un orden divino establecido por Ahura Mazda.

Este sentido del orden cósmico se refleja especialmente en el campo de la cosmología. El relato zoroástrico de la creación habla del universo emergiendo a través de una serie de etapas estructuradas, cada una de las cuales representa aspectos de la intención divina. La ciencia, a través de disciplinas como la astrofísica y la cosmología, ofrece su propia narrativa de la creación: la teoría del Big Bang y la formación de estrellas, planetas y galaxias. Aunque estas perspectivas difieren en sus metodologías -una surge de la percepción mística, la otra de la observación empírica-, comparten una profunda curiosidad por los orígenes de la existencia. El interés del zoroastrismo por un cosmos ordenado encuentra eco en la búsqueda científica de la estructura del universo, lo que sugiere un parentesco profundo, aunque metafórico, entre lo antiguo y lo moderno.

El concepto de Asha como fuerza rectora se extiende a la concepción zoroástrica de la naturaleza y sus ciclos. En ella se sostiene que el mundo funciona según un ritmo divino, evidente en el cambio de las estaciones, los ciclos de la vida y la interacción entre los elementos. La ecología moderna, centrada en los ecosistemas y en la interdependencia de las formas de vida, coincide con esta perspectiva. Al igual que las enseñanzas zoroastrianas hacen hincapié en la necesidad de mantener el equilibrio y la armonía con el mundo natural, la ciencia ecológica reconoce el delicado equilibrio necesario para sostener la vida en la Tierra. En ambas se reconoce que la ruptura del equilibrio -ya sea a través de las fuerzas de Druj o de la degradación medioambiental- puede conducir al caos y al sufrimiento.

Además, el énfasis zoroástrico en la responsabilidad individual para mantener este equilibrio es paralelo a las consideraciones éticas que sustentan la ciencia medioambiental actual. El llamamiento a cuidar de Asha protegiendo el agua, el aire y el suelo puede verse como una articulación temprana de los principios que guían la gestión medioambiental moderna. Los rituales zoroastrianos que honran los elementos naturales, como la reverencia por el fuego, el agua y la tierra, sirven para recordar la interconexión de toda la vida, un entendimiento que se alinea estrechamente con el principio ecológico de que el bienestar humano está ligado a la salud del planeta.

Desde el punto de vista filosófico, el énfasis del zoroastrismo en el libre albedrío y la elección moral se cruza con las cuestiones existenciales planteadas por la filosofía occidental y oriental. La lucha entre Asha y Druj, central en la cosmovisión zoroástrica, presenta una visión de la vida como una serie de elecciones morales, en la que los seres humanos están dotados del poder de forjar su destino. Esto refleja el pensamiento existencialista, que hace hincapié en la capacidad individual y la búsqueda de sentido dentro de las limitaciones de la condición humana. Las enseñanzas zoroastrianas sugieren que, mediante el ejercicio del libre albedrío, uno puede alinearse con el orden cósmico, contribuyendo al triunfo final del bien sobre el mal. Es una visión de la vida que abarca tanto la responsabilidad personal como el profundo impacto de cada elección en el drama cósmico más amplio.

En diálogo con las filosofías deterministas que a veces dominan el pensamiento científico, el zoroastrismo ofrece una perspectiva que afirma la capacidad humana de cambiar el curso de los acontecimientos. Mientras que las leyes de la física pueden regir el comportamiento de la materia, el zoroastrismo sugiere que el universo moral está moldeado por las acciones conscientes. Esta creencia en el poder de la elección humana se contrapone a las ideas de un universo gobernado únicamente por fuerzas impersonales, presentando en su lugar un mundo en el que cada decisión ondula a través del tejido de la realidad, influyendo en el equilibrio entre Asha y Druj.

La naturaleza dualista del zoroastrismo, con su clara distinción entre el bien y el mal, la luz y la oscuridad, también ofrece un interesante paralelismo con los debates metafísicos sobre la naturaleza de la realidad y la existencia de dualidades. Conceptos como el problema mente-cuerpo, la interacción entre la realidad material y la conciencia, y la búsqueda de la verdad última encuentran un espíritu afín en la exploración zoroástrica de los reinos espiritual y material. La idea de que fuerzas espirituales como Asha puedan manifestarse en realidades físicas invita a plantearse una cuestión filosófica más amplia: ¿Puede la moral dar forma al mundo material, igual que las leyes físicas dan forma al cosmos?

Esta indagación metafísica se extiende al ámbito de la ética, donde las enseñanzas del zoroastrismo ofrecen una base para comprender la naturaleza del bien y el papel de la humanidad en su búsqueda. Los debates filosóficos que durante tanto tiempo han ponderado la naturaleza de la virtud, la justicia y el propósito de la vida humana encuentran eco en el llamamiento zoroástrico a cultivar Humata, Hukhta, Hvarshta: buenos pensamientos, buenas palabras, buenas acciones. La ética zoroástrica, centrada en la práctica activa de la virtud, se alinea con la filosofía moral que trata de definir un camino hacia la buena vida, sugiriendo que la verdadera sabiduría reside en la alineación del pensamiento, la palabra y la acción.

La influencia del zoroastrismo puede rastrearse incluso en el ámbito de la ética que sustenta los derechos humanos modernos. Sus enseñanzas sobre la dignidad inherente de las personas, el énfasis en la verdad y la necesidad de luchar por la justicia resuenan con los ideales contemporáneos de igualdad y dignidad humana. Estudiosos y filósofos han señalado los paralelismos entre los conceptos zoroástricos de orden moral y los principios que más tarde influyeron en el pensamiento de la Ilustración. Esta antigua perspectiva, enraizada en las enseñanzas místicas de Zaratustra, nos recuerda que la búsqueda de la justicia y la verdad es una empresa atemporal que trasciende las fronteras de la cultura y la historia.

Así pues, el diálogo entre el zoroastrismo y la ciencia y la filosofía modernas no es de oposición, sino de búsqueda compartida de la comprensión de los misterios de la existencia. Ya sea a través de la lente de la revelación espiritual o a través de los rigores de la investigación científica, ambos buscan responder a las mismas preguntas fundamentales: ¿Cuál es la naturaleza de la realidad? ¿Cuál es el papel de la humanidad en el cosmos? ¿Y cómo se puede vivir en armonía con la verdad que subyace a toda la creación?

Al explorar estas conexiones, el zoroastrismo demuestra su capacidad para comprometerse con el mundo de las ideas más allá de sus antiguos orígenes. Ofrece una perspectiva en la que los mundos material y espiritual están entrelazados, y cada uno influye en el otro. Esta visión fomenta una síntesis de la sabiduría antigua y el conocimiento moderno, sugiriendo que la búsqueda de la verdad es un viaje que abarca milenios, en el que cada época añade su voz al coro de la comprensión.

A medida que se desarrollan los capítulos, la visión zoroástrica del universo sigue revelando sus profundidades, invitando a reflexionar sobre cómo las antiguas percepciones espirituales siguen siendo relevantes en los debates contemporáneos sobre la naturaleza de la realidad y el papel del ser humano en ella. El viaje a través de estas intersecciones entre el pensamiento zoroástrico, la ciencia y la filosofía invita a una apreciación más profunda de la perdurable búsqueda del conocimiento y de los misterios que siguen cautivando al espíritu humano.

Partiendo de la exploración inicial de las conexiones entre el zoroastrismo y el pensamiento científico y filosófico moderno, este capítulo profundiza en los diálogos que han surgido entre las antiguas enseñanzas zoroástricas y las corrientes más amplias de la investigación filosófica. Aquí descubrimos cómo los intrincados principios del zoroastrismo han encontrado resonancia en diversas escuelas de pensamiento de las tradiciones orientales y occidentales, ofreciendo nuevas dimensiones de comprensión a cuestiones intemporales sobre la existencia, la moralidad y la naturaleza del cosmos.

Uno de los aspectos más fascinantes del pensamiento zoroástrico es su enfoque matizado del dualismo, que se ha convertido en un tema de amplio debate en filosofía. Aunque el zoroastrismo suele destacar por sus claras distinciones entre el bien y el mal -encarnadas en la oposición cósmica entre Asha (orden, verdad) y Druj (caos, engaño)-, este dualismo no es una división simplista. Reconoce la compleja interacción entre estas fuerzas y que el mundo material es el escenario en el que se desarrolla la lucha moral. Esta perspectiva ha establecido paralelismos con las filosofías dualistas que se encuentran en las obras de figuras como Platón, que también lidiaba con la tensión entre lo ideal (el reino de las formas) y el mundo físico.

La influencia del zoroastrismo en el pensamiento occidental es quizá más evidente en el encuentro de la antigua Grecia con las ideas persas. Filósofos como Heráclito, que hablaba del mundo como si estuviera en un estado de flujo gobernado por una especie de razón divina (Logos), pueden haberse visto influidos indirectamente por las ideas zoroástricas de un cosmos ordenado y guiado por Asha. Los intercambios entre los antiguos pensadores persas y griegos ponen de relieve una polinización cruzada histórica que configuró los paisajes filosóficos de ambas regiones, dejando huellas en los conceptos del orden cósmico y la naturaleza de lo divino.

En las tradiciones filosóficas orientales, especialmente dentro de la filosofía india, los ecos del pensamiento zoroástrico son igualmente profundos. Las interacciones entre los primeros seguidores del zoroastrismo y la cultura védica llevaron a compartir ideas metafísicas que influyeron en ambas tradiciones. Conceptos como la eterna lucha entre la luz y la oscuridad pueden verse reflejados en los temas dualistas de la cosmología hindú y, más tarde, budista. Este diálogo contribuyó a una comprensión más amplia de la batalla espiritual entre la iluminación y la ignorancia, creando un rico tapiz de ideas que enriqueció ambos paisajes religiosos.

Más allá del mundo antiguo, el dualismo zoroástrico también invita a comparaciones con las tradiciones maniquea y gnóstica, que florecieron en los primeros siglos de la Era Común. Estos movimientos, al igual que el zoroastrismo, hacían hincapié en la lucha entre la luz y la oscuridad, y en el papel del mundo material en ese conflicto cósmico. Aunque distintos en sus marcos teológicos, las similitudes temáticas sugieren que las ideas zoroástricas sobre la naturaleza del bien, el mal y la lucha cósmica resonaron profundamente con las corrientes espirituales de la época, dando forma a las perspectivas místicas que más tarde influyeron en el misticismo cristiano e islámico.

En la era moderna, los conceptos zoroástricos siguen teniendo cabida en los debates filosóficos sobre ética y moral. El énfasis zoroástrico en el papel de la elección individual a la hora de forjar el propio destino refleja el enfoque existencialista de la responsabilidad personal, articulado por pensadores como Jean-Paul Sartre y Albert Camus. Para los zoroastrianos, el acto de elegir Asha en lugar de Druj no es sólo un deber religioso, sino una afirmación de la propia agencia dentro del cosmos, un tema que resuena con las ideas existencialistas sobre la creación de significado a través de la acción en un universo indiferente. Este énfasis compartido en el peso de la elección individual subraya una preocupación atemporal por la naturaleza de la libertad y la carga de la responsabilidad ética.

Además, las ideas zoroástricas sobre la naturaleza cíclica del universo y el concepto de Frashokereti -la renovación del mundo- encuentran un paralelismo en los debates contemporáneos dentro de la filosofía del tiempo y la cosmología. La visión zoroástrica de un cosmos que atraviesa periodos de decadencia seguidos de una renovación final concuerda con ciertas interpretaciones del tiempo como algo no lineal, una visión que ha cobrado fuerza tanto en las filosofías orientales como en la física moderna a través de las teorías de un universo cíclico. Invita a reflexionar sobre cómo las antiguas visiones de la renovación cósmica podrían cruzarse con las teorías científicas de la entropía, el Big Crunch o el posible renacimiento del universo.

Al comprometerse con estas corrientes filosóficas, el zoroastrismo también ofrece un marco para comprender la relación entre la ética y el mundo físico. El compromiso zoroástrico con Asha como fuerza activa que da forma tanto a la realidad espiritual como a la material sugiere una interacción dinámica entre el pensamiento y el ser. Esta perspectiva resuena con ciertos aspectos de la filosofía idealista, que sostiene que la conciencia y las ideas desempeñan un papel fundamental en la configuración de la realidad. Sin embargo, el zoroastrismo se distingue por su insistencia en que la acción ética es esencial para lograr el cambio, lo que lo sitúa más cerca de las filosofías pragmatistas que valoran la aplicación práctica de las ideas para dar forma al mundo.

La visión del zoroastrismo de un universo armonioso también se relaciona con el discurso científico contemporáneo sobre la sostenibilidad y el tratamiento ético del medio ambiente. Las antiguas enseñanzas sobre la santidad de los elementos naturales y el deber de mantener el equilibrio de la Tierra encuentran un paralelismo en la ética medioambiental moderna, donde el reconocimiento de la interconectividad entre las formas de vida ha llevado a una conciencia más profunda de la responsabilidad de la humanidad hacia el planeta. Esta alineación sugiere que la antigua reverencia zoroastriana por la naturaleza ofrece ideas intemporales para los debates contemporáneos sobre la responsabilidad ecológica y la necesidad de prácticas de vida sostenibles.

En diálogo con las perspectivas científicas sobre la naturaleza de la conciencia, las enseñanzas del zoroastrismo sobre el alma y su viaje tras la muerte ofrecen una articulación temprana de cuestiones que siguen intrigando a neurocientíficos y filósofos por igual. El viaje del alma a través del puente Chinvat -un pasaje que simboliza la transición del reino material al espiritual- plantea cuestiones sobre la naturaleza de la conciencia, la posibilidad de una vida después de la muerte y la relación entre mente y materia. Mientras la ciencia sigue centrándose en las pruebas empíricas, las ideas espirituales zoroástricas proporcionan un contrapunto poético, sugiriendo que los misterios de la conciencia pueden extenderse más allá de los confines físicos del cerebro.

En la era moderna, la influencia del zoroastrismo se ha extendido a pensadores y buscadores espirituales atraídos por su énfasis en el orden cósmico, la vida ética y la búsqueda de la verdad. Sus principios han inspirado un resurgimiento del interés entre quienes ven en el zoroastrismo una vía espiritual que tiende un puente entre la sabiduría antigua y los desafíos modernos. El énfasis en la verdad (Asha), la lucha contra el engaño (Druj) y la búsqueda de una vida en consonancia con los principios superiores se dirige a quienes buscan un marco moral que siga siendo relevante en medio de las complejidades contemporáneas.

En última instancia, el diálogo permanente del zoroastrismo con la ciencia y la filosofía demuestra su capacidad para evolucionar y adaptarse al cambiante panorama del conocimiento humano. Ofrece una perspectiva que es a la vez antigua y progresista, lo que sugiere que las preguntas planteadas por Zaratustra siguen resonando en los corazones y las mentes de quienes buscan comprender la naturaleza de la existencia. Las enseñanzas del zoroastrismo nos recuerdan que, en la búsqueda de la verdad, hay que mirar tanto hacia fuera, hacia los vastos misterios del cosmos, como hacia dentro, hacia las opciones morales que conforman el alma humana.

En esta exploración continuada de las dimensiones filosóficas del zoroastrismo, se invita al lector a reflexionar sobre cómo las enseñanzas antiguas pueden iluminar los debates modernos, ofreciendo un puente entre el misticismo del pasado y la racionalidad del presente. Es en esta síntesis donde el zoroastrismo revela su perdurable relevancia, un testimonio de la intemporal búsqueda humana de sabiduría, significado y una comprensión más profunda del universo.

Capítulo 32
Zoroastrianos famosos

El viaje a través de la larga y rica historia del zoroastrismo nos lleva a aquellas figuras que, a lo largo de los siglos, han encarnado las enseñanzas de Zaratustra y han desempeñado un papel vital en la preservación y propagación de la fe. Estas personas, desde antiguos sabios hasta líderes contemporáneos, no son sólo guardianes de una tradición espiritual, sino también símbolos de resistencia y adaptación ante inmensos cambios culturales. Sus historias revelan el espíritu perdurable del zoroastrismo, tendiendo un puente entre la sabiduría antigua y las expresiones modernas de la fe.

Entre las figuras más antiguas y significativas se encuentra el legendario Darío I, rey del Imperio Aqueménida, cuyo gobierno en el siglo VI a.C. marcó una época en la que el zoroastrismo se entrelazaba con el gobierno de uno de los grandes imperios del mundo. Las inscripciones de Darío, en particular las de Behistun, hablan de su devoción a Ahura Mazda, subrayando el papel del apoyo divino en su derecho a gobernar. Su patrocinio de los rituales zoroastrianos y la protección de los templos del fuego reforzaron la conexión entre el arte de gobernar y el deber espiritual. Aunque el reinado de Darío se produjo siglos después de la vida de Zaratustra, su apoyo contribuyó a institucionalizar la fe, permitiéndole florecer junto a las ambiciones imperiales de Persia.

Otra figura fundamental en la historia temprana del zoroastrismo es el erudito sacerdotal Tansar, que vivió durante el periodo sasánida (224-651 d.C.). A menudo se atribuye a Tansar la sistematización de las enseñanzas zoroástricas y la consolidación del canon del Avesta, los textos sagrados que forman el núcleo de las escrituras zoroástricas. Su influencia en la organización de la estructura religiosa del estado sasánida no puede exagerarse, ya que trabajó para establecer una autoridad religiosa centralizada, que ayudó a la fe a resistir las influencias externas y la fragmentación interna. Los esfuerzos de Tansar garantizaron que las enseñanzas de Zaratustra siguieran siendo una tradición cohesionada y estructurada durante una época de grandes transformaciones políticas y sociales en Persia.

Con la llegada de la conquista islámica de Persia en el siglo VII, el zoroastrismo se enfrentó a un cambio drástico. La historia de los fieles Mobedan (sacerdotes) como Adurfarnbag Farrokhzad es crucial durante esta época. Adurfarnbag, un destacado sacerdote zoroástrico, trabajó incansablemente para preservar los textos espirituales y las tradiciones del zoroastrismo durante una época de creciente supresión. Sus escritos y comentarios sobre el Avesta fueron un salvavidas para la continuidad del conocimiento zoroástrico frente a la adversidad. Su compromiso con el mantenimiento de la pureza de los rituales y la transmisión del conocimiento en reuniones secretas ejemplificó la resistencia del espíritu zoroástrico en una época de grandes cambios.

Avanzando hacia la era de la migración y la diáspora, la historia de la comunidad parsi en la India ofrece un testimonio de la adaptabilidad de las tradiciones zoroástricas. No se puede hablar de este periodo sin mencionar la figura de Dadabhai Naoroji, un líder parsi pionero conocido por su papel en la política india como primer asiático en formar parte del Parlamento británico a finales del siglo XIX. La defensa que Naoroji hizo de la independencia india y su fe en la reforma social estaban profundamente influidas por sus valores zoroástricos, en particular el énfasis en la verdad (Asha) y la justicia social. Utilizó su plataforma no sólo para defender los derechos de los indios, sino también para garantizar que el patrimonio y los valores de la comunidad parsi fueran respetados en el tejido más amplio de la sociedad india.

En la era moderna, otra figura significativa es el Dastur Dr. Firoze M. Kotwal, un Mobed de alto rango que se ha convertido en una voz destacada de la fe zoroastriana en la época contemporánea. El trabajo académico del Dr. Kotwal y su dedicación a la preservación de los rituales tradicionales le han convertido en una autoridad respetada dentro de la comunidad zoroástrica. Sus esfuerzos por documentar y enseñar los ritos antiguos, así como su apertura a las cuestiones modernas sobre la fe y la identidad, hacen de él una figura clave en el diálogo actual sobre el lugar del zoroastrismo en el mundo moderno. El liderazgo del Dr. Kotwal ha contribuido a mantener el delicado equilibrio entre honrar el pasado y atender las necesidades de una comunidad zoroastriana globalizada.

Más allá de los líderes religiosos, el zoroastrismo también ha visto surgir figuras de la literatura y las artes que se han inspirado en su rico simbolismo y filosofía. Entre ellos destaca Keki N. Daruwalla, aclamado poeta indio. Su poesía refleja a menudo los temas del fuego, la luz y la lucha entre el orden y el caos, motivos profundamente arraigados en la cosmovisión zoroástrica. Con su obra, Daruwalla ha llevado el espíritu de la filosofía zoroástrica a la corriente literaria, ofreciendo un reflejo poético del ethos zoroástrico a un público más amplio.

En el campo de la ciencia, el legado de Zubin Mehta, renombrado director de orquesta, es un ejemplo de cómo los valores zoroástricos pueden impregnar diversos aspectos de la vida. Aunque su trabajo se desarrolla principalmente en el ámbito de la música clásica, la forma en que Mehta dirige orquestas en todo el mundo refleja la disciplina y la pasión que reflejan los principios zoroástricos de búsqueda de la excelencia y la armonía. Sus contribuciones al mundo de la música le han valido el reconocimiento internacional, y a menudo ha hablado de la importancia de su herencia parsi en la formación de sus valores y su visión del mundo.

Cada una de estas personas, en diferentes épocas y ámbitos, refleja una faceta única del impacto del zoroastrismo en el mundo. Encarnan las enseñanzas de Zaratustra a través de su dedicación a la verdad, su resistencia ante la adversidad y su compromiso de servir a sus comunidades. A través de sus vidas, los antiguos valores del zoroastrismo encuentran nuevas expresiones, demostrando que incluso cuando el mundo cambia, los principios fundamentales de esta antigua fe siguen inspirando.

A medida que se desarrollan los capítulos, se invita a los lectores a reflexionar sobre cómo las contribuciones de estas figuras han marcado el curso de la historia del zoroastrismo, manteniendo viva una tradición que, de otro modo, podría haberse desvanecido en el olvido. Sus historias nos recuerdan que la esencia de un camino espiritual no está sólo en sus doctrinas, sino también en la vida de quienes lo viven. De las cortes reales a la diáspora y de los templos sagrados a los escenarios de las sinfonías mundiales, el espíritu del zoroastrismo perdura, adaptándose y encontrando nuevas formas en cada generación que se levanta para llevar su antorcha.

Mientras el zoroastrismo navega por las olas de la historia, su supervivencia e influencia están estrechamente ligadas a los esfuerzos de individuos extraordinarios que han ayudado a mantener sus enseñanzas a través de las generaciones. Estas figuras, procedentes de diversos rincones del mundo, representan la adaptabilidad de la fe y su capacidad para seguir siendo relevante incluso en tiempos de profundas transformaciones. Sus contribuciones a la filosofía, los derechos humanos, la literatura, etc., siguen inspirando a zoroastrianos y no zoroastrianos por igual, demostrando el poder de su herencia y la perdurabilidad del mensaje de Zaratustra.

Una de las figuras contemporáneas más destacadas es Rohinton Mistry, novelista de renombre cuyas obras han arrojado luz sobre la experiencia de los zoroastrianos parsi en la India moderna. Sus aclamadas novelas, como A Fine Balance y Family Matters, ahondan en los retos a los que se enfrenta la comunidad parsi, tocando temas de identidad, tradición y las tensiones entre mantener las costumbres ancestrales y adaptarse a un mundo que cambia rápidamente. La narrativa de Mistry ofrece una ventana a la vida cotidiana de los zoroastrianos, captando las complejidades de una comunidad que lucha por preservar su patrimonio en medio de las presiones de la modernidad. A través de su literatura, Mistry preserva el espíritu de los valores zoroastrianos, como la búsqueda de la verdad (Asha) y la lucha por la justicia, presentándolos a un público global en un contexto profundamente humano.

En el ámbito del activismo social, Cyrus Habib, ex vicegobernador del estado de Washington, se ha erigido en símbolo de perseverancia y progreso. Como político ciego de ascendencia zoroástrica, Habib se ha enfrentado a retos que ha convertido en oportunidades para la defensa y el cambio. Su compromiso con la equidad, los derechos de los discapacitados y el servicio público está profundamente arraigado en los ideales zoroastrianos de servir a los demás y luchar por el bien común. La carrera de Habib refleja una interpretación moderna de las enseñanzas del zoroastrismo, demostrando cómo los principios del deber moral y la lucha por la justicia pueden aplicarse a los problemas contemporáneos de la gobernanza y la sociedad. Su trabajo sirve de inspiración a los jóvenes zoroastrianos que buscan marcar la diferencia en sus comunidades manteniéndose fieles a los fundamentos éticos de su fe.

Además de estas figuras culturales y políticas, el zoroastrismo también ha dejado su huella en el mundo académico, con estudiosos como Jamsheed Choksy que ofrecen un puente crítico entre los textos antiguos y la comprensión contemporánea. La exhaustiva investigación de Choksy sobre la historia y las prácticas religiosas del zoroastrismo ha sido decisiva para acercar la profundidad de las ideas filosóficas y teológicas de la fe a un público académico más amplio. Su trabajo explora las intersecciones del zoroastrismo con otras religiones y culturas del mundo, revelando cómo los conceptos zoroastrianos de dualismo, moralidad y cosmología han influido en el pensamiento religioso global. La erudición de Choksy ha contribuido a elevar el estudio del zoroastrismo, asegurando que sus complejidades e importancia histórica sean reconocidas en el campo de los estudios religiosos.

Entre los muchos zoroastrianos que han contribuido a la ciencia y la tecnología, Farrokh Bulsara, conocido mundialmente como Freddie Mercury, es una figura única. Aunque se le conoce sobre todo por ser el legendario cantante de Queen, su origen parsi y su educación zoroástrica en Zanzíbar y la India influyeron sutilmente en su visión de la vida. Aunque rara vez hablaba públicamente de su fe, los temas de la dualidad y la lucha interna entre el bien y el mal presentes en algunas de sus letras se hacen eco de las creencias zoroástricas fundamentales. La repercusión mundial de Mercury a través de la música ilustra cómo los valores y las experiencias de una educación zoroástrica pueden impregnar e influir incluso en los ámbitos más inesperados de la creatividad y la expresión personal.

Las contribuciones de los zoroastrianos van más allá de los individuos y se extienden a iniciativas filantrópicas que han dado forma a comunidades de todo el mundo. Un ejemplo de ello es la familia Tata de la India, cuyo imperio industrial se ha entrelazado con un compromiso con el bienestar social y el progreso. A Jamsetji Tata, fundador del Grupo Tata, le impulsaba una visión de la industrialización que iba de la mano de la responsabilidad social. Invirtió en educación, sanidad y desarrollo comunitario, principios que reflejan los ideales zoroastrianos de administración y mejora de la sociedad. Hoy, los Tata Trusts continúan este legado, financiando iniciativas destinadas a mejorar las comunidades y fomentar la innovación, encarnando la ética zoroástrica de utilizar la riqueza para el bien común.

Otra importante figura contemporánea es el Dr. Meher Master-Moos, un líder zoroastriano que ha trabajado incansablemente para promover el diálogo y el entendimiento interreligiosos. Como presidenta del Colegio Zoroastriano de la India, la Dra. Master-Moos ha tendido puentes entre el zoroastrismo y otras religiones del mundo, fomentando un espíritu de cooperación y respeto mutuo. Sus esfuerzos por preservar las enseñanzas zoroastrianas a través de la educación, al tiempo que aboga por la armonía entre las distintas religiones, encarnan el valor zoroastriano fundamental de luchar por la unidad en la diversidad. Con su trabajo, la Dra. Master-Moos garantiza que la sabiduría de las enseñanzas zoroastrianas siga siendo accesible y relevante en un mundo plural, al tiempo que fomenta un sentimiento de orgullo e identidad entre los jóvenes zoroastrianos.

La diáspora mundial también ha visto a zoroastrianos como Fali Nariman, distinguido jurista en la India, hacer importantes contribuciones al campo del Derecho. Conocido por su experiencia en derecho constitucional, Nariman ha sido un defensor de las libertades civiles y los derechos humanos, recurriendo a menudo al énfasis zoroastriano en la justicia y el deber moral de oponerse a la falsedad. Su labor jurídica ha marcado el desarrollo de la jurisprudencia constitucional en la India, y su dedicación a la defensa de los principios de justicia y equidad le ha granjeado la reputación de ser una de las mentes jurídicas más destacadas de su generación. La carrera de Nariman refleja cómo los principios zoroástricos pueden encontrar expresión a través de un compromiso de por vida con el Estado de Derecho y la protección de la dignidad humana.

Al cerrar este último capítulo, queda claro que las contribuciones de estos famosos zoroastrianos no son actos aislados, sino que forman parte de un tapiz más amplio de resistencia, innovación y fe. Sus vidas demuestran que el zoroastrismo, aunque arraigado en antiguas tradiciones, sigue inspirando la acción y la creatividad de formas nuevas e inesperadas. Estas personas han llevado la antorcha de las enseñanzas de Zaratustra a lo largo de los siglos, adaptándolas a los retos y oportunidades de cada época. Al hacerlo, han mantenido viva la esencia de la fe, demostrando que los valores fundamentales de Asha, la verdad y el servicio a la humanidad siguen siendo intemporales.

Las historias de estos zoroastrianos sirven de faro para las generaciones futuras, recordándoles que los principios de su fe pueden ser una fuente de fortaleza y guía, independientemente de los retos a los que se enfrenten. A través de su dedicación, creatividad y coraje moral, se han asegurado de que el legado del zoroastrismo siga brillando en el mundo, ofreciendo un camino de sabiduría y esperanza a todos los que lo buscan.

Epílogo

El camino que hemos recorrido nos ha llevado al borde de un horizonte donde lo sagrado y lo profano se encuentran, donde la luz y la oscuridad se enfrentan en un abrazo final antes del amanecer. Ahura Mazda y Angra Mainyu continúan su lucha, pero ahora, comprendes que esta batalla también reside dentro de ti. Las decisiones tomadas, los silencios guardados, cada acto de bondad o de sombra, todo resuena en el tejido del cosmos.

Lo que Zaratustra imaginó no fue sólo un mundo dividido entre el bien y el mal, sino la posibilidad de redención, de renovación. La promesa de Frashokereti, la renovación del mundo, es un símbolo de un futuro en el que las sombras se disipan y la verdad de Asha triunfa sobre los velos de Druj. Pero esta promesa no es un don divino entregado sin esfuerzo; es una construcción, una obra que exige el compromiso de cada ser que respira bajo el cielo.

Mientras el fuego sagrado arde silenciosamente en los templos, como testamento de la presencia eterna de Ahura Mazda, tú, que has llegado al final de estas páginas, llevas ahora una chispa de esa llama dentro de tu espíritu. Es un legado que trasciende las edades, una conexión entre el ayer y el mañana, entre lo visible y lo invisible. La antigua sabiduría que descansa aquí se convierte en la tuya, lista para guiar tus pasos, pero también para desafiarte a ser algo más que un mero observador.

Estás llamado a ser un guardián de la creación, a mantener viva la llama de la verdad frente a las tormentas que Angra Mainyu arroja sobre el mundo. Y aunque el viaje sea arduo, aunque la oscuridad intente tragarse la luz, el destino de la creación descansa en las manos de aquellos que se atreven a mantener la mirada fija en la promesa de un nuevo amanecer.

Ahora, al cerrar este libro, sabed que vuestro papel en la gran narración del cosmos no ha hecho más que empezar. Que el eco de las palabras de Zaratustra resuene en tu corazón, recordándote que, en cada momento, existe la oportunidad de elegir la luz, de vivir en armonía con Asha. Que encuentres el valor para enfrentarte a las sombras, y que la llama de la sabiduría guíe tus pasos, hasta el día en que el mundo, por fin, brille con la pureza de la creación restaurada.